机动工程保障技术系列丛书

桥梁应急加固与抢修工程

赵启林　刘洪兵　翟可为　胡业平　编著

国防工业出版社

·北京·

内 容 简 介

本书是关于桥梁加强与抢修的专著,全书共分6章:前3章主要介绍桥梁加固与抢修在地方经济建设以及军事行动中的重要意义,桥梁结构类型与基本承载特点,桥梁在平时与应急状态下承受的作用和作用组合方式;第4章重点介绍在通行特殊荷载时快速判别桥梁通过安全性的方法;第5章简单介绍桥梁常见的结构加固原理、流程与施工要点;第6章重点介绍目前我国常见的桥梁抢修制式装备与就便器材、常用的抢修技术等。

本书的特点是:根据桥梁通行超限荷载以及灾害条件下进行快速加固与抢修的需求,重点突出加固与抢修的常见技术与器材介绍。本书可以作为从事桥梁养护及交通应急保障等领域的工作人员、学生与教师的参考用书。

图书在版编目(CIP)数据

桥梁应急加固与抢修工程/赵启林等编著. —北京:
国防工业出版社,2013.1
(机动工程保障技术系列丛书)
ISBN 978 - 7 - 118 - 08439 - 9

Ⅰ. ①桥… Ⅱ. ①赵… Ⅲ. ①桥-加固②桥-维修
Ⅳ. ①U445.7

中国版本图书馆 CIP 数据核字(2012)第 292324 号

※

*国防工业出版社*出版发行
(北京市海淀区紫竹院南路23号 邮政编码100048)
北京奥鑫印刷厂印刷
新华书店经售
*
开本 787×1092 1/16 印张 12¼ 字数 280 千字
2013 年 1 月第 1 版第 1 次印刷 印数 1—3000 册 定价 32.00 元
(本书如有印装错误,我社负责调换)

国防书店:(010)88540777　　　　发行邮购:(010)88540776
发行传真:(010)88540755　　　　发行业务:(010)88540717

前　言

随着全球气候日益恶化,地震、海啸、强风、洪水与冰雪天气、地质灾害等各种自然灾害频繁出现,桥隧工程老龄化及快速发展中出现的一些工程病害陆续呈现,桥梁工程的安全性经受着巨大考验,桥梁损坏后的快速检测、评估与抢通成为抢险救灾的关键环节,损毁桥梁的维修加固成为灾后重建的重要工作。在过去的几十年内,国内学者围绕桥梁检测、加固进行了深入的科学研究与工程实践,并取得了丰硕的成果。

本书的作者近十年来一直从事交通应急保障的教学科研工作,在桥梁应急状态下的加固与抢修领域获得了一定的成果与经验。本书是在大量文献阅读、总结的基础上,结合作者科学研究与工作经验撰写而成,试图在桥梁通过性快速判别、桥梁损毁抢修等方面有所建树。因此,突出介绍了在桥梁通过超限荷载时的作用效应组合方式以及安全性快速判别方法、桥梁损毁后常用的抢修技术、制式装备与就便器材等,力求对从事应急交通保障工作与学习的人员有所帮助。

本书的研究工作先后得到了国家高技术研究发展计划、总参谋部科学研究计划以及江苏省交通战备办公室等项目资助,谨此表示感谢。在本书的成稿过程中得到了解放军理工大学江克斌教授、金广谦教授等人的指导与鼓励,作者的研究生李飞、陈立、刘鹏飞、徐康等参与了文字与图片的绘制,在此一并表示感谢。

鉴于作者理论水平与实践经验有限,书中难免有不当之处,望得到专家与读者的批评、指正。

目　录

本章将首先阐述桥梁加固与抢修的一些基本概念,使读者了解桥梁加固与抢修的主要内容与工作,及其与桥梁养护、改造等其他桥梁工程活动的区别与联系;然后从平时经济建设交通保障与战争、自然灾害下的应急交通保障两个角度,说明桥梁加固与抢修的重要意义;最后介绍各章的主要内容及章节间的相互关系。

1.1 基本定义

桥梁工程中涉及的工程活动很多,从建设顺序上大体可分为桥梁设计、桥梁建造、桥梁维修加固,以及桥梁拆除等,反映了从桥梁生成到消亡的全过程。其中桥梁的维修加固是在桥梁成形后为保障桥梁正常运转或提高其工作功能所采取的工程活动总称。它是个比较宽泛的概念,主要涉及桥梁日常养护与维修、桥梁结构加固、桥梁改建,以及桥梁抢修四个方面内容。其适用条件与时机、实施方法、实施单位与产生意义等均存在明显的差别。

桥梁日常养护与维修是指在发现桥梁发生一些小的缺陷后,由养护管理单位人员直接进行修理工作,是一项与桥梁经常检查、定期检查相结合的经常性工作,一般包括桥面清扫,桥面坑洞修补,疏通排水管道与系统,修复被损坏的人行道、栏杆与护栏,维修与更换伸缩装置,对于梁体中出现的不影响承载力的空洞、破损、剥落与裂缝等进行修补。

桥梁加固是指在发现桥梁出现重大病害并导致桥梁承载力下降,或即使原桥没有明显的病害表现但承载能力已不满足新的通载需求时,在桥梁养护管理单位协调管理下,由专业加固单位实施加大截面尺寸或改变结构体系等措施来提高桥梁承载力。它是一件与桥梁特殊检查相结合的非经常性工作,一般情况下,在桥梁静动载实验或设计计算复核确定原桥承载力不满足使用要求后实施。桥梁加固分永久性加固与临时加固两种。永久性加固是指能够长期保留加大桥梁承载能力的加固方法,通常在恢复原桥承载能力或提高桥梁设计荷载等级的情况下使用;临时加固是指临时提高桥梁承载力的加固方法,在战时为了快速恢复破坏桥梁承载力或平时偶然通行超重荷载的情况下使用。

桥梁改建是指原桥不能够满足新的使用要求(承载等级、通行量或净空等),在桥梁养护与管理单位管理下,拓展原桥的宽度、改变原桥的桥面标高、部分或完全更换原桥承重构件的工作。它一般是在桥梁车道数增加或通车荷载等级增加的情况下使用。本书所述的维修加固主要是指原桥承重构件通过增大截面、增加支点等措施提高桥梁承载能力的加固。

桥梁抢修则是在一些特殊情况下的桥梁维修加固活动,常指在桥梁遭受战火、洪水与地震等破坏后,残余承载力不满足车辆与人员通行的情况下,利用制式或就便器材加强或替换原有承重构件、快速恢复桥梁通行能力的临时性加固方法。战时一般由工程兵或地方交通专业保障队伍完成,自然灾害情况下通常由承担桥梁建造与应急保障任务的企业单位完成。

桥梁维修加固四个方面在适用条件与时机、实施手段、实施单位与意义方面的联系与区别如表 1 – 1 所列。而本书主要是针对桥梁加固与抢修两个方面的内容进行研究,并开展教学活动。

表 1 – 1　桥梁维修与加固的四个方面

维修加固方面	适用条件与时机	实施手段	实施单位	意　义
养护与维修	桥梁出现不影响承载能力的小缺陷后实施,为日常性工作	原位修补	桥梁养护管理单位	防止缺陷产生与扩大
桥梁加固	经静动载实验或设计计算复核证实桥梁出现承载力下降或不满足通载要求的情况下实施	截面加大、改变结构体系等	专业的加固单位	恢复桥梁承载能力、防止事故产生与延长桥梁使用寿命
桥梁改建	一般在桥梁车道数增加、通行荷载等级增加的情况下实施	原有结构侧面增加结构、改变原有结构的空间位置、替换原有结构	专业的桥梁建造与加固单位	永久性地提供与改变桥梁的通行能力
桥梁抢修	桥梁遭受战火、自然灾害、恐怖袭击等破坏后桥梁承载力明显降低或丧失时实施	利用制式或就便器材加强与替换原有承重构件	工程兵或交通专业保障队	临时性地快速恢复桥梁的通行能力

1.2　桥梁加固与抢修的意义

桥梁在运营过程中由于桥龄老化、偶然超载等因素将不可避免地发生各种病害。桥梁的病害形式很多,但是不是所有的病害对桥梁结构承载力等有重要影响,仅仅对桥梁的使用功能或美观等产生影响,如人行通道与人行栏杆的缺损(图 1 – 1)、桥面铺装裂缝(图 1 – 2)。但是有些病害出现与发展将导致桥梁承载力下降,严重影响桥梁的安全性,如钢筋的锈蚀导致钢筋面积削弱,桥梁的承载力将明显降低;有些病害的出现尽管短期不影响桥梁承载力,但是会影响桥梁耐久性,如混凝土的裂缝宽度与混凝土碳化深度超过规范规定的限值后,钢筋将容易接触空气中的氧气而发生反应导致钢筋锈蚀,结构的承载力与耐久性都将严重下降。桥梁加固与抢修主要是在桥梁承载力明显降低或不满足新的通行荷载等级要求时实施,通过适当的措施改变结构内力分布或提高桥梁承载力,从而保证桥梁的安全性,兼顾保证或提高桥梁的耐久性与使用性能。于是,本书主要针对那些对桥梁承载力与耐久性有重要影响的病害说明其现象与原因。

图 1-1　桥梁人行栏杆缺损　　　　　　图 1-2　桥面铺装纵向裂缝

1.2.1　钢筋混凝土桥梁的病害

对于钢筋混凝土桥梁,能够严重影响桥梁安全性、耐久性的病害很多,其中最主要的有混凝土裂缝、混凝土碳化、混凝土剥蚀、钢筋锈蚀、桥墩及桥台的倾斜与沉降等。

(1)混凝土裂缝。混凝土裂缝病害是指普通钢筋混凝土或部分预应力混凝土桥梁发生宽度超过规范限值的裂缝和全预应力混凝土桥梁出现的裂缝。对于钢筋混凝土桥梁与部分预应力混凝土桥梁允许混凝土出现一定的受拉或剪切裂缝,从而便于充分发挥钢筋的强度,提高结构的设计承载力,但是裂缝宽度过大将容易导致钢筋结果接触空气中的氧气而发生锈蚀,因此必须对裂缝宽度有所限制,为此,我国《公路桥涵养护规范》(JTG H11—2004)给出了各种桥梁裂缝宽度的限值。导致混凝土产生裂缝的原因很多,但是常见的有弯矩过大导致的弯曲裂缝(图 1-3)、剪力过大导致的剪切裂缝(图 1-4)、局压裂缝(图 1-5)、钢筋锈蚀引起的锈蚀裂缝(图 1-6)、基础不均匀沉降引起的变形裂缝、温度变化引起的温度裂缝与碱骨料反应引起的不规则裂缝等。

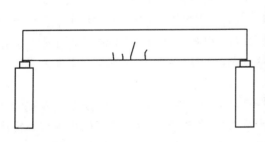 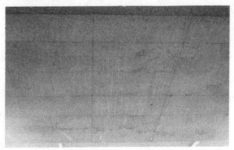

图 1-3　受弯裂缝

(2)钢筋锈蚀。钢筋锈蚀是钢筋在潮湿环境下铁元素与氧气发生一种化学反应,形成一种新的物质,该物质体积大于反应前的体积(图 1-7)。正常情况下,钢筋表面在特定状态下(pH 值大于 11.5)有一层溶解度很小的氧化保护膜,该保护膜可以保护钢筋表面不发生进一步的氧化反应。但是随着混凝土碳化或混凝土开裂扩展达到钢筋表面以及

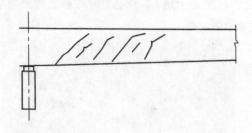
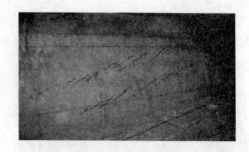

图 1-4 剪切裂缝

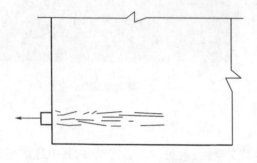

图 1-5 局部承压裂缝

图 1-6 钢筋锈蚀裂缝

图 1-7 钢绞线与钢筋锈蚀

氯离子渗透聚集在钢筋周围并达到临界值时,钢筋周围进入酸性环境,表层的氧化保护膜被破坏,钢筋锈蚀加快。由于钢筋锈蚀过程中体积膨胀,从而对周边混凝土产生膨胀力作用,在该力作用下,混凝土保护层容易发生整体剥离(图 1-8)或导致混凝土发生沿钢筋方向的裂缝(图 1-6)。

(3) 基础的滑移和倾斜。基础结构自身除发生与梁体类似的混凝土开裂与钢筋锈蚀等病害外,还可能受到洪水、泥石流而发生水平滑移,影响深度由河流的河床纵坡与河床堆积物成分等因素决定,很难预先估计,所以事先必须经过充分调查,以探求其影响深度。另外,由于河床疏浚开挖,减少了桥台台前临河面地基土层的侧向压力,也会使基础产生侧向滑移。

当桥台基础建造于软土地基上,台背填土超过一定高度且基础构造处理不当时,作用于台背的水平力增大,将导致地基失稳,产生塑性流动,使桥台产生前移。当基础上下受力不均时,台身也随之产生不均匀滑移,导致基础出现倾斜,如图 1-9 所示。

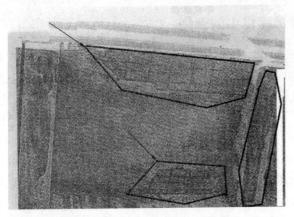

图 1-8　钢筋锈蚀导致的混凝土剥落

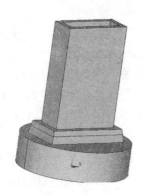
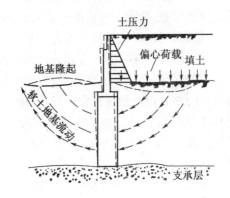

图 1-9　桥梁基础的倾斜

　　产生滑移或倾斜的桥台基础,多为建造在软土地基上的重力式桥台、倒 T 式桥台。沉井基础也有产生前移的,这是由于沉井基础施工时扰动了地基且承受井背压力的宽度大,可又不能像桩基础那样,有使流动土压力从桩间挤过去的效果,所以作用于沉井基础的流动压力比桩基础的大,会引起其位移的概率也大。

　　基础产生的滑移或倾斜,在严重时会导致桥梁结构的破坏,其破坏形式包括:支座和墩台支承面破坏以及梁从支承面上滑落下来;伸缩缝装置被破坏或使接缝宽度减少、伸缩功能减弱;滑移量过大时,梁端与胸墙紧贴,严重时导致胸墙破坏或梁局部压屈。

1.2.2 桥梁加固在平时经济建设中的意义

国际上,在第二次世界大战后由于急需恢复经济,交通基础建设处于一种快速发展阶段,因而,在桥梁建设过程中对一些问题的研究与考虑不够深入,如混凝土耐久性问题、钢结构锈蚀、疲劳与脆断问题等,导致那个时代建设的桥梁存在较大安全隐患,具体表现在,尽管桥梁的设计使用年限为 100 年~120 年,但是大量的桥梁在没有达到使用年限前就出现结构性缺陷,甚至发生坍塌等严重事故,导致重大的人员与财产损失。1986 年,欧洲、北美、澳大利亚与日本等 16 个国家对这些国家 80 多万座混凝土桥梁现状进行全面调查后,指出钢筋混凝土桥梁的安全形势不容乐观,其中钢筋锈蚀与混凝土冻融破坏是混凝土桥梁破坏的两种主要原因。美国桥梁设计寿命基准平均为 75 年,但是调查表明,实际使用年限平均为 44 年,州际桥梁仅为 39 年。美国 1978 年到 1981 年对全国 56.6 万公路桥梁调查结果显示 40% 以上桥梁均有损伤;1993 年的调查显示有 35% 桥梁具有结构缺陷与功能失效;2001 年基础设施调查报告指出,1998 年美国的 50 多万座桥梁中的 29%出现结构缺陷与功能失效,有 13 万座桥梁带有限制过往卡车质量的标牌,5000 多座桥梁关闭,每年平均有 200 座左右桥梁部分或完全倒塌。联邦德国在 1978 年至 1979 年两年时间内对一个州 1500 多座钢筋混凝土和预应力混凝土公路桥的全面检查显示:50 年左右桥龄的有 27% 上部结构存在至少一处的严重损伤,64% 存在一处重要损伤,77% 至少存在一处中等以上重要损伤;桥龄在 25 年左右的混凝土桥梁 8% 至少有一处存在严重损伤,24% 至少有一处重要损伤,46% 至少有一处中等以上损伤;预应力混凝土桥梁年龄在 25 年左右的有近 50% 至少有一处重要损伤。英国 20 个世纪 90 年代对 200 多座混凝土公路桥梁进行了调查,发现 30% 的桥梁运营条件不良。由此可见,由于桥梁设计、施工与运营等环节控制不严格,世界范围内的桥梁实际使用寿命均远远小于设计寿命,大量桥梁处于损伤状态,导致大量桥梁具有重大的安全隐患。

我国大规模桥梁建设尽管起步较晚,但是根据 20 世纪 90 年代末的统计,有 40% 桥梁使用年限在 25 年,至今这部分桥梁使用了 30 年以上,因此桥梁安全形式也不容乐观。根据 1982 年的全国公路普查资料,当时我国公路桥梁危桥占 3.54%,而根据中国交通部公路司公路管理处的统计资料显示:截至 2003 年年底,全国共有公路桥梁 310773 座,计12466143 延米;按《公路桥梁养护技术规范》归类为危险等级的桥梁 10443 座,计 378439延米。根据《羊城晚报》报道:至 2000 年广东省内共有 1.87 万座公路桥,属于三四类不良状况的桥梁有 4244 座,占总数的 22.7%;上海至 1994 年 7 月有桥梁 1800 多座,其中结构性缺陷 177 座,功能性缺陷 308 座,共占 27%。20 世纪 90 年代,北京市就有各式桥梁3790 座,其中 552 座属危桥和病桥亟待改造和升级,占桥梁总数的 14.6%。根据 1994 年秋检统计,我国铁路桥梁共有病害桥 6137 座,占桥梁总数的 18.8%,其中混凝土桥 2675座,占病害桥梁的 43.6%。可见,尽管我国大规模建桥历史只有二三十年左右,但是由于多方面的原因,桥梁的老化现象比较严重,大量桥梁在没有达到设计使用寿命前,提前出现结构性与功能性的缺陷。

桥梁老化会导致桥梁维修费用大幅度增加,造成严重的经济损失。美国 1992 年用于桥梁维修费用为 2580 亿美元,为用于建造这些桥梁造价的 4 倍,表 1-2 则对 1993 年美国用于桥梁建设、维修费用进行了分析,可见,美国年度桥梁投资费用还不能够满足桥梁

的日常养护与维修。英格兰中环线的 11 座高架桥,使用 12 年就破坏,维修费用已经达到
1.2 亿英镑,为当年造价的 6 倍。同时,根据统计表明,桥梁老化中,钢筋混凝土腐蚀是最
为严重的一种老化问题。这是因为尽管钢筋混凝土桥梁损伤比例没有钢桥严重(美国统
计 1950 年到 1994 年钢筋混凝土桥梁结构性缺陷占 9.9%、钢桥占 19.4%),但是由于钢
筋混凝土桥梁所占桥梁总数比例较大(1989 年欧洲占 70%、美国占 52%、我国占 90%),
因而钢筋混凝土腐蚀成为导致经济损失最为严重的一种老化问题。美国每年几千亿美元
的腐蚀损失中,与钢筋混凝土腐蚀相关的就达 40%,约为 1550 亿美元。英国 30 年来钢
筋混凝土腐蚀损失平均占 GDP 的 3.5%,澳大利亚每年的钢筋混凝土腐蚀损失占 GDP
的 4.2%。

表 1-2　美国国有桥梁现状

登记评估的桥梁总数	575583(100%)
有缺陷类桥梁总数	199277(35%)
结构缺陷	118563(21%)
功能缺陷	80714(14%)
消除全部现有桥梁缺陷所需费用	780 亿美元
现有桥梁的平均年度维修费用	52 亿美元
消除现有及新增的桥梁缺陷的年度费用	82 亿美元
现有国有桥梁年度开支(估)	50 亿美元
其中根据 ISTEA 法案获得的重建与维修费用	27 亿美元
其他(联邦资助、州与地方拨款)研究投入	23 亿美元
注:作者估计的年度经费为 2300 余万	

　　我国近年来由于桥梁提前老化现象严重,在建设新桥的同时不得不耗费巨资加固旧
桥,仅江苏省"十五"期间累计投入 10 多亿元,改造国省干线公路危桥 666 座。20 世纪 80
年代后,我国在长江、黄河上建造数百座大型桥梁,但是许多桥梁在建成十多年后就出现
严重的功能性病害,不得不投入经费进行了改造与加固,部分在达到设计使用寿命前就进
行改造加固的桥梁如表 1-3 所列。

表 1-3　国内部分达到设计寿命前进行加固的大型桥梁

序号	桥名	地区	设计年限与使用年限	原因
1	黄河大桥	山东济南	设计年限 25 年的斜拉索在使用 13 年后全部更换	锈蚀(铅皮套管压浆防护工艺)
2	海印大桥	广东	设计寿命 25 年的斜拉索在使用 6 年半后换索	锈蚀(PE 套管压浆防护工艺)
3	石门大桥	重庆	设计使用寿命 20 年的斜拉索使用 17 年换索	保护层破损,钢丝锈蚀

序号	桥 名	地区	设计年限与使用年限	原 因
4	怒江三达地大桥	云南	设计寿命20年的斜拉索在使用10年后全部更换	钢丝、锚头锈蚀（PE管压浆防护工艺）
5	壶西大桥	广西	斜拉索使用12年后全部更换	锚头、钢丝锈蚀
6	九江大桥	江西	设计寿命30年的斜拉索在使用15年后更换	锚头、钢丝锈蚀与断丝（PE管压浆防护工艺）
7	白沙大桥	广西南宁	使用10年后换索	锚头、钢丝锈蚀（PE套管压浆防护工艺）
8	恒丰北路斜拉桥	上海	使用12年后换索	PE护筒内部灌水泥浆
9	红水河大桥	—	使用19年后换索	防护套开裂、钢丝锈蚀
10	犍为桥	—	使用11年后换索	锚头与钢丝锈蚀
11	三门峡黄河公路大桥	山河与河南之间	桥梁建成10年后耗资1700万进行加固	梁体开裂与跨中的挠度过大
12	江阴长江公路大桥引桥	江苏	2005年耗资3000多万元进行加固	梁体开裂与挠度过大
13	黄石大桥	湖北	建成10年后耗资7000多万元进行加固	梁体开裂与挠度过大

　　桥梁提前老化不仅可以造成严重的经济损失，而且如果不及时采取维修加固技术往往会导致严重的"桥毁人亡"的桥梁事故，我国近年来在这方面具有惨痛的教训。2004年9月8日成温公路三渡水大桥在洪水作用下，裸露的桥墩发生倾斜倒塌，从而导致桥梁整体垮塌（图1-10）；2004年四川宜宾市南门大桥在服役11.5年后发生悬索及桥面部分断裂事故，导致交通、市外通信中断，2人丧生，2人受伤（图1-11）；中国台湾地区高屏大桥拦腰断裂，16辆大大小小的车辆坠入河中，22人受伤，造成交通中断（图1-12）；2004年辽宁省盘锦市的田庄台人桥的挂梁牛腿断裂，导致挂梁整体掉落，多人伤亡（图1-13）；运河上某混凝土简支梁桥坍塌事故等（图1-14）。这些桥梁事故发生前均具有明显

　图1-10　三渡水大桥垮塌　　　图1-11　南门大桥局部破坏　　图1-12　高屏大桥拦腰断裂

的事故苗头,如宜宾市南门大桥管养人员早就发现异常锈蚀情况,但由于缺乏定量检测与评估手段而放任自流,没有及时进行维修与加固。中国台湾地区高屏大桥在事故发生前早已发现桥基裸露现象,一方面缺乏地基裸露对桥基安全性评估手段,另一方面管养单位消极对待而导致事故发生。但是由于缺乏桥梁监测系统以及合理的报警指标,未能够进行及时报警与采取处理措施,从而导致事故发生。田庄台大桥在发生事故数月前桥梁管理检测单位已经发现牛腿上有裂缝,但是没有及时采取加固措施,最终导致了桥梁事故的发生。

图 1-13　田庄台大桥挂梁牛腿断裂　　　　　　　　图 1-14　梁体塌落

综上所述,由于我国40%左右的桥梁使用寿命达到了30年左右,根据国际经验与国内地区性调查,我国桥梁已经开始进入一个大面积老化的阶段,桥梁的维修加固已经成为社会的一种迫切需求。而且如果不对老化桥梁进行及时与合理的维修加固,一方面容易导致桥梁维修加固费用急剧增加,增加国家的经济损失,另一方面容易导致"桥毁人亡"的事故,造成重大的社会影响。

1.2.3　桥梁抢修在紧急状态下的意义

所谓的紧急状态是指战争、自然灾害与恐怖袭击等特定状态。在这些紧急状态下,民用桥梁自身很容易在敌方火力打击、地震、洪水等作用下发生破坏,同时往往又是军队快速机动、抗洪抢险人员进入灾区的必然通道,因此,紧急状态下对桥梁进行快速抢修与加固具有重要的意义。

现代战争中离开军事交通,不仅作战物资的前输后送将难以完成,而且军队将会寸步难行,所以战时交通保障不仅是后勤保障的中心环节,而且超出了后勤范畴,成为军事家首先要考虑的一个战略问题。作为战争的最高指挥者,在制定战略目标时,如果没有充分考虑以交通线畅通为重点的作战工程保障对战争进程的制约作用,往往会吞下失败的苦果。在第一次世界大战中,德国在制定"施里芬计划"时,一味地强调利用德军的机械化优势,可以速战速决,在短时间内结束战争,忽视了战略目标与后勤保障能力间存在的难以克服的矛盾。当德军进攻到比利时,由于比利时对本国的铁路系统实现了大规模的破坏以及德军在修复器材与人力上的准备不足,不能保证交通线的畅通,致使五个集团军中的四个集团军得不到有效的后勤保障,间接地导致了"施里芬计划"的失败。在第二次世界大战中,德军则犯下同样的错误,在制定"巴巴罗萨"计划时,一味地迷信建立机械化部队快速突击能力基础上的"闪电战"理论,没有很好地研究后勤保障系统,尤其是交通运输是否畅通对战争的可能影响,致使从德国后方到莫斯科城一两千千米距离上,仅有几条铁路、公路相通,而且经常遇到苏联军民的破坏而中断,为"巴巴罗萨"计划的失败留下了伏笔。相反,在海湾战争中,美国则将摧毁和破坏伊军的军事交通线贯穿于战争全过程,并作为战略战役作战计划的一个重要组成部分列入整个作战计划中。美军驻海湾地区部队指挥官施瓦茨科夫在拟制战略空袭的作战计划时,就把切断伊军的增援补给线,孤立地面部队作为一项重要内容;将打击、破坏和摧毁对方的交通线与打击指挥机构、防空系统、导弹基地等重要军事目标同时展开;对每一阶段拟达到破坏交通线的程度都具体到指标。实践证明了美军这一战略意图是正确、有效的,达到了事半功倍的效果。

　　桥梁作为交通线上的枢纽工程,其战时的应急保障具有主要的军事意义,往往是决定战场胜负的一个重要因素。在2006年的黎以冲突中,以色列摧毁了黎巴嫩境内146座桥梁,极大地限制了真主党的机动作战(图1-15)。在1951年的朝鲜战场上,美军为配合其夏季攻势,对我军后勤运输交通线开展了"绞杀战",重点攻击我铁路运输系统,鸭绿江和京义线之西清川江、肃川江、满浦线之百岭川、熙川江、东清川江、秃鲁江、平元线之德池川等桥梁遭敌连续轰炸。通过高密度的轰炸,美军8月破坏桥梁165座次;9月份出动飞机3027架次,破坏桥梁53座次;10月份出动飞机4128架次,破坏桥梁53座次;11月份出动飞机8343架次,破坏桥梁77座次;12月份出动飞机5786架次,破坏桥梁101座次(图1-16)。导致朝鲜北方1200多千米的铁路线只有中间的290km能够通车,志愿军前线的物资供应只达到所需量的1/4,弹药只能做重点供应,这样严重削弱了我军的作战能力。为此,我军除集中火力进行防空外,还集中了一个铁道兵师与朝鲜人民军一个铁道连

图1-15　黎以冲突中被以色列摧毁的桥梁

队对敌人重点轰炸的"三角地区"的桥梁线路进行抢修。曾经用 12 天时间修复了东西清川江、东大同江上的 3 座桥梁(图 1 - 17、图 1 - 18),恢复了该地区的铁路交通。

图 1 - 16　朝鲜战场被炸毁的铁路桥梁

图 1 - 17　铁道兵进行桥梁抢修

图 1 - 18　抢修中的清川大吊桥

　　在平时的突发状态下,如洪水、地震、台风与海啸等,桥梁不仅本身容易遭受毁坏(图 1 - 19),造成重大的经济损失,而且桥梁作为重要的交通枢纽,其破坏后往往阻滞了抢险人员、物资通过铁路与公路进入受灾地区。因而,围绕桥梁交通保障,研究快速侦察、抢修技术,在短时间内恢复桥梁通行能力具有重要的社会经济价值。如在唐山地震后北京军区 4 个军的 12 个师、2 个军直炮兵团,沈阳军区 3 个军的 4 个师以及空军、海军、铁道兵、工程兵、基建工程兵、大军区所属医院 10 万大军奉命紧急出动,奔向唐山地区进行抢险。地震震垮了蓟运河和滦河上的桥梁,尤其是全长 789m 的滦河大桥,是连接东北三省和华北的交通要道,地震发生后几乎全部被震毁,大桥落梁 23 孔,20 个桥墩折断,其余桥墩普遍开裂,断裂桥面呈锯齿状起伏(图 1 - 20),沈阳军区和北京军区两个野战军分别被挡在

图 1 - 19　洪水冲垮的桥梁

11

蓟运河和滦河边,不得不在进行桥梁抢修的同时,一路从机耕小路迂回,一路从摇晃着的铁路桥上把他们的军车一辆辆开过去,严重影响了部队的行进速度。随后,唐山军民开展了的桥梁抢修工程,从 1976 年 7 月 28 日发生地震到 8 月底,共抢修和维修大、中桥梁 27 座,小桥梁 45 座(图 1 - 21),基本恢复了唐山与外界的交通联系,有力地保障了抢险工作的开展。

图 1 - 20　唐山地震中被毁坏的桥梁　　　　图 1 - 21　唐山地震中解放军抢修桥梁

1.3　本课程的主要内容与任务

本课程共分 6 章,每一章主要教学内容如图 1 - 22 所示。每章的内容以及相互关系如下。

(1) 第 1 章主要介绍桥梁加固与抢修的一些基本概念,说明进行本课程学习的重要意义,即进行本课程的学习既可以服务于地方经济建设,又可以更好地完成工程兵本职工作。

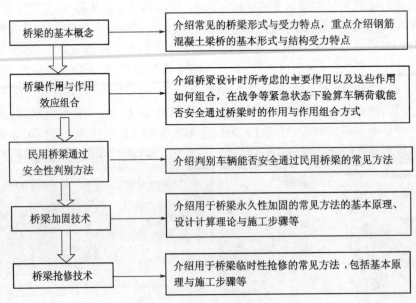

图 1 - 22　本书主要内容与相互关系

12

（2）第2章介绍桥梁的一些结构受力特点，从而方便学员在学习第5章、第6章的内容时，能够从力学角度理解与认识桥梁加固与抢修的基本原理。

（3）第3章主要介绍桥梁设计与验算的基本方法、作用荷载与作用荷载的组合方式。其基本目的是使学员在学习第4章的安全性评估时，知道如何在桥梁上施加合适的作用荷载来计算桥梁结构的内力。

（4）第4章主要介绍桥梁结构通过安全性判别方法。其主要目的是使学员掌握判断桥梁是否需要结构性加固的基本方法，使学员在特殊情况下具备对一些简单桥梁结构形式与荷载形式进行车辆能否安全通过的快速判断能力。

（5）第5章主要介绍在平时情况下进行桥梁永久性加固的方法，一方面加深学员对桥梁加固与抢修的理解，另一方面使学员在适合的场合下具备进行桥梁加固施工的组织与技术指导能力。

（6）第6章介绍在战争、自然灾害等紧急状态下进行桥梁临时性抢修方法，使学员具备进行民用桥梁快速抢修施工的组织与实施能力。

第2章

桥梁的基本概念

桥梁作为人类跨越河流、沟谷与海峡等自然障碍的一种人工建造物,其主要功能是将桥梁自身与通行车辆人员质量以及自然界风、雨、水等荷载安全地传递到地基上。由于传力机理以及使用材料不同,桥梁种类繁多,而且不同种类桥梁的病害与破坏形式均有所区别,于是,本章先从传力机理上简单介绍桥梁的主要结构形式,然后针对钢筋混凝土梁式桥从立面形式与横截面形式介绍其特点,最后介绍局部发生损伤后桥梁整体结构形式变化。

2.1 桥梁的种类与特点

桥梁的分类方法很多,如从用途上可以分为公路桥梁、铁路桥梁与公铁两用桥梁等,从主梁使用的建筑材料可以分为混凝土桥梁、钢桥、木桥与组合桥梁等,从结构体系的受力特点上而言,又可以分为梁式桥、刚架桥、拱桥、悬索桥、斜拉桥以及一些组合结构形式桥梁。其中根据构件受力特点的结构体系分类是桥梁工程中常用的分类方式。

2.1.1 梁式桥

梁桥在竖向荷载作用下,梁体承受弯矩及竖向剪力,墩台承受竖向压力,其力学计算模式简单明了。按边界条件梁桥可分为:简支梁桥、悬臂梁桥和连续梁桥(图2-1)。

简支梁桥桥孔布置较单一,单孔梁直接支撑在两侧桥台上,梁体中间没有附加约束与支撑,一侧桥台以固定支座形式提供水平与竖向约束,允许自由转动,另一侧桥台以活动支座形式提供竖向约束,允许梁体自由转动与水平移动。因其单价低,施工工艺简单,梁

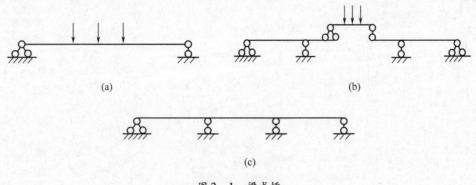

(a)   (b)

(c)

图2-1 梁式桥

(a) 简支梁桥;(b) 悬臂梁桥;(c) 连续梁桥。

体质量易控制等优势,仍占据广泛的市场,简支梁桥最大跨度仅可达45m,所以一般不作为大跨度桥梁选用桥型。

连续梁桥具有其梁体不间断地跨越几个桥孔而形成超静定结构的受力模式,在荷载作用下支点截面产生负弯矩,跨中产生较小的正弯矩,由此减小了跨中截面的建筑高度。等跨度连续梁与简支梁相比建筑主材较节省,当跨度增大时,节省就越显著。连续梁桥因改善了简支梁体的跨越能力,最大跨径可以做到200m,加之施工方法灵活(可用悬臂施工法、逐孔施工法和顶推施工法)的优势,从而在跨河、跨江及城市道路建设的市场中应用最广,目前是大型桥梁中的主要结构形式之一。

2.1.2 拱式桥

图2-2为拱式桥的基本力学图式与几种结构形式。上承式拱桥主要由主拱、拱上建筑与桥台组成,主拱与桥台受力特点类似于下承式拱桥。中承式拱桥由桥墩(台)、主拱、吊杆与主梁等组成。桥墩(台)主要承受竖向力与水平推力主拱主要承受压力,同时也承受弯矩与剪力;吊杆主要承受拉力;主梁主要承受弯矩。拱式桥最大的特点是在竖向荷载作用下存在水平反力(拱脚推力)。拱式桥桥跨结构简称主拱,以受压为主,同时也承受弯矩和剪力,常用抗压能力强的圬工材料(如砖、石、混凝土)、钢筋混凝土用钢材来建造,近年来出现大量的钢管混凝土主拱。由于拱桥跨越能力大,造型美观,在地基较好的情况下,一般在跨径500m以内均可作为比选方案。

根据拱圈材料不同,拱桥可分为石拱桥、钢筋凝土拱桥、钢管混凝土拱桥。根据桥面位置可分为上承式、中承式及下承式拱桥(图2-2)。

石拱桥均为上承式拱桥,上部结构由主拱圈和拱上建筑构成,其中主拱圈拱轴线一般采用等截面圆弧拱和等截面悬链线拱,拱上建筑一般为实腹式,在跨径较大时为了减轻结

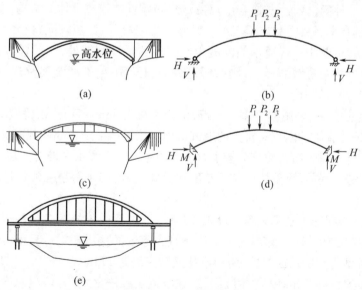

图2-2 拱式桥

(a)上承式两铰拱;(b)上承式两铰拱力学图式;(c)中承式无铰拱;
(d)中承式无铰拱力学图式;(e)下承式系杆拱。

15

构自重可做成空腹式。石拱桥所用材料主要为石料,构造比较简单,施工工艺简易。

石拱桥的缺点如下。

(1)结构自重大,墩台承受较大水平推力,从而增加了下部结构的圬工量。

(2)与梁式桥相比,建筑高度较高,降低了桥下净空。目前,国内最大跨度的石拱桥为1972年建成的四川涪陵丰都县九溪沟大桥,跨径达116m。

随着新型材料的出现,钢筋混凝土箱型拱桥、钢箱型拱桥及钢管混凝土拱桥应运而生,并且钢筋混凝土箱型拱桥、钢箱型拱桥及钢管混凝土拱桥可就地势、环境设计为上承式、中承式及下承式拱桥,从而根本改变了桥梁的建设仅满足交通、排洪需要的现状,同时为提高城市景观发挥了重要的作用。

箱型拱桥具有截面效率高,截面中性轴居中,力学性能好,块件刚度大,稳定性好,可单片成拱,便于无支架吊装等优点。目前,国内最大跨径钢筋混凝土箱型拱桥为河南洛阳至三门峡高速公路许沟大桥,其跨径为220m;最大跨径钢箱型拱桥为1998年建成的四川万县长江大桥,其跨径为420m,居世界第一位。

钢管混凝土拱桥有肋板拱、箱拱等结构形式。

钢筋混凝土构件突出特点如下。

(1)内填混凝土能提高钢管壁受压时的稳定性,提高钢管的抗腐蚀性和耐久性。

(2)管壁对混凝土的套箍作用,提高了混凝土的抗压强度和延展性。

(3)在施工方面,钢管混凝土可利用空心钢管作为劲性骨架甚至模板,施工吊装质量小,进度快。施工有支架、缆索吊装和转体等施工方法,目前,国内已建成最大跨度钢管混凝土拱桥即广州市珠江丫髻沙大桥,其主跨为360m。

2.1.3 刚架桥

刚架桥是一种梁(或板)与墩台(立柱或竖墙)刚性连接成整体的结构,在竖向荷载作用下,柱脚处具有水平反力和支承弯矩。梁部主要受弯,但弯矩较同跨径的简支梁小,跨中建筑高度可做得较小。普通钢筋混凝土刚架桥的梁柱刚结处,一般较容易产生裂缝。根据桥跨结构形式及桥墩的形式,刚构桥可分为斜腿刚架、T型刚架及连续刚架等桥型(图2-3)。

斜腿刚架的特点:斜腿刚架多为3跨,桥长一般为45m~70m,该桥型主要受地形限制,在中间无条件或条件困难立桥墩的地方适用。该桥型由于各部件截面尺寸较小、质量较小等特点,不但材料较省,而且分散了对桥台的垂直压力和水平推力。在特定的条件下具有独特的优势,但斜腿刚架桥的施工难度比直腿大,可用于跨越陡峭河岸、深谷和道路等障碍。

T型刚架的特点:T型刚架跨中设铰或挂梁,通过铰或梁缝的变位释放混凝土收缩、徐变及温度引起的次应力。该种桥型适用于较大跨度的矮墩桥梁。目前,国内最大跨度的T型刚架桥型为重庆长江大桥(跨中设挂梁),主跨达174m。

连续刚架的特点:由梁体与桥墩固结,在混凝土收缩、徐变与环境温度等作用下,梁体受桥墩的约束作用,梁体容易产生较大的次应力,因而,比连续刚架桥的桥墩相对较柔。同时,由于桥墩参与工作,连续刚架桥与连续梁桥相比,由活荷载引起的跨中正弯矩较连续梁要小。

T型刚架及连续刚架桥型可采用悬臂法或拼装法施工,为了使温度变化在结构内不产生较大的附加内力,一般将连续刚架桥墩柱做得很柔,在竖直荷载下墩顶基本为竖直反力,故适宜在深谷、海湾、大河上建造大跨度桥梁。

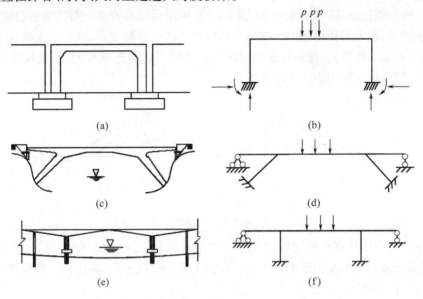

图 2 - 3 刚架桥

(a) 门式刚架桥;(b) 门式刚架桥力学图示;(c) 斜腿刚架桥;(d) 斜腿刚架桥力学图示;
(e) 连续刚架梁桥;(f) 连续刚架梁桥力学图示。

2.1.4 悬索桥

悬索桥又称吊桥,主要由缆索、桥塔、锚碇、吊杆和加劲梁等组成,如图 2 - 4 所示。缆索跨过塔顶锚固在锚碇上,是桥的承重结构。缆索上悬挂吊杆,吊着加劲梁,缆索受拉。悬索桥结构的自重较小,跨越能力比其他桥型大,一般认为其经济跨径为 500m 以上,常用于建造跨越大江大河或跨海的特大桥,目前,国内已建成最大跨径悬索桥为 1480m 的润扬大桥。

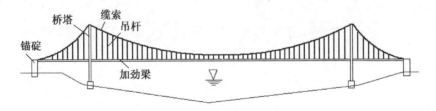

图 2 - 4 悬索桥

桥塔是支承主缆的重要构件。悬索桥的活载和恒载以及加劲肋梁支承在塔身上的反力,均由桥塔传递到下部的塔墩和基础。主缆是吊桥的主要承重构件,主缆除承受自身恒载外,又通过索夹和吊索承受活载与加劲梁的恒载,锚碇是主缆的锚固体,锚碇将主缆中的拉力传递给地基基础。加劲梁的主要功能是提供桥面系并防止桥面发生过大的挠曲变形和扭曲变形。鞍座是支承主缆的重要构件,通过它可以使主缆中的拉力以垂直力和不平衡水平力均匀地传递到塔顶或锚碇。

2.1.5 斜拉桥

斜拉桥由斜拉索、塔和主梁组成(图2-5),属组合体系桥梁。斜拉索一端锚在塔上,一端锚在梁上,拉索的作用相当于在主梁跨内增加若干弹性支撑,从而大大减少了梁内弯矩、梁体尺寸和梁体质量,使桥梁的跨越能力显著增强。与悬索桥相比,斜拉桥不需要笨重的锚固装置,抗风能力也优于悬索桥。

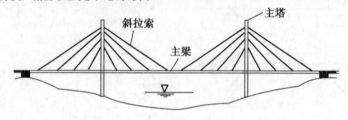

图2-5 斜拉桥

斜拉桥的力学特点是斜拉钢索及索塔为承重构件,在竖向荷载作用下,拉索承受拉力,索塔承受竖向反力及平衡的水平力。根据主梁的材料不同,斜拉桥可分为预应力混凝土斜拉桥与钢箱梁斜拉桥。

斜拉桥的塔架形式很多。在横桥方向,常见的有单柱型、双柱型、门型、斜腿门型、A型和倒V型等。

斜拉钢索的纵向整体布置大致分成四种形式:辐射式、星形、扇形、竖琴式。斜拉钢索按构造分为刚性索和柔性索两大类。

斜拉桥由于跨越能力大,外型轻巧美观,可无支架施工等优点,修建数量不断增加。目前,国内2001年建成的南京长江二桥南汉桥跨度达628m,居世界第三。

2.1.6 组合体系桥

组合体系桥是由不同体系组合而成的桥梁。组合体系桥的种类很多,图2-6(a)的

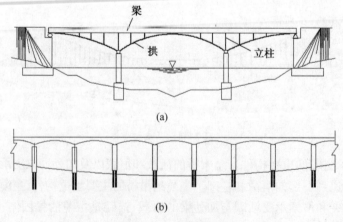

(a)

(b)

图2-6 组合体系桥

(a)梁、拱组合体系桥;(b)刚架—连续组合体系桥。

系杆拱桥拱设置于梁的下方,通过立柱对梁起辅助支撑作用的组合体系桥,梁和拱共同受力,其跨越能力比一般简支梁桥大。斜拉桥是梁、索组合体系,梁和索共同承受荷载,斜拉索使主梁像多点弹性支撑的连续梁一样工作,能跨越很大的跨径。图2-6(b)为刚架连续组合体系桥。刚架连续组合体系桥是在连续刚架桥的某些墩上设置滑动支座,降低因温度变化而在结构内产生的较大附加内力,它适合很长的桥。

在以上几种类型的桥梁中,连续体系梁桥、刚架桥、拱桥、斜拉桥与悬索桥是我国大型桥梁几种常用的结构形式,因此,本项目就针对连续体系桥梁、拱桥、斜拉桥与悬索桥的病害现状与机理、防治措施等进行研究。

桥梁的结构形式以及损伤与破坏的部位不同,桥梁安全度将是有所区别的。梁式桥(刚架桥除外)尽管下部结构是上部结构的支撑与传力构件,下部结构的破坏容易引起上部结构塌落与破坏,如三渡水大桥基础遭受洪水冲毁后桥梁上部结构整体坍塌(图2-7(a)),但是两者在结构上相互独立,梁体破坏一般对下部结构影响不大(图2-7(b))。缆索桥与系杆拱桥等尽管是高次超静定结构,但是不同构件发生破坏导致的结构可靠度是有区别的,如主拱是系杆拱桥最关键的承力构件,一旦破坏将导致桥梁整体破坏(图2-7(c)),而系杆与主梁局部破坏一般不会引起连锁破坏(图2-7(d))。

(a)

(b)

(c)

(d)

图 2-7　三渡水大桥毁坏(a)、简支梁桥的局部破坏(b)、主拱破坏导致的系杆拱桥整体坍塌
(c)及吊杆破坏导致的系杆拱桥局部破坏(d)

2.2　梁桥的立面形式

梁桥是我国建设数量最多的一种桥梁结构形式,从桥梁立面布置与受力上可以分为简支梁桥、悬臂梁桥、连续梁桥、T型刚架与连续刚架桥五种形式。

简支梁、悬臂梁与连续梁是最早三种古老的桥梁结构形式,20世纪50年代后,由于悬臂拼装施工方式的出现,导致了T型刚架桥的出现,随后,随着T型刚架桥中桥墩变薄,形成柔性桥墩,上部结构的悬臂梁被连续梁,形成了连续梁与柔性桥墩固结的连续刚架桥。

2.2.1　简支梁桥

简支梁桥(图2-8),是梁桥中应用最早、使用最广泛的一种桥型。它受力简单,梁中只有正弯矩,适用T型截面梁这种构造简单的截面形式;体系温变、混凝土收缩徐变、张拉预应力等均不会在梁中产生附加内力,设计计算方便,最易设计成各种标准跨径的装配式结构。由于简支梁是静定结构,结构内力不受地基变形的影响,对基础要求较低,能适用于地基较差的桥址上建桥。在多孔简支梁桥中,相邻桥孔各自单独受力,便于预制、架设,简化施工管理,施工费用低,因此在城市高架桥、跨河大桥的引桥上被广泛采用。为减少伸缩缝装置,改善行车平整舒适,国内目前常采用桥面连续的预应力混凝土简支梁桥。

简支梁的设计主要受跨中正弯矩的控制(图2-9),当跨径增大时,跨中恒载和活载弯矩将急剧增加,当恒载弯矩所占的比例相当大时,结构能承受活载的能力就减小。在钢

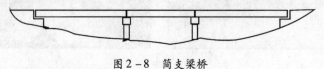

图 2-8　简支梁桥

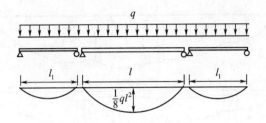

图 2 - 9   简支梁的弯矩图

筋混凝土简支梁桥中,常用的经济合理的跨径在20m以下。为了提高简支梁的跨越能力,采用了预应力混凝土结构。由于预加应力使梁全截面参加工作,减小了结构恒载,增大了抵抗活载的能力。目前,世界上预应力混凝土简支梁最大跨径已达76m,但在一般情况下,它的跨径超过50m后,桥型显得过于笨重,安装重力较大,给装配式施工带来困难,实际上并不经济。我国预应力混凝土简支梁的标准跨径在40m以下。

简支梁体系由于是静定结构,上部结构之间没有联系,因而某跨上部结构破坏时,只影响本跨梁体的承载力,既不影响本跨梁体内力分布,也不影响邻跨梁体的内力分布,但是在相邻两跨共用一个桥墩,并且某跨完全坍塌时,桥墩往往由原来的轴式受压构件变为偏心受压构件,应该对其安全性加以考虑。因为在某跨上部结构坍塌后,桥墩在偏心力作用下发生倾斜或倒塌,引起邻跨塌落(图2-10)甚至连续坍塌(图2-11)。

图 2 - 10   邻跨塌落

图 2 - 11   连续塌落

2.2.2   悬臂梁桥

将简支梁梁体加长,并越过支点就成为悬臂梁桥。仅梁的一端悬出的称为单悬臂梁(图2-12(a));两端均悬出的称为双悬臂梁(图2-12(b))。可见,使用悬臂梁的桥型至少有三孔,或是采用一双悬臂梁结构的跨线桥,或是采用单悬臂梁,中孔采用简支挂梁组合成悬臂梁桥。在较长桥中,则可由单悬臂梁、双悬臂梁与简支挂梁联合组成多孔悬臂梁桥。习惯称悬臂梁主跨为锚跨。

悬臂梁利用悬出支点以外的伸臂,使支点产生负弯矩对锚跨跨中正弯矩产生有利的卸载作用。图2-13所示为各种悬臂梁在恒载作用下的弯矩图。图中各种梁式体系的跨径布置与图2-9的简支梁跨径布置相同,假定其恒载集度也相同,比较图2-9与图2-13,显然,简支梁的各跨跨中恒载弯矩最大,无论单悬臂梁或双悬臂梁,在锚跨跨中弯矩因支点

21

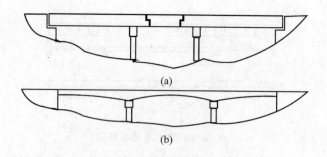

图 2 - 12　悬臂梁桥

(a) 单悬臂梁；(b) 双悬臂梁。

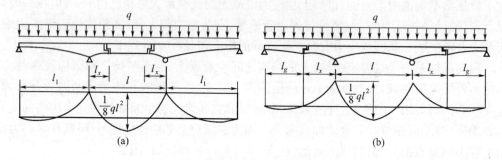

图 2 - 13　悬臂梁的弯矩图

(a) 单悬臂梁的弯矩图；(b) 双悬臂梁的弯矩图。

负弯矩的卸载作用而显著减小,而悬臂跨中因简支挂梁的跨径缩短而跨中正弯矩也同样显著减小。从标志材料用量的弯矩图面积大小(绝对值之和)来看,悬臂梁也比简支梁小。如以图 2 - 13 的中跨弯矩图为例,当悬臂长度等于中孔跨径的 1/4 时,正负弯矩图面积的总和仅为同跨径简支梁的 1/3.2。再从活载的作用来看,如果在图 2 - 13(b)所示的悬臂梁的锚跨中布满活载,则其跨中最大正弯矩自然与简支梁布满活载时的结果一样,并不因为有悬臂的存在而有所减小。而在具有挂梁的悬臂跨中,活载引起的跨中最大正弯矩只按其支承跨径较小(通常只有桥孔跨径的 0.4 ~ 0.6)的简支挂梁产生的正弯矩计算,因此其设计弯矩也比简支梁小得多。由此可见,与简支梁相比较,悬臂梁可以减小跨内主梁高度和降低材料用量,是比较经济的。

　　悬臂梁桥一般为静定结构,可在地基较差的条件下使用。在多孔桥中,墩上均只需设置一个支座,减小了桥墩尺寸,也节省了基础工程的材料用量。悬臂梁将结构的伸缩缝移至跨内,其变形挠曲线的转折角比简支梁变形挠曲线在支点上的转折角小,对行车的平顺有利。但是,无论是钢筋混凝土或预应力混凝土悬臂梁桥,在实际桥梁工程中均较少采用。主要原因是桥梁结构体系的应用与施工方法有着较密切的关联,而判断体系的优劣同时还需顾及结构的使用性能。悬臂梁虽然在力学性能上优于简支梁,可适用于更大跨径的桥型方案,但悬臂梁中同时存在正负弯矩区段,通常采用箱型截面梁,其构造较复杂;跨径较大时,梁体重力过大,不易装配化施工,而往往要在费用昂贵的支架上现浇。钢筋混凝土悬臂梁,还因支点负弯矩区段存在,不可避免地将在梁顶产生裂缝,桥面虽有防护措施,但仍常因雨水侵蚀而降低使用年限。预应力混凝土悬臂梁桥虽无此患,并可采用节段悬臂施工,可它同连续梁一样,支点因是简单支承,施工时必须采用临时固定措施。但与连续梁相比,跨中要增加悬臂与挂梁间的牛腿、伸缩缝构造;在使用时,行车又不及连续梁平顺,除了是静定结构这个特点外,别的优点不多,因而也较少采用。

国内箱型薄壁钢筋混凝土悬臂梁桥最大跨径为55m,国外一般在70m~80m以下。预应力混凝土悬臂梁桥世界上最大跨径为150m,一般在100m以下。三孔预应力混凝土悬臂梁桥在采用平衡悬臂装配施工时,中孔亦有不用中间挂梁而在跨中用剪力铰相连的,这种带剪力铰的悬臂梁体系为一次超静定结构。中孔最大跨径为128m的苏联莫斯科克拉斯诺普列斯涅斯基桥即是这种体系。

悬臂体系尽管也是静定结构,但是由于悬臂梁与挂梁之间存在力的传递与相互作用,一般如果悬臂梁被完全破坏后,挂梁失去支撑点而会整体掉落,如果挂梁完全破坏后,悬臂梁的悬臂端失去集中力的作用,梁体内力分布将发生变化(图2-14)。

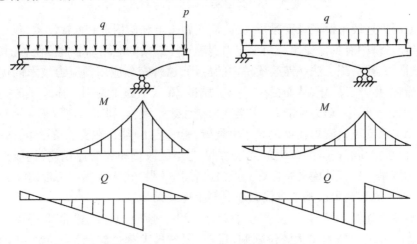

图2-14 挂梁塌落前后的悬臂梁内力变化

2.2.3 连续梁桥

将简支梁梁体在支点上连接形成连续梁,连续梁可以做成两跨或三跨一联的(图2-15),也可以做成多跨一联的。每联跨数太多,联长就要加大,受温度变化及混凝土收缩等影响产生的纵向位移也就较大,使伸缩缝及活动支座的构造复杂化;每联长度太短,则使伸缩缝的数目增加,不利于高速行车。为充分发挥连续梁对行车平顺的优点,现代的伸缩缝及支座的构造不断改进,最大伸缩缝伸缩长度已达660mm,梁体的连续长度已达1000m以上,如杭州钱塘江二桥公路桥为18孔一联预应力混凝土连续梁桥,跨径布置为45m+65m+14×80m+65m+45m,连续长度为1340m。通常,连续梁中间墩上只需设置一个支座,而在相邻两联连续梁的桥墩仍需设置两个支座。在跨越山谷的连续梁中,中间高墩也可采用双柱(壁)式墩,每柱(壁)上都设有支座,可削减连续梁支点的负弯矩尖峰。

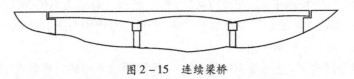

图2-15 连续梁桥

从图2-16可以看出,连续梁在恒载作用下,由于支点负弯矩的卸载作用,跨中正弯矩显著减小,其弯矩图形与同跨悬臂梁相差不大。如悬臂梁的悬臂长度恰好与连续梁的弯矩零点位置相对应,则图2-13与图2-16的弯矩图就完全一样。

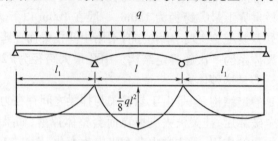

图2-16　连续梁桥恒载下弯矩图

钢筋混凝土连续梁桥同悬臂梁桥一样,因在施工上和使用上有前述缺点,仅在城市高架桥、小半径弯桥中有少量应用。而预应力混凝土连续梁的应用却非常广泛,尤其是悬臂施工法、顶推法、逐跨施工法在连续梁桥中的应用,这种充分应用预应力技术的优点是施工设备机械化,生产工厂化,从而提高了施工质量,降低了施工费用。连续梁的突出优点是结构刚度大、变形小、动力性能好,主梁变形挠曲线平缓,有利于高速行车。为克服钢筋混凝土连续梁因支点负弯矩在梁顶面产生裂缝,影响使用年限,在支点负弯矩区段布置预应力束筋,以承担荷载产生的负弯矩,在梁的正弯矩区段仍布置普通钢筋,构成局部预应力混凝土连续梁。这种结构具有良好的经济及使用效果,施工较预应力混凝土连续梁方便,目前在城市高架桥中已基本取代钢筋混凝土连续梁。

钢筋混凝土连续梁跨径一般不超过25m～30m,预应力连续梁常用跨径为40m～160m。其最大跨径受支座最大吨位限制,目前,国内最大跨径尚未超过165m(南京长江二桥北汊桥,其跨径布置为90m+3×165m+90m)。如果采用墩上双支座,消去结构在支座区的弯矩高峰,它的跨径可以达到200m。

连续梁桥不仅相邻跨度存在力的传递,而且结构相互连接,即使某跨发生破坏而断裂,但由于相邻跨的约束作用一般不会塌落(图2-17)。整体安全性较简支结构强,但是一旦某跨发生局部破坏,影响了整个梁体的刚度分布,因而,即使破坏后结构体系没有发生变化,但结构内力也将发生显著变化。

图2-17　边跨破坏前后的结构体系

2.2.4　T型刚架

T型刚架是一种墩梁固结、具有悬臂受力特点的桥。因墩上两侧伸出悬臂,形如"T"字,由此得名。预应力混凝土T型刚架分为跨中带剪力铰和跨中设挂梁两种基本类型,图2-18所示是跨中设挂梁的类型。

带铰的T型刚架桥,是国外20世纪50年代初开始采用的一种桥型,它的上部结构

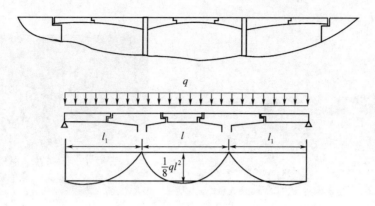

图 2-18 T型刚架

全部是悬臂部分，相邻两悬臂通过剪力铰相连接。所谓剪力铰是一种只能传递竖向应力、不能传递水平推力和弯矩的连接构造。当在一个 T 型结构单元上作用有竖向力时，相邻的 T 型单元将因此剪力铰的存在而同时受到作用，从而减轻了直接受荷的 T 型单元的结构内力。从结构受力与牵制悬臂变形来看，剪力铰起了有利作用。带铰的、对称的 T 型刚架桥在恒载作用下是静定结构，在活载作用下是超静定结构。带铰的 T 型刚架桥由日照温差、混凝土收缩徐变和基础不均匀沉降等因素的影响，剪力铰两侧悬臂的挠度不会相同，必然产生附加内力。这些挠度和附加内力事先难以准确估计，又不易采取适当措施加以清除或调整。其次，中间铰结构复杂，用钢量和费用也将增加。此外，在运营中发现，铰处往往因下挠形成折角，导致车辆跳动，且剪力铰也易损坏。

带挂孔的 T 型刚架是静定结构，与带铰的 T 型刚架相比，虽由于各个 T 型刚架单元单独作用而在受力和变形方面略差一些，但它受力明确，不受各种内外因素的影响。此外，带挂孔的 T 型刚架在跨内因有正负弯矩分布，其总弯矩图面积要比带铰的 T 型刚架小一些，虽增加了牛腿构造，但免去了结构复杂的剪力铰。其主要缺点是桥面上伸缩缝增多，对于高速行车不利；其次，在施工中除了悬臂施工这道工序和机具设备外，还增加挂梁预制、安装工序及机具设备；此外，T 型刚架悬臂部分横截面布置还受到挂梁的限制。目前，国内主要是采用带挂孔的 T 型刚架桥。但需要指出，带铰的 T 型刚架仍不失为预应力混凝土梁桥中的一个比选桥型。这主要是与连续梁相比，同样采用悬臂施工方法，而后者要增加两道施工工序：一是在墩上临时固结以利于悬臂施工；二是在跨中要合龙。T 型刚架桥虽桥墩粗大，但在大跨径桥中省去了价格昂贵的大型支座和避免今后更换支座的困难。它在跨中有一伸缩缝，行车平顺条件虽不如连续梁，但由于上述各种因素，其综合的材料用量和施工费用却比连续梁经济。当然，在结构刚度、变形、动力性能方面，T 型刚架都不如连续梁。

T 型刚架和悬臂梁的结构形式与传力特点相似，都是静定结构，而且挂梁与 T 型刚架之间存在力的传递，因而梁体破坏后存在如下特点：挂梁一旦发生破坏断裂而容易整体塌落，且导致 T 型刚架所受外力发生变化，但是桥梁一般不会发生连续坍塌（图 2-19）；而 T 型刚架作为挂梁的支撑点，一旦发生毁坏，容易引发 T 梁连续破坏。

图 2 - 19　T 型刚架挂梁破坏

2.2.5　连续刚架桥

连续刚架桥是预应力混凝土大跨梁式桥的主要桥型之一,它综合了连续梁和 T 型刚架桥的受力特点,将主梁做成连续梁体,与薄壁桥墩固结而成(图 2 - 20)。它同连续梁一样,可以做成一联多孔。在长桥中,可以在若干中间孔以剪力铰或简支挂梁相连。在 20 世纪 60 年代,联邦德国首先采用悬臂浇筑施工法在莱茵河上建成主跨分别为 114.2m 及 208.0m 的沃尔姆斯桥和本道夫桥。它采用薄壁桥墩来代替 T 型刚架的粗大桥墩,中孔采用剪力铰,边孔做成连续体系,这种桥型是连续刚架的雏形,因它的主要受力特性已接近连续梁。类似的结构用于城市桥梁中,跨越河道,两侧与短跨引桥连接。典型的连续刚架体系对称布置,并采用平衡悬臂施工法修建。随着墩高的增加,薄壁桥墩对上部梁体的嵌固作用越来越小,逐步蜕化为柔性墩的作用。如图 2 - 20 所示的三跨(80m + 120m + 80m)连续刚架体系,当薄壁墩高度 $H > 10m$ 时,跨中恒载正弯矩 M_{g1} 和支点恒、活载负弯矩 M_{g2}、M_{p2} 与连续梁的相应弯矩值 M_{g1}、M_{g2}、M_{p2} 相差无几,而跨中活载最大正弯矩 M_{p1},在 $H > 20m$ 时亦接近连续梁的相应弯矩值。由此可见,连续刚架体系上部结构的受力性能如同连续梁一样,而薄壁墩底部所承受的弯矩、梁体内的轴力随着墩高的增大而急剧减小。在跨径大而墩高小的连续刚架桥中,由于体系温度的变化,混凝土收缩等将在墩顶产生较大的水平位移。为减小水平位移在墩中产生的弯矩,连续刚架桥常采用水平抗推刚度较小的双薄壁墩。

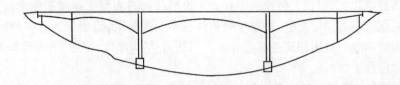

图 2 - 20　连续刚架桥

连续刚架桥与连续梁桥的特点类似,在局部发生破坏后一般能够保证桥梁整体稳定性,因而整体安全性高。但是局部破坏对全桥内力分布均有重要影响,如果设计不当反而会引发连续破坏。

2.3 梁桥的横截面形式

桥梁作为一个空间结构,除纵向(立面)形式对桥梁的受力与承力有重要影响外,横向的截面形式也对桥梁承载力有主要影响。梁桥的截面形式主要是指确定梁桥主梁截面的几何形状与数量、钢筋与预应力钢筋在截面上的位置、主梁的横向连接方式等。这些主要与梁体跨度、梁体受力特点以及施工便捷性等有密切关系。从宏观上而言,梁体截面形式可以分为板式截面、肋式截面与箱式截面三大类型。

2.3.1 板式截面

板式截面就是整个桥梁为一块厚度比宽度以及长度均小得多的板件,在横截面上表现为一高度远远小于长度的矩形。它包括整体式矩形实心板、装配式实心板、空心板及异形板。

整体式矩形实心板具有形状简单、施工方便、建筑高度小、结构整体刚度大等优点,但施工时需现浇混凝土,受季节气候影响,又需模板与支架(图2-21)。从受力要求看,截面用料不经济,自重大,所以只在小跨径板桥中使用。有时为了减小自重,也可将截面受拉区稍加挖空做成矮肋式的板截面(图2-21(b))。

为了避免现场浇筑混凝土的缺点,交通部制定的1.5m~8.0m 8种跨径的钢筋混凝土板桥标准图中,采用装配式实心板截面(图2-21(c)),每块预制板的宽度为1m,板厚为0.16m~0.36m。为减小自重,在跨径6m~13m 3种钢筋混凝土板桥标准图中,采用空心板截面,相应板厚为0.4m~0.8m(图2-21(d))。在跨径8m~16m 4种预应力混凝土板桥(先张法)标准图中,也采用空心板截面,相应板厚为0.4m~0.7m。

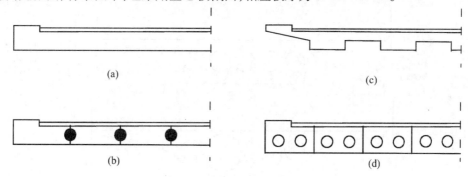

图2-21 矩形实心板截面

装配式预制空心板截面中间挖空形式很多,图2-22所示为几种常用的空心板截面形式。挖成单个较宽的孔洞,其挖空体积最大,块件质量也最小,但在顶板内要布置一定数量的横向受力钢筋。图2-22(a)的顶板略呈微弯形,可以节省一些钢筋,但模板较图2-22(b)复杂一些。图2-22(c)挖成两个正圆孔,当用无缝钢管作芯模时施工方便,但其挖空体积较小。图2-22(d)的芯模由两个半圆及两块侧模板组成,对不同厚度的板只要更换两块侧模板就能形成空形,它挖空体积较大,适用性也较好。目前采用高压充气胶囊代替金属或木芯模,尽管形成的内腔因胶囊变形不如模板好,但是它具有制作及脱模方便、预制台座有效利用率高等优点,故用得较为广泛。

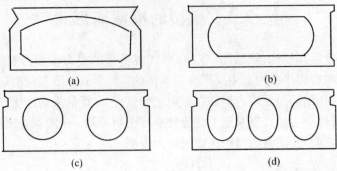

图2-22 空心板的挖洞形式

图2-23为各种异形板截面形式,它既希望在外形上保持板截面的轻巧形式,又要求用于跨径较大的城市高架桥上(20m~30m 的预应力混凝土连续板桥),尽可能减小板的自重力。它与柱形桥墩相配合,桥下净空较大,造型也美观,但现场浇筑施工较复杂。

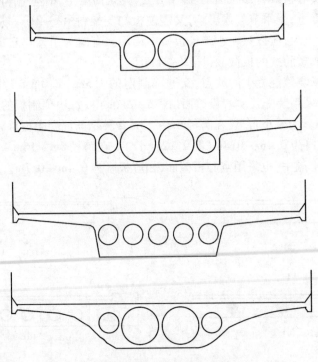

图2-23 异形板截面

板梁桥一般按照单向板进行设计,但是两侧边缘1/6板宽的范围内板受力通常比标准单向板内力要大,这是因为当车辆荷载靠近边缘时,参与受力的板宽减小。因而,在板梁局部破坏后,尽管不影响结构整体安全性,结构仍旧可以按单向板进行验算,但是破坏的边缘板受力将要增加。

2.3.2 肋梁式截面

所谓的肋梁就是构件高度远远大于宽度的截面形式,可以大幅度提高构件抗弯能力,但是由于桥梁一般横向宽度较大,因而需要多片肋梁通过一定的连接方式形成整体共同组成桥梁横截面,这种横截面叫肋梁式截面。它一般有三种基本类型:∏型、I型、T型(图2-24)。在桥梁横截面上,一般采用多片主梁布置形式,因而,当采用∏型、I型主梁截面组合成桥梁横截面时,基本形式也与多T型截面类同。

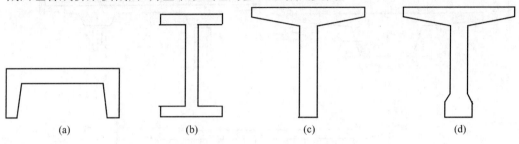

图2-24 肋梁式截面

众所周知,当梁桥跨径增大时,在梁截面不改变的情况下,弯矩随跨径平方增加。在横截面设计中,要求在增大主梁截面抵抗矩的同时减小梁的自重,必然形成两种截面形式:一是闭合薄壁箱形截面;二是多主梁式T型截面。从受力来看,对钢筋混凝土结构而言,T型截面顶板宽翼缘受压,下部开裂后不参与工作,只要能有布置钢筋的足够面积即可,有利于承受正弯矩。在承受负弯矩时,顶上翼缘处于受拉区,而肋部处于受压区,要提高抗负弯矩的能力,必须把底部加大成马蹄形。显然,T型截面在钢筋混凝土结构中,重心位置偏上,核心距 $k_s + k_x$ 虽较大,但上核心离顶面的距离 e_s 远远小于下核心离底面的距离 e_x,它标志着承受正弯矩能力的力臂距 $k_s + k_x + e_x$ 远远大于承受负弯矩的力臂距 $k_s + k_x + e_s$。所以,它也是有利于承受正弯矩。总之,无论是钢筋混凝土或预应力混凝土结构,T型截面有利于承受单向弯矩(正弯矩),不利于承受双向弯矩(正、负弯矩)。因而,在简支梁桥中,跨径从13m到50m,大多数的横截面形式布置成多T梁截面形式。跨径在25m~60m的悬臂梁、连续梁桥,当正负弯矩的绝对值相差不大时,也有采用肋部加宽或底部加宽的I型截面,主要考虑它的施工及模板较箱形截面简易,构造钢筋用量也少一些。

(1)整体式横截面形式。图2-25所示为采用现浇整体式T型截面布置的横截面形式,图中采用的多是双T型主梁截面布置形式。在悬臂梁或连续梁结构中,常常采用这种布置形式。这种形式的梁肋宽度较大,在承受负弯矩区段上,肋宽及底部还可加大。对现场设立支架、模板橡胶施工的混凝土主梁,较少采用多主梁截面形式,以求施工简便,降低模板制作费用。一般肋宽在0.6m~1.2m。T型截面的翼缘厚度,即桥面板厚度与主梁间距有关,一般中央的厚度为250mm~350mm,根部为400mm~550mm。在城市高架桥中,一般为求得较大桥下净空,要求做较小的柱式墩。此外,建筑高度限制较小,因而做成低高度的宽肋式双T型截面或单T型截面(国外又成为翼结构,除整体式外,更多的做成预制装配式)。这种截面的肋宽可以做到2m~4m,桥宽不宜过大,一般在10m~15m。如图2-25(a)、(b)所示。我国深圳市布台立交桥即采用连续板梁设计,全长311.18m,两联连续板梁,一联跨径组合为12m+3×16m+12m,其横截面如图2-25(b)所示。图2-25(c)所示为多主梁T型截面的整体式横截面布置,一般在建筑高度较小的简支梁桥中采用。在美国,目前仍为世界长桥记录(总长38.4km)的Pontchartrain湖桥,跨径17m,桥宽10m,梁高1.2m,主梁间距为1.42m,肋宽150mm。采用先张法预应力混凝土简支梁结构,横截面为T梁截面形式,整体预制,通孔架设,配合双柱式桥墩。用于较大跨径的双T型截面如图2-25(d)、(e)、(f)所示。

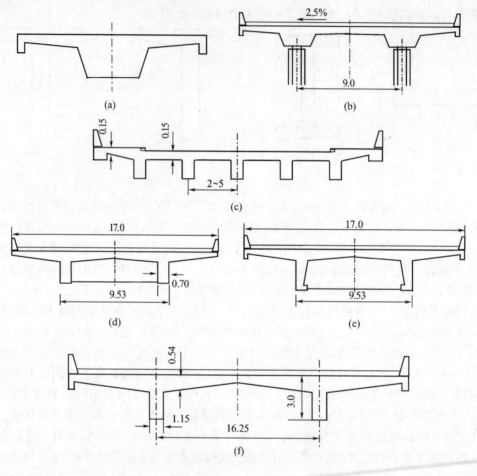

图 2-25 整体式 T 型截面

（2）装配式横截面形式。装配式横截面形式就是目前将主梁在横断面上划分成多片标准化预制构件,工厂预制,现状安装到位后采用桥面连续与横隔板连续的方式使多片构件形成整体。国内外在小跨径简支梁桥、悬臂桥中依然采用多片装配式预制主梁的肋梁式横截面。它具有下列优点：将主梁划分成多片标准化预制构件,简化了模板,可工厂化成批生产,降低了制作费用;主梁采用工厂或现场预制,可提高质量,减薄主梁尺寸,从而减小整个桥梁自重。桥梁上部预制构件与下部墩台基础可平行作业,缩短了桥梁施工工期,节省了大量支架,降低了桥的造价。

对一定跨径或桥宽的桥梁而言,采用何种预制主梁截面,主梁间距用多大,应从材料用量经济,尽可能较少预制工作量,单片主梁的吊装重力等各方面因素考虑。显然,主梁间距小,主梁片数就多,预制工作量亦增多,而主梁吊装重力小;反之,主梁间距大,主梁片数就少,预制工作量也少,而主梁吊装重力就要增大。为求得更经济的材料用量,又要解决上述矛盾,除了采用装配式预制主梁的肋梁式横截面外,也有采用较小尺寸的预制主

30

梁,然后借现浇桥面混凝土组合成肋梁式横截面。

图2-26所示为装配肋梁式横截面的几种基本类型。图2-26(a)的预制主梁为∏型截面,横向为密排式多主梁横截面。预制主梁之间用穿过腹板的螺栓连接,其装配简易。∏型主梁的特点是截面形状稳定,横向抗弯刚度大,块件堆放、装卸都方便。设计经验表明,跨径较大时,∏型梁桥的混凝土和钢的用量都比T型梁桥大,而且构件自重大,横向联系较差,制造也较复杂,现已很少使用。

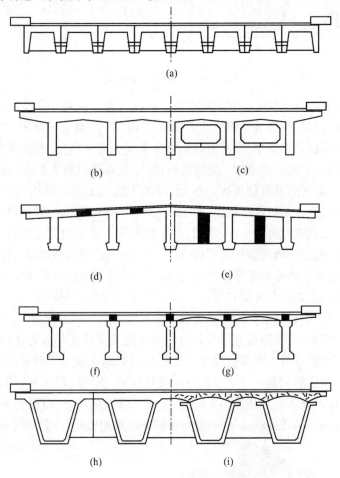

图2-26 装配肋梁式横截面基本类型

目前,我国主梁用得最多的装配肋梁式横截面形式是T型截面,如图2-26(b)~(e)所示。T型梁的翼板构成桥梁的行车道,又是主梁的受压翼缘,在预应力混凝土梁中,受拉翼缘部分做成加宽的马蹄形,以满足承受压应力和布置预应力钢筋的需要。它的特点是外形简单,制造方便,横向用横隔梁连接,整体性也较好。为了减少预制构件占用预制场地,并减小构件的质量和外形尺寸,便于运输、安装,主梁可采用短翼板的T型截面或I型截面,借现浇桥面板混凝土连成整体,或在预制主梁上现浇整体式桥面板,组合成梁肋式横截面,如图2-27所示。但这种组合肋梁式截面在受力性能方面存在不足。以图2-27(b)为例,其主要缺点是将桥梁主要承重构件"拦腰"化为两部分,使一个整体梁的受弯构件装配成一个组合梁的受弯构件,这样的构造布置在设计中必须注意下面两个问题。其一是结合面处于截面弯曲剪应力较大的部位,为保证组合梁上下部分结合成一整体受弯构件,必须加强结合面的强度。应适当加大 I 型梁上缘宽度,并伸出足够的连接钢筋来增强结合。

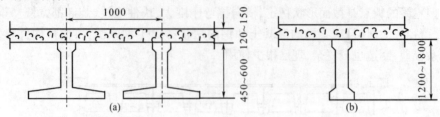

图 2 - 27 装配梁肋横截面

其二是组合梁的装配顺序决定了它将是分阶段受力。在第一阶段,桥面板和横隔梁重力与梁肋自重力均由预制 I 型梁肋承受;第二阶段是车辆荷载的作用,由组合梁全截面来承受。在整体预制的 T 梁中,所有恒载由整个 T 型截面来负担,而在组合梁中,却要梁肋部分来单独承受,这就必然增加了梁肋的负担,不但要适当放大截面,而且要增加一些配筋。此外,组合梁增加了现浇混凝土数量,增加了施工工序及模板支架,延长了工期。国内常采用的装配组合梁肋式横截面,如图 2 - 26(f) ~ (i)所示。这种形式的预制主梁,采用钢筋混凝土或预应力混凝土(先张法)的 I 型与开口槽型构件。它的特点是,在 I 型或开口槽型梁上,搁置轻巧的预制微弯板或空心板构件,以作为现浇桥面混凝土的模板之用,简化了现浇混凝土的施工工序。实际上,后者是属于装配组合箱型横截面形式。

无论是整体现浇式还是装配式肋梁,一旦形成桥梁结构后,桥梁在活荷载下的受力特点是相同的,即梁的上翼缘既作为行车道板承受局部弯矩与剪力作用,又作为主梁的上翼缘承受主梁纵向弯矩,而横隔板进行荷载的横向分配承受弯矩与剪力作用。肋梁式截面组合的桥梁不仅肋梁自身不同部位发生的破坏导致梁的承载力下降程度不一样(图 2 - 28),而且由于肋梁式桥梁是一个复杂的空间梁格体系,不仅局部破坏一般较难引起整体破坏,且不同部位的破坏后果往往是不同的,肋梁上翼缘破坏时,将引起单根梁的承载力下降(图 2 - 29),而横隔板破坏时将引起梁体横向联系的减弱,荷载横向分配发生变化。

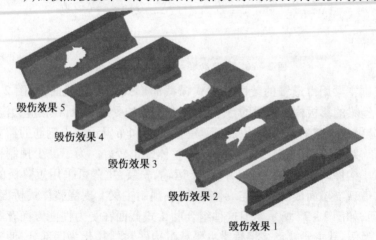

毁伤效果 5

毁伤效果 4

毁伤效果 3

毁伤效果 2

毁伤效果 1

图 2 - 28 肋梁的常见破坏形式

32

图 2-29 T 型梁上翼缘被破坏

2.3.3 箱型截面

箱型截面即整个桥梁横截面是一个闭口薄壁截面,其抗扭刚度大,并具有较 T 型截面高的截面效率指标 ρ,同时,它的顶板和底板面积均比较大,能有效地承担正负弯矩,并满足配筋的需要。因此,在已建成的大跨径预应力混凝土梁桥中,当跨度超过 40m 后,其横截面大多为箱型截面。此外,当桥梁承受偏心荷载时,箱型截面梁抗扭刚度大,内力分布比较均匀;在桥梁处于悬臂状态时,具有良好的静力和动力稳定性,对悬臂施工的大跨度梁桥尤为有利。由于箱型截面整体性能好,因而,在限制车道数通过车辆时,可以超载通行,而装配式桥梁由于整体性能差,超载行驶车辆的能力就很有限。一般来讲,箱型截面形式主要取决于桥面宽度,此外,与墩台构造形式、施工要求等也有关。常见的箱型截面有单箱单室、单箱多室、多箱单室、多箱多室等(图 2-30)。

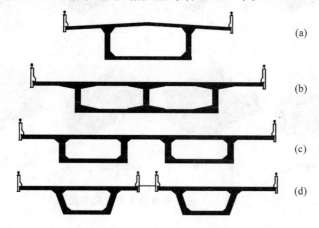

图 2-30 不同的箱型截面形式
(a) 单箱单室;(b) 单箱多室;(c) 多箱;(d) 分箱。

单箱截面整体性好,施工方便,材料用量较经济,当桥面宽度不大时,以采用单箱截面为好(图 2-30(a))。此外,单箱截面抗扭刚度大,对于弯桥和城市高架桥、立交桥采用独柱桥墩尤为适宜。当桥面较宽时,采用多箱截面(图 2-30(c))较单箱多室截面(图 2-30(d))要经济,而且自重要小一些。在悬臂施工时,前者可以采用分箱施工,减少了施工荷载,降低了施工费用。当桥面宽度超过 18m 时,高速公路桥梁上须设置中央分隔带,此时采用分离式箱型截面(图 2-30(d))更有利于分期施工,减小了活载偏心,箱的高宽比也不致悬殊过大,使箱的受力更为有利。

箱型截面梁的外形可以是矩形、梯形或曲线形的。梯形截面造型美观,且可以减小底板宽度,既减少了梁正弯矩区段混凝土用量,又可以减小墩台尺寸,常用于高墩桥梁。为方便斜腹板中预应力束的布置,除特殊情况外,斜率一般不超过 tan30°,对变截面箱梁斜率控制在 1:5~1:4,不致于支点处底板宽度过于狭窄。梯形截面也有许多不足之处,对变截面箱梁,为保证斜腹板是一个平面,随梁高增大,底板宽度减小,对布置在底板中的预应力束的锚固和弯起较为复杂;支点截面因底板过窄,为满足受压面积的需要而增厚过多。此外,截面形心较之矩形截面偏高,减小了顶板预应力筋的力臂,这些情况对承受负弯矩都是不利的,故对承受负弯矩为主的 T 型刚架桥和连续刚架桥很少采用斜腹板箱型截面。我国修建的悬臂体系预应力混凝土桥,多数是带挂梁的,为预制安装方便,挂梁基本采用 T 型截面,为使侧面外观上衔接平顺,悬臂部分都做成矩形箱梁。鉴于上述原因,梯形截面箱梁较多用于等高度连续梁桥,曲线形的箱型截面则用于对桥梁外观、桥墩宽度要求较高的城市高架桥上。

箱型截面作为一种整体性截面,在截面不同部位发生破坏时对构件承载能力影响是有所区别的(图 2-31)。如果是顶板受到局部破坏,而该截面承受正弯矩,则构件承受正弯矩的能力大幅度下降;如果是底板受到局部破坏,而该截面承受正弯矩,则构件承受正弯矩的能力影响不大。

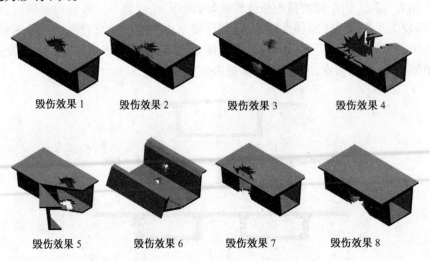

毁伤效果 1　　　毁伤效果 2　　　毁伤效果 3　　　毁伤效果 4

毁伤效果 5　　　毁伤效果 6　　　毁伤效果 7　　　毁伤效果 8

图 2-31　箱型截面的不同破坏形式

第 3 章

桥梁的作用与作用组合

桥梁在建造与使用过程将承受自身质量与车辆荷载等作用,其主要功能是保证桥梁、车辆与人员的安全性、舒适性与耐久性。但是作用在桥梁的作用(荷载)种类与大小一般都是随时间不断变化的,因此,存在选择什么类型与多大的作用(荷载)进行桥梁设计的问题。本章首先阐述桥梁结构极限状态设计法的基本概念;然后介绍桥梁常见作用(荷载)类型及其性质,桥梁设计时作用(荷载)如何组合;最后探讨了紧急状态下进行桥梁安全性判别的作用(荷载)组合。

3.1 桥梁结构的极限状态设计法

结构设计,就是按照一定的准则使所设计的结构,在规定的时间内具有足够可靠的前提下,完成全部功能的要求。因此,搞清桥梁的功能要求以及遵循的设计准则是进行桥梁设计的两个重要方面。

3.1.1 桥梁的功能要求

桥梁的功能是由桥梁的使用要求决定的,具体有如下四个方面。

(1)桥梁应能够承受在正常施工和正常使用期间可能出现的各种荷载、外加变形、约束变形等作用。

(2)结构在正常使用条件下具有良好的工作性能,如在满足设计要求的车辆通过桥梁时,桥梁不应该发生导致人体不舒适感的过大变形与振动、伸缩缝破坏导致的车辆颠簸等。

(3)结构在正常使用和正常维护的条件下,在规定的时间内,具有足够的耐久性,如不发生由于保护层碳化或裂缝宽度过大而导致的钢筋锈蚀。

(4)在偶然荷载(如地震、强风)作用下或偶然事件(如爆炸)发生时或发生后,结构仍能保持整体稳定性,不发生倒塌。如多跨简支梁,某跨桥体断裂后不能引起桥段的倒塌,进而由于桥段的倒塌引发相邻跨桥体的倒塌。

上述要求中,(1)、(4)两项通常是指结构的强度、稳定,一旦设计不满足其要求时,桥梁结构将发生断裂、塌落等破坏,发生桥毁人亡的事故,关系到桥梁与人身安全,称为结构的安全性;(2)项指结构的适用性。设计不满足要求时,结构不会发生破坏。但是桥梁行车的舒适性和快速性等往往难以保证。(3)项指结构的耐久性。设计中不满足要求时结构暂时的安全性与适用性一般能满足要求。但是在达到设计的使用寿命前桥梁的安全性与适用性难以满足设计要求,因而不得不进行加固等措施;结构的安全性、适用性和耐久性这三者总称为结构的可靠性。

3.1.2 结构的极限状态

桥梁结构设计的目的是设计出满足桥梁结构使用功能要求的结构物,于是,当整个结构或结构的一部分超过某一特定状态而不能满足设计规定的某一功能要求时,则此特定状态称为该结构的极限状态。由此可见,结构的极限状态是桥梁结构的临界状态,结构的实际状态低于临界状态,则桥梁满足使用功能要求;反之则不满足。

根据桥梁的一般功能要求,国际上一般将桥梁结构的极限状态分为以下三类。

1. 承载能力极限状态

这种极限状态对应于结构或构件达到最大承载能力或不适于继续承载的变形。但结构构件出现下列状态之一时,即认为超过了承载力极限状态。

(1) 整个结构或结构的一部分作为刚体失去平衡(如桥梁整体滑动、桥台的倾覆等)。

(2) 结构构件或连接处应超过材料强度而破坏(包括疲劳破坏)。

(3) 结构转变成机动体系。

(4) 结构或结构构件丧失稳定(如柱的压屈失稳等)。

(5) 由于材料的塑性或徐变变形过大,或由于截面开裂而引起过大的几何变形等,致使结构或结构构件不再能继续承载或使用(例如,主拱圈拱顶下挠,引起拱轴线偏离过大等)。

2. 正常使用极限状态

这种极限状态对应于结构或结构构件达到正常使用或耐久性的某项规定值。当结构或结构构件出现下列状态之一时,即认为超过了正常使用极限状态。

(1) 影响正常使用或外观的变形,如高速公路桥梁变形过大,导致行驶车辆颠簸。

(2) 影响正常使用或耐久性能的局部损坏,如过大的裂缝宽度。

(3) 影响正常使用的振动,如人行天桥在车辆激振下发生令行人难以立足的大幅度或高频振动。

(4) 影响正常使用的其他特定状态。

3. 破坏—安全极限状态

这种极限状态是指偶然事件造成结构局部破坏后,其余部分不至于发生连续倒塌的状态。偶然事件包括超过设计烈度的地震、爆炸、车辆撞击、地基塌陷等。于是,桥梁的结构状态与功能要求的对应关系如图3-1所示。

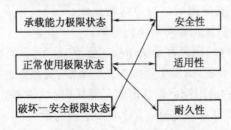

图3-1　桥梁的结构状态与功能要求的对应关系

上述前两类极限状态在我国现行《公路桥规》中已被采用,世界上不少国家的规范也通常采用这两类极限状态。至于破坏安全极限状态,目前由于在计算方面还缺乏足够的统计资料和工程实践经验,所以在实际应用时还未作为一个独立的极限状态提出,而只在承载能力极限状态中补充了防止结构连续倒塌的设计原则。

3.1.3 桥梁的极限状态设计计算法

所谓的极限状态设计计算法就是要求设计的桥梁结构在规定作用下的效应小于或等于桥梁结构在各种极限状态下规定的标志或限值。如在规定车辆作用下的桥梁结构变形小于《桥梁规范》所规定的变形限值,在规定荷载作用下的桥梁结构弯矩小于结构自身抵抗弯矩的能力等。目前,我国桥梁按两种极限状态进行设计:一是承载能力极限状态,即设计的桥梁在设计规定荷载作用下不能够出现滑动、倾覆、断裂、失稳变成机动体系等极限状态;二是正常使用极限状态,即桥梁结构在设计规定荷载作用下不会出现影响使用的变形与振动、过大开裂等。

1. 承载能力极限状态计算原则

《公路桥规》规定结构构件的承载能力极限的计算以塑性理论为基础。设计的原则是:作用效应不利组合的设计值,必须小于或等于结构抗力的设计值,对于钢筋混凝土结构的表达式为

$$S_d \left(\gamma_g G; \gamma_q \sum Q \right) \leqslant \gamma_b R_d \left(\frac{R_c}{\gamma_c}; \frac{R_s}{\gamma_s} \right) \tag{3-1}$$

式中　　G——永久荷载(结构重力);

γ_g——永久荷载(结构重力)安全系数;

Q——可变荷载及永久荷载中混凝土收缩、徐变影响力、基础变位影响力;

γ_q——荷载 Q 的安全系数;

S_d——荷载效应函数,如简支梁在集中荷载作用下跨中弯矩计算表达式;

R_c——混凝土强度设计采用值;

γ_c——在混凝土强度设计值基础上的混凝土安全系数;

R_s——预应力钢筋或非预应力钢筋强度设计采用值;

γ_s——在钢筋强度设计值基础上的钢筋安全系数;

R_d——结构抗力函数,如一个简支梁跨中截面所能够承受的最大弯矩值;

γ_b——结构工作条件系数。

由此可见,现行的《公路桥规》采用多系数方法来进行承载能力的计算。以下对式(3-1)中各种系数作必要的说明:

(1)荷载安全系数 γ_g、γ_q。因为各种荷载效应都是在标准荷载作用下可能出现的各种最不利组合,而在某些偶然情况下完全可能超越这个荷载值,使结构的安全储备不足,所以针对可能出现荷载 G、Q 的超载情形,分别用相应的"荷载安全系数"γ_g 和 γ_q 来考虑,即在计算时,将标准荷载增大 γ_g 倍和 γ_q 倍。γ_g 和 γ_q 的具体取值将在荷载效应组合中讨论。

(2)材料安全系数 γ_c、γ_s。在进行承载力计算中,现行《公路桥规》采用的钢筋或混

凝土的设计强度取值标准为强度平均值减去 2 倍均方差,即所取强度值具有 97.73% 的保证率。尽管设计强度的取值已具有较高的保证率,但还应考虑在正常情况下,由于施工质量上的偏差,截面受力特征的差异,以及除材料设计已考虑的那一部分变异影响以外的其他影响构件强度的各种因素,例如,试件材料强度和构件材料实际强度之间的差异,构件施工时的尺寸和钢筋的不至于设计值的偏差及构件出现的局部缺陷,以及结构构件破坏前是否有警告预兆等。对于这些影响因素,规范中就通过"材料安全系数"和下面的"工作条件系数"予以考虑。

为简化计算,《公路桥规》中,将钢筋的强度安全系数和混凝土的强度安全系数统一取用为 $\gamma_c = \gamma_s = 1.25$。

(3)工作条件系数 γ_b。与受拉、受弯矩作用而破坏的构件相比,轴心受压、偏心受压、斜截面受剪、受扭、局部承压构件破坏前,一般没有警告预兆,属于脆性破坏范畴,所以材料安全系数应该大于受拉、受弯构件,即将安全储备适当提高。对于构件性能上的这一差异,是通过工作条件系数 γ_b 来予以考虑的。《公路桥规》规定取 $\gamma_b = 0.95$。然而,工作条件系数并不仅仅是对材料强度系数的修正,它还包含着对计算图式近似性的修正、构造物特点等多方面的内容。

2. 正常使用极限状态计算原则

正常使用极限状态的计算,是以弹性理论或弹塑性理论为基础的,目前桥梁结构上主要进行下列三方面的验算。

(1)限制应力——$\sigma_d \leqslant \sigma_L$。

(2)短期荷载下的变形——$f_d \leqslant f_L$。

(3)各种荷载组合作用下的裂缝宽度——$\delta_d \leqslant \delta_L$。

以上 σ_d、f_d、δ_d 为在规定荷载作用下桥梁结构应力、变形和裂缝宽度的计算数值;σ_L、f_L、δ_L 为应力、变形和裂缝宽度的限值,相应的数值可以在桥梁设计规范中进行查询。

3.2 桥梁的作用与作用效应组合

从式(3-1)可见,进行桥梁设计或验算时,首先必须计算桥梁在自重、车辆等作用下的效应,如车辆作用下的桥梁弯矩、轴力、应力与变形等。但由于作用在桥梁上的车辆、自重、风与地震等作用的种类众多,量值随时间也不断变化,如作用在桥梁上的车辆数量、质量都是变化的,因此,在设计阶段往往需要明确作用的取值,应该同时考虑哪几种作用等问题。于是,本节将首先阐述桥梁作用的定义,给出桥梁上可能存在的各种性质的作用,而且在设计阶段这些作用是如何组合的。

3.2.1 桥梁的作用

桥梁的作用是指桥梁在施工与运营过程中引起桥梁结构反应的各种因素的统称。这些因素既有自身的因素,如桥梁的自重、混凝土徐变收缩等,也有外部的因素,如车辆、人群荷载、温度、风荷载以及地震等。长期以来,我国习惯将引起结构反应的各种因素叫做"荷载",如我国 1985 年的《公路桥涵设计通用规范(JTJ 021—85)》及以前的设计规范均采用"荷载"这一称呼,但是这种叫法实际上并不科学。引起结构反应的因素可以按照其性质分为截然不同的两类：一类是施加于结构上的外力，如车辆、人群、结构自重等，它们与重力、机械力等有密切的关系，可用"荷载"这一术语来概括；另外一类并不以外力的形式施加于结构，如温度、基础变位、混凝土收缩徐变等，尽管它们也能够产生与外力相同的结构反应，但是不是以力的形式直接作用到桥梁结构上。"作用"则包含了这两类不同性质的因素，则可见"作用"的概念比"荷载"的概念更为广泛。于是，我国在2004年新修订的桥梁设计规范(JTG D60—2004)中采用了"作用"这一国际上通用的名词称呼引起桥梁结构反应的各种因素。它与传统的"荷载"的相互关系如图3-2所示。

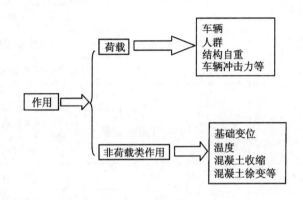

图3-2 桥梁的作用

按照桥梁作用随时间变化的情况，桥梁的作用又可以分为三大类型：永久作用、可变作用以及偶然作用。

（1）永久作用。在设计使用期间，其值不随时间变化，或其变化和平均值相比可忽略不计的荷载，如桥梁结构的自重。

（2）可变作用。在设计使用期间，其值随时间变化，且变化和平均值相比不可忽略的荷载，如车辆荷载与人群荷载等。按其对桥涵结构的影响程度，又分为基本可变作用（活载）和其他可变作用。

（3）偶然作用。在设计使用期间，出现概率很小，但一旦出现，其值很大且持续时间很短的荷载，如地震、车辆与船只撞击等。

现将各类作用列于表3-1中。

表3-1 作用分布表

编号	荷载分类	荷载名称
1	永久作用 （恒载）	结构重力
2		预加应力
3		土的重力及土侧应力
4		混凝土收缩及徐变影响力
5		基础变位影响力
6		水的浮力

编号	荷载分类		荷载名称
7	可变作用	基本可变作用（活载）	汽车
8			汽车冲击力
9			离心力
10			汽车引起的土侧压力
11			人群
12			平板挂车或履带车
13			平板挂车或履带车引起的土侧压力
14		其他可变作用	风力
15			汽车制动力
16			流水压力
17			冰压力
18			温度影响力
19			支座摩阻力
20	偶然作用		地震力
21			船只或漂流物撞击力

注：如构件主要为承受某种其他可变作用而设置，在计算该构件时，所承荷载作为基本可变作用

3.2.2 作用的代表值

作用在桥梁结构上的用途在桥梁使用期间基本是一个随机变化的量，但是设计时需要在某一确定量下进行结构效应的计算，于是，在结构设计时，针对不同设计目的，根据一定原则给出了各种作用的规定值，称为作用的代表值，而代表值又分为标准值、准永久值与频遇值三种。标准值是结构设计的重要参数，是荷载的基本代表值，其量值取设计规定期限内可能出现的最不利值，一般按照设计基准期最大概率分布的某一分位值确定。频遇值是结构上较频繁出现且量值较大的荷载取值，为可变作用采用的一种代表值，由作用标准值乘以小于1的频遇值系数得到。准永久值是可变荷载中经常出现的一种代表值，它比可变作用的频遇值要小一些。它是在频遇值的基础上乘以小于1的准永久值系数。

对于公路桥涵，不同作用采用不同的代表值。永久作用采用标准值为代表值；在进行承载能力极限状态设计及按弹性阶段计算结构强度时，采用标准值作为可变作用的代表值。正常使用极限状态按短期效应组合时，采用频遇值作为可变作用的代表值。按长期组合效应设计时，采用准永久值作为可变作用的代表值；偶然作用取标准值作为代表值。每种作用的标准值准永久值和频遇值的计算方法见公路桥涵设计通用规范（JTG D60—2004）。

3.2.3 桥梁的荷载等级(设计荷载)

桥梁的荷载等级(设计荷载)是桥梁的设计图纸中经常出现的名词,它是针对桥梁作用中的汽车荷载而言的。汽车荷载作为桥梁最为重要的一个作用,它的量值与分布方式在桥梁使用期间是不断变化的,如可能是一辆两轴40t车辆通过桥梁,也可能是一辆三轴60t车辆通过桥梁,既可以是一辆车辆通过桥梁,也可以是一列车辆以一定的距离通过桥梁,因此,规范上考虑最不利的作用效应以及一定的可靠度,将汽车荷载简化为几种典型的荷载施加方式,在这些简化的荷载施加方式中往往规定了车辆的数量、每辆车的质量以及相互之间的距离,这些简化的汽车荷载施加方式就称为荷载等级,有时称为设计荷载。如在我国1985年的《公路桥涵设计通用规范(JTJ 021—85)》中,车队荷载分为四个等级:汽车-10级、汽车-15级、汽车-20级与汽车-超20级。在每个等级中均有一辆重车,其前后均为主车,规范中明确了每个等级中重车与主车的总重、轴重、轴数与轴距以及车辆相互之间距离等参数,每个等级车队的车辆组合方式如图3-3和图3-4所示。

验算荷载分为80t、100t和120t的平板挂车(简称挂车-80、挂车-100和挂车-120)以及50t的履带车(简称履带-50)四个级别,其荷载图式及主要技术指标规定如图3-5所示。用验算荷载进行验算时,对于履带车,顺桥纵向可考虑多辆行驶,但两车间

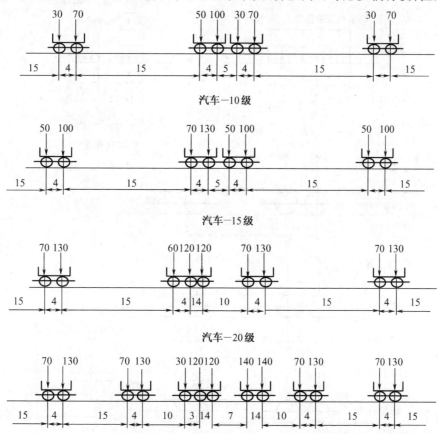

图3-3 各级车辆车队的纵向排列

41

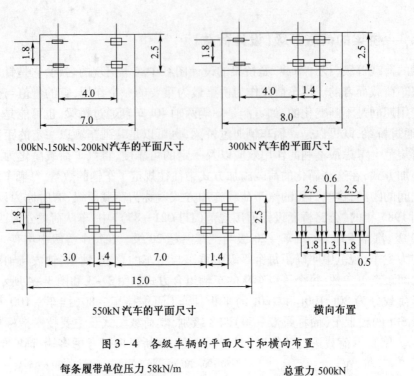

100kN、150kN、200kN汽车的平面尺寸　　　300kN汽车的平面尺寸

550kN汽车的平面尺寸　　　横向布置

图3-4　各级车辆的平面尺寸和横向布置

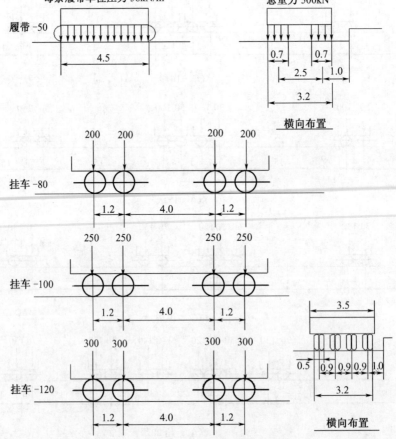

每条履带单位压力58kN/m

总重力500kN

横向布置

履带-50

挂车-80

挂车-100

挂车-120

横向布置

图3-5　各级验算车的纵向排列和横向布置

距不得小于50m;对于平板挂车,全桥均以通过一辆计算。履带车或平板挂车通过中小桥梁时,应靠中以慢速行驶。验算时,不考虑冲击力、人群荷载和其他非经常作用在桥上的各种外力。在利用(JTJ 021—85)设计的桥梁中均明确规定了桥梁的车队荷载与验算荷载级别,如南京长江第三大桥的设计荷载为汽车 - 超20级、挂车 - 120。即进行桥梁设计时将图3-3所示的汽车 - 超20级的车队沿桥梁纵方向布置在最不利位置上计算桥梁的结构效应,而且将图3-5中120t挂车作用到桥梁结构上进行桥梁安全性验算。

在我国2004年新修订的桥梁规范(JTG D60—2004)中进一步将汽车荷载的等级进行了简化,共分为公路 - Ⅰ级和公路 - Ⅱ级两个等级,前者相当于1985年规范的汽车 - 超20级,后者相当于汽车 - 20级。汽车荷载分为车道荷载与车辆荷载两种形式,分别用于不同的设计计算场合,对于桥梁结构的整体计算采用车道荷载,而对于桥梁结构的局部加载、涵洞、桥台和挡土墙土压力等的计算采用车辆荷载。车道荷载简化成均布荷载与一集中荷载的组合,如图3-6所示。

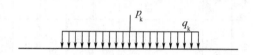

图3-6　各级验算车的纵向排列和横向布置

公路 - Ⅰ级车道荷载的均布荷载标准值为$q_k = 10.5 kN/m$,桥梁计算跨径小于或等于5m时,集中荷载标准值$p_k = 180 kN$,桥梁计算跨径等于或大于50m时,$p_k = 360 kN$,中间跨径采用直线内插。计算剪力效应时,上述集中荷载标准值乘以1.2的系数。公路 - Ⅱ级车道荷载的均布荷载标准值和集中荷载标准值按公路 - Ⅰ级车道荷载的0.75倍采用。车道荷载的均布荷载标准值应满布于使结构产生最不利效应的同号影响线上,集中荷载标准值只作用于相应影响线中一个最大影响线峰值处。车辆荷载的相关规定见公路桥涵设计通用规范(JTG D60—2004)。

公路工程技术标准或桥梁设计规范,随着科技技术的进步及社会的发展,有过多次修订。新中国成立前使用的有1936年全国经济委员会公路处制定的《公路桥梁涵洞工程设计暂行准则》、1940年交通部公路总管理处制定的《交通部公路桥梁涵洞工程设计暂行准则(草案)》、1941年交通部公路总管理处修正公布的《公路桥梁涵洞设计准则》。新中国成立后,1954年中央交通部制定了《公路工程设计准则》,1956年又颁布了《公路工程设计准则(修订草案)》,其后于1967年制定了《公路桥涵车辆荷载及净空标准暂行规定》,1972年又颁布了《公路工程技术标准(试行)》,目前使用的是交通部1981年颁布的《公路工程技术标准(JTJ 1—81)》。而桥梁设计方面的规范,1961年颁布了《公路桥涵设计规范》,1974年又颁布了《公路桥涵设计规范(试行)》,现行使用的是1985年颁布的《公路桥涵设计通用规范(JTJ 021—85)》、《公路砖石及混凝土桥涵设计规范(JTJ 022—85)》、《公路钢筋混凝土及预应力混凝土桥涵设计规范(JTJ 023—85)》等。在桥梁设计规范不断发展过程中,桥梁的荷载等级随着时代的发展也不断变化。综合各个时期公路桥梁设计荷载主要技术指标的演变,如表3-2、表3-3所列。

表3-2 公路桥梁汽车荷载主要技术指标的演变

规范	荷载等级		一辆汽车总质量/t	一行汽车车队中重车辆数/辆	前轴重/t	中轴重/t	后轴重/t	轴距/m	轮距/m	前轮着地宽度及长度/m	中后轮着地宽度及长度/m	车辆外行尺寸(长×宽)/m
1941年《公路桥梁涵洞设计准则》	载重7.5t		7.5t	1	1.4t		6t	4.25	1.85			
	载重10t		10t	1	2t		8t	4.25	1.85			
	载重12t		12t	1	2.4t		9.6t	4.25	1.85			
	载重15t		15t	1	3t		12t	4.25	1.85			
	载重20t		20t	1	4t		16t	4.25	1.85			
1954年《公路工程设计标准》及1956年《公路工程设计准则(修订草案)》	汽-6	标准车	6.0	不限制	1.8		4.2	4.0	1.7	0.10	0.2×0.2	8×2.7
		加重车	7.8	1	2.1		5.7	4.0	1.7	1.05	0.2×0.2	
	汽-8	标准车	8.0	不限制	2.4		5.6	4.0	1.7	1.05	0.3×0.2	8×2.7
		加重车	10.4	1	2.8		7.6	4.0	1.7	1.05	0.3×0.2	
	汽-10	标准车	10.0	不限制	3		7	4.0	1.7	1.05	0.3×0.2	8×2.7
		加重车	13.0	1	3.5		9.5	4.0	1.7	0.2	0.4×0.2	
	汽-13	标准车	13	不限制	3.9		9.1	4.0	1.7	0.2	0.4×0.2	8×2.7
		加重车	16.9	1	4.55		12.35	4.0	1.7	0.25	0.6×0.2	
	汽-18	标准车	18	不限制	6		12	4.0	1.7	0.3	0.7×0.2	8×2.7
		加重车	30	1	6		2×12	4.0	1.7	0.3	0.7×0.2	

（续）

规范	荷载等级		一辆汽车总质量/t	一行汽车车队中重车辆数/辆	前轴重/t	中轴重/t	后轴重/t	轴距/m	轮距/m	前轮着地宽度及长度/m	中后轮着地宽度及长度/m	车辆外行尺寸（长×宽）/m
1967年《公路桥涵车辆荷载及净空标准暂行规定》	汽-10	主车	10	1	3		7	4.0	1.8	0.25×0.2	0.5×0.2	7×2.5
		列车	6.5	不限制	2		4.5	4.0	1.8	0.2×0.2	0.4×0.2	7×2.5
	汽-15	主车	15	1	4.5		10.5	4.0	1.8	0.3×0.2	0.6×0.2	7×2.5
		列车	10	不限制	3		7	4.0	1.8	0.25×0.2	0.6×0.2	7×2.5
	汽-26	主车	26	不限制	6		2×10	4.0+1.3	1.8	0.3×0.2	0.6×0.2	8×2.5
		列车	15	不限制	4.5		10.5	4.0	1.8	0.3×0.2	0.6×0.2	7×2.5
1972年《公路工程技术标准（试行）》	汽-10	主车	10	不限制	3		7	4.0	1.8	0.25×0.2	0.5×0.2	7×2.5
		重车	15	1	5		10	4.0	1.8	0.25×0.2	0.5×0.2	7×2.5
	汽-15	主车	15	不限制	5		10	4.0	1.8	0.25×0.2	0.5×0.2	7×2.5
		重车	20	1	7		13	4.0	1.8	0.3×0.2	0.6×0.2	7×2.5
	汽-29	主车	20	不限制	7		13	4.0	1.8	0.3×0.2	0.6×0.2	7×2.5
		重车	30	1	6		2×12	4.0+1.4	1.8	0.3×0.2	0.6×0.2	8×2.5
1981年《公路工程技术标准（JJ1—81）》	汽车-10级	主车	10	不限制	3		7	4.0	1.8	0.25×0.2	0.5×0.2	7×2.5
		重车	15	1	5		10	4.0	1.8	0.25×0.2	0.5×0.2	7×2.5
	汽车-15级	主车	15	不限制	5		10	4.0	1.8	0.25×0.2	0.5×0.2	7×2.5
		重车	20	1	7		13	4.0	1.8	0.3×0.2	0.6×0.2	7×2.5
	汽车-20级	主车	20	不限制	7		13	4.0	1.8	0.3×0.2	0.6×0.2	7×2.5
		重车	30	1	6		2×12	4.0+1.4	1.8	0.3×0.2	0.6×0.2	8×2.5
	汽车-超20级	重车	55	1	3	2×12	2×14	3+1.4+7+1.4	1.8	0.3×0.2	0.6×0.2	15×2.5

（续）

规范	荷载等级		一辆汽车总质量/t	一行汽车车队中重/t 车辆数/辆	前轴重/t	中轴重/t	后轴重/t	轴距/m	轮距/m	前轮着地宽度及长度/m	中后轮着地宽度及长度/m	车辆外行尺寸（长×宽）/m
现行：1985年《公路桥涵设计通用规范（JTJ 021—85）》	汽车－10级	主车	100kN		30kN		70kN	4.0	1.8	0.25×0.2	0.5×0.2	7×2.5
		重车	150kN	—	50kN		100kN	4.0	1.8	0.25×0.2	0.5×0.2	7×2.5
	汽车－15级	主车	150kN		50kN		100kN	4.0	1.8	0.25×0.2	0.5×0.2	7×2.5
		重车	200kN	1	70kN		130kN	4.0	1.8	0.3×0.2	0.6×0.2	7×2.5
	汽车－20级	主车	200kN		70kN		130kN	4.0	1.8	0.3×0.2	0.6×0.2	7×2.5
		重车	300kN	1	60kN		2×120kN	4.0+1.4	1.8	0.3×0.2	0.6×0.2	8×2.5
	汽车－超20级	主车	200kN		70kN		130kN	4	1.8	0.3×0.2	0.6×0.2	7×2.5
		重车	550kN	1	30kN	2×120kN	2×140kN	3+1.4+7+1.4	1.8	0.3×0.2	0.6×0.2	15×2.5

46

表 3-3　桥梁验算荷载主要技术指标的演变

规范	荷载等级	车辆质量/t	履带数或车轴数/个	各条履带压力或每个车轴质量/t	履带着地长度或纵向轴距/m	每个车轴的车轮组数目/组	履带横向中距或车轮横向中距/m	履带宽度或每对车轮着地宽度和长度/m
1956 年《公路工程设计准则（修正草案）》	拖-30	30	2	3.75t/m	4.0	—	2.5	0.5
	拖-60	60	2	6.0t/m	5.0	—	2.6	0.7
	拖-80	80	4	20	1.2+1.2+1.2	6	2.7	0.8
1967 年《公路桥涵车辆荷载及净空标准暂行规定》	履带-50	50	2	5.6t/m	4.5	—	2.5	0.7
	拖车-60	60	—	15	1.2+5.0+1.2	8	3×0.8	0.5×0.2
	拖车-100	100	—	25	1.2+6.0+1.2	8	3×0.9	0.5×0.2
1972 年《公路工程技术标准（试行）》	履带-50	50	2	5.6t/m	4.5	—	2.5	0.7
	挂车-80	80	4	20	1.2+4.0+1.2	8	3×0.9	0.5×0.2
	挂车-100	100	4	25	1.2+4.0+1.2	8	3×0.9	0.5×0.2
1981 年《公路工程技术标准》	履带-50	50	2	5.6t/m	4.5	—	2.5	0.7
	挂车-80	80	4	20	1.2+4.0+1.2	4	3×0.9	0.5×0.2
	挂车-100	100	4	25	1.2+4.0+1.2	4	3×0.9	0.5×0.2
	挂车-120	120	4	39	1.2+4.0+1.2	4	3×0.9	0.5×0.2
现行:1985 年《公路桥涵设计通用规范》	履带-50	500kN	2	56kN/m	4.5	—	2.5	0.7
	挂车-80	800kN	4	200kN	1.2+4.0+1.2	4	3×0.9	0.5×0.2
	挂车-100	1000kN	4	250kN	1.2+4.0+1.2	4	3×0.9	0.5×0.2
	挂车-120	1200kN	4	300kN	1.2+4.0+1.2	4	3×0.9	0.5×0.2
现行标准平板挂车和履带车荷载的纵向排列图								

每条履带单位压力 5.6kN/m

履带-50

挂车-100

挂车-80

挂车-120

随着交通需求的发展,现在的桥梁桥面一般较宽,可以形成多个行车通道,因此在桥梁的横断面上形成多个纵向车队,进行汽车荷载效应计算时,需要在横断面上布置多个车队数。根据大量的现场调研以及保证结构安全具有一定的可靠度,桥梁横向布置的车队数应按表 3 - 4 确定。

表 3 - 4　桥梁横向布置车队数

桥面净宽 W/m		横向布置车队数	桥面净宽 W/m		横向布置车队数
车辆单向行驶时	车辆双向行驶时		车辆单向行驶时	车辆双向行驶时	
$W < 7.0$		1	$17.5 \leqslant W < 21.0$		5
$7.0 \leqslant W < 10.5$	$7.0 \leqslant W < 14.0$	2	$21.0 \leqslant W < 24.5$	$21.0 \leqslant W < 28.0$	6
$10.5 \leqslant W < 14.0$		3	$24.5 \leqslant W < 28.0$		7
$14.0 \leqslant W < 17.5$	$14.0 \leqslant W < 21.0$	4	$28.0 \leqslant W < 31.5$	$28.0 \leqslant W < 35.0$	8

当桥梁横向布置车队数大于 2,汽车荷载使桥梁构件的某一截面产生最大效应时,车队同时处于最不利位置的可能性不大,可能性随车道数增加而减小。应考虑计算荷载效应的横向折减,但折减后的效应不得小于用两行车队布载的计算结果。一个整体结构上的计算荷载横向折减系数规定如表 3 - 5 所列(JTJ 021—85)。

表 3 - 5　横向折减系数

横向布置车队数	3	4	5	6	7	8
横向折减系数	0.78	0.67	0.60	0.55	0.52	0.50

当桥梁计算跨径≥150m 时,应考虑计算荷载效应的纵向折减。当桥梁为多跨连续结构时,整个结构均应按最大的计算跨径考虑计算荷载效应的纵向折减。纵向折减系数规定如表 3 - 6 所列(JTJ 021—85)。对中小桥梁不考虑荷载效应的纵向折减。

表 3 - 6　纵向折减系数

计算跨径 L/m	纵向折减系数	计算跨径 L/m	纵向折减系数
$150 \leqslant L < 400$	0.97	$800 \leqslant L < 1000$	0.94
$400 \leqslant L < 600$	0.96	$L \geqslant 1000$	0.93
$600 \leqslant L < 800$	0.95		

3.2.4　桥梁的作用效应组合

作用效应是指作用使结构产生的各种反应,一般包括桥梁结构的内力(轴向力、弯矩、剪力以及扭矩)、变形和裂缝等。

作用在桥梁结构上的作用种类很多,但是作用的时机、持续时间与出现的概率一般存在差异,设计时需要将不同作用进行优化组合(即哪些作用进行组合、作用代表值如何折成等),这样既可以保证结构满足安全性、适用性与耐久性要求,同时又可以达到控制材料成本的目的。所谓的作用效应组合是指在特定结构状态下确定哪些作用参加组合,参加组合时作用应该选用什么样代表值进行结构效应的计算,并将在代表值作用下的结构效应进行合理叠加(图 3 - 7)。一般情况下,作用效应组合以线性方式进行叠加,即

$$S_{ud} = \psi_1 S_1(Q_1) + \psi_2 S_2(Q_2) + \cdots \tag{3-2}$$

式中: S_{ud} 表示各种线性效应的叠加值; Q_i 表示第 i 种作用的代表值; $S_i(Q_i)$ 表示桥梁结构在 Q_i 作用下的结构效应; ψ_i 表示作用效应的分项系数。作用效应组合的主要工作如图 3-7 所示。

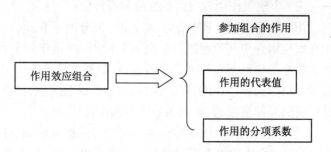

图 3-7 作用效应组合的主要工作

于是,在大量荷载调研与设计总结的基础上,1985 年与 2004 年规范分别给出了桥梁设计的一些基本组合原则,这里以 JTG D60—2004 规范为例加以说明。在 JTG D60—2004 规范中桥涵结构设计分为持久状况、短暂状况和偶然状况 3 种。持久状况是指桥涵建成后承受自重、汽车荷载等持续时间很长的状况;短暂状况为桥涵施工过程中承受临时性作用的状况;偶然状况是在桥涵使用过程中可能偶然出现的状况。其中,持久状况必须进行承载能力和正常使用 2 种极限状态设计;短暂状况一般只作承载能力极限状态设计,必要时才作正常使用极限状态设计;偶然状况要求作承载能力极限状态设计,不考虑正常使用极限状态设计。针对承载能力极限状态与正常使用极限状态分别规定了两种荷载效应的组合方式,对于承载能力极限状态分别为基本组合和偶然组合 2 种,对于正常使用极限状态分别为作用短期效应组合与作用长期效应组合 2 种。设计状况、极限状态与作用组合三者之间的关系如图 3-8 所示。其中荷载效应的基本组合是指永久荷载设计值效应与可变作用设计值效应的组合,这种组合用于结构的常规设计,是所有公路桥涵结构都应该考虑的组合,其效应组合表达式为

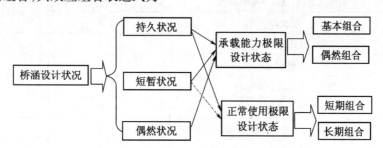

图 3-8 设计状况、极限状态与作用组合三者关系

$$\gamma_o S_{ud} = \gamma_o \left(\sum_{i=1}^{m} \gamma_{Gi} S_{Gik} + \gamma_{Q1} S_{Q1k} + \psi_c \sum_{j=2}^{n} \gamma_{Qj} S_{Qjk} \right) \tag{3-3}$$

$$\gamma_o S_{ud} = \gamma_o \left(\sum_{i=1}^{m} S_{Gid} + S_{Q1d} + \psi_c \sum_{j=2}^{n} S_{Qjd} \right) \tag{3-4}$$

式中　S_{ud}——承载能力极限状态下作用基本组合的效应组合设计值；

　　　γ_o——结构重要性系数，对应于设计安全等级一级、二级和三级，分别取 1.1、1.0 和 0.9；桥涵地震设计不考虑结构的重要性系数；

　　　γ_{Gi}——第 i 个永久作用效应的分项系数，其值按表 3－7 取用；

　　　S_{Gid}、S_{Gik}——第 i 个永久作用效应的标准值和设计值；

　　　γ_{Q1}——汽车荷载效应（含汽车冲击力、离心力）的分项系数，取 1.4，当某个可变作用在效应组合中其值超过汽车荷载效应时，则该作用取代汽车荷载，其分项系数应采用汽车荷载的分项系数；对专为承受某种作用而设置的结构或装置，设计时，该作用的分项系数取与汽车荷载同值；计算人行道板和人行道栏杆的局部荷载，其分项系数也与汽车荷载取同值；

　　　S_{Q1d}、S_{Q1k}——车荷载效应（含汽车冲击力、离心力）的标准值和设计值；

　　　γ_{Qj}——作用效应组合中除汽车荷载效应（含汽车冲击力、离心力）、风荷载外的其他第 j 个可变作用效应的分项系数，取 1.4，风荷载的分项系数取 1.1；

　　　S_{Qjk}、S_{Qjd}——在作用效应组合中除汽车荷载效应（含汽车冲击力、离心力）外的其他第 j 个可变作用效应的标准值和设计值；

　　　ψ_c——在作用效应组合中除汽车荷载效应（含汽车冲击力、离心力）外的其他可变作用效应的组合系数，当永久作用与汽车荷载和人群荷载（或其他一种可变作用）组合时，人群荷载（或其他一种可变作用）的组合系数取 0.80；当除汽车荷载（含汽车冲击力、离心力）外，尚有 2 种其他可变作用参与组合时，其组合系数取 0.70；尚有 3 种可变作用参与组合时，其组合系数取 0.60；尚有 4 种及多于 4 种的可变作用参与组合时，其组合系数取 0.50。

表 3－7　永久作用效应分项系数

编号	作 用 类 别		永久作用效应分项系数	
			对结构承载能力不利时	对结构承载能力有利时
1	混凝土和圬工结构重力（包括结构附加重力）		1.2	1.0
	钢结构重力（包括结构附加重力）		1.1 或 1.2	1.0
2	预加力		1.2	1.0
3	土的重力		1.2	1.0
4	土侧压力		1.4	1.0
5	混凝土收缩及徐变作用		1.0	1.0
6	水的浮力		1.0	1.0
7	基础变位作用	混凝土和圬工结构	0.5	0.5
		钢结构	1.0	1.0

注：对于钢结构重力，当采用钢桥面板时永久作用效应分项系数取 1.1，当采用混凝土桥面板时，取 1.2

　　设计弯桥时，当离心力与制动力同时参与组合时，考虑到车辆行驶速度较直线桥上小一些，因而制动力标准值或设计值按 70% 取用。

　　基本组合用于结构的常规设计，所有桥涵结构都需考虑。基本组合中各类作用效应可以归结为 3 个部分：第一部分为永久作用效应；第二部分为主导的可变作用效应，在通常情况下为汽车荷载效应(含汽车冲击力、离心力),在某些特殊情况下,某种其他可变荷载可能取代汽车效应成为控制设计的主导因素,则其归入第二部分;第三部分为可变作用效应的补充部分,故而以组合系数 ψ_c 予以折减,并且组合的作用效应种类越多折减越大。结构重要性系数 γ_0 含有修正不同安全等级桥梁的可靠度指标的意义,S_{ud} 由安全等级二级的结构给出,安全等级一级或三级结构的目标可靠度指标在安全等级二级的基础上有所增加或减少,相应利用 γ_0 来加以调整。

假如某桥永久作用中计入结构重力,可变作用中计入汽车荷载、人群荷载、风荷载、温度作用和汽车制动力,其作用效应基本组合如下:

(1) 1.2×结构重力效应 +1.4×汽车荷载效应;

(2) 1.2×结构重力效应 +1.4×汽车荷载效应 +0.8×1.4×人群荷载效应;

(3) 1.2×结构重力效应 +1.4×汽车荷载效应 +0.7×(1.4×人群荷载效应 +1.1×风荷载效应);

(4) 1.2×结构重力效应 +1.4×汽车荷载效应 +0.6×(1.4×人群荷载效应 +1.1×风荷载效应 +1.4×温度作用效应);

(5) 1.2×结构重力效应 +1.4×汽车荷载效应 +0.5×(1.4×人群荷载效应 +1.1×风荷载效应 +1.4×温度作用效应 +1.4 汽车制动力效应)。

若结构重力效应对结构承载能力有利时,其分项系数取为1.0。以上组合还有若干变化形式,除汽车荷载外的可变作用参与组合时可任意组合,例如,对于组合(2)还可选择用风荷载、温度作用或汽车制动力的效应替换人群作用效应,对于组合(3)可选择人群荷载、风荷载、温度作用和汽车制动力的效应中的2个相组合。桥规定的组合方式较为灵活,设计者需要仔细对比各种组合方式下的最不利组合,同时对于构件的不同位置截面的最不利组合可能不相同。

3.3 应急状态下的桥梁作用与作用效应组合

民用桥梁在一些特殊情况下往往也需要通行特殊的车辆或车队,如军队行进车队、地方运输变压器等的超限挂车等。这些车辆或车队在轴数、轴重、轴距、车辆距离、行进速度、纵横向排列等方面均与设计荷载存在明显差异,而且往往为超限车辆。因此,在这些荷载通过民用桥梁安全性验算时,桥梁作用效应的组合方式将有别于设计阶段的作用效应组合。

3.3.1 军用车辆荷载通行民用桥梁时的作用效应组合

我军的军用车辆荷载虽然种类相对较少,但其绝对数量、规格、品种庞大(例如,全军汽车就有40多种,共约36万辆),且不断更新、变化,仅根据理论编制还不足以反映实际情况。21世纪初对我军的车辆装备进行过详细调查,先后到4个军区、6个集团军及有关部队、研究单位,统计了现有车辆(包括火炮、坦克、工程机械)的数量、规格及各种技术参数(自重、载重、轴重、轴距、长度、行军间距),共得到近50个团约4万个车辆数据,得到了最新装备部队的车辆数据。根据调查结果,结合近几年的变化情况,归纳为16种典型的车辆荷载(其中轮式10种、履带式6种),主要参数如表3-8所列。按军队的建制分为

8 种团、5 种师和 1 个集团军,列出车辆数量如表 3-9 所列,总重量小于 10kN 的荷载产生的荷载效应甚微,故未列入。

表 3-8 军用车辆荷载分类表

序号	荷载分类	分级/t	典型车	总重/t	前轴重/t	中、后轴重/t	轴距或履带接地长/m
1	轮式荷载	<5	吉普 BJ212	1.955	0.877	1.068	2.3
2		5~10	东风 EQ140	9.31	2.45	6.86	4.0
3		10~15	东方红 665	13.95	4.72	9.23	4.0
4			74 式装载机	14.72	7.3	7.42	2.6
5		15~20	延安 SX250	17.66	5.425	12.235	3.8
6			140-4 推土机	18.00	8.15	9.85	3.96
7		20~25	红岩 CQ261 铁马 SC2000	22.46	6.95	15.51	4.205
8	火炮	10~15	100 滑膛炮	11.8	2.82	5.48+3.5	4.225+5.7
9		20~25	152 加榴抛 122 榴弹炮	20.88	5.29	9.87+5.72	3.8+6.22
10		25~30	130 加农炮	28.1	7.0	13.16+6.3	4.525+6.91
11	履带荷载	10~15	装甲运输车	12.8			3.096
12		20~25	轻型坦克	21.0			3.53
13		30~35	抢救牵引车	31.5			3.84
14		35~40	中型坦克	36.0			3.84
15		40~45	重型冲击桥	44.0			4.586
16		45~50	自行火炮	46.0			4.3

表 3-9 军用车辆荷载分级统计表

分类号	荷载等级/t	数 量 /辆													
		摩步团	坦克团	高炮团	炮兵团	工兵团	舟桥团	汽车团	机械化团	摩步师	步兵师	中坦克师	轻坦克师	机械化师	集团军
1	<5	20	15	11	15	11	15	15	15	148	26	92	60	81	538
2	5~10	112	82	65	127	295	282	482	101	818	517	776	718	845	3565
3	10~15	20	11	35	23	17	19	0	21	120	114	157	132	157	624
4		2	6	1	1	22	6	0	2	22	6	27	22	14	99
5	15~20	19	12	7	20	18	17	0	17	122	91	128	125	125	548
6		2	2	2	2	25	6	0	5	24	13	34	24	49	135
7	20~25	9	5	3	22	3	73	75	10	56	53	83	83	18	369
8	10~15	18	0	18	24	0	0	0	0	78	0	0	0	18	136

分类号	荷载等级/t	数量/辆													
		摩步团	坦克团	高炮团	炮兵团	工兵团	舟桥团	汽车团	机械化团	摩步师	步兵师	中坦克师	轻坦克师	机械化师	集团军
9	20~25	0	0	24	36	0	0	0	0	36	36	0	0	0	149
10	25~30	0	0	0	9	0	0	0	0	9	4	0	0	0	53
11	10~15	0	16	3	3	0	0	0	130	16	15	236	106	616	282
12	20~25	0	3	0	0	0	0	0	3	43	293	0			52
13	30~35	0	5	0	0	0	0	0	5	5	5	27	63	34	47
14	35~40	0	94	0	0	0	0	0	35	94	80	293	48	225	547
15	40~45	0	2	0	0	0	0	0	2	2	0	16	12	13	18
16	45~50	0	0	0	0	0	00	0	18	18	0	18	6	18	36
合计		202	253	169	282	401	418	572	361	1571	979	1927	1692	2213	7221

注：集团军包括军直（含工兵团、通信团）、摩步师1、步兵师2、中坦克师1、炮兵旅1、高炮旅1

图 3-9 中，g_i 为轮式车辆第 i 轴的轴压力，l_i 为轮式车辆第 i 轴和第 $i+1$ 轴的中心距，C_1 为轮式车辆前轮中心距。

由于军用车辆的轴数、轴重与轴距与民用车辆存在明显差异，图 3-9 所示为军用车辆荷载等级，其中炮车与挂车在民用设计车队中均没有出现。同时军队在公路线路上正常行使时一般有较为明确的行进队列规定，往往规定的车辆间距也大于民用设计车队中的车辆间距，如装甲师在公路线路上行进时，团与团的间距为 20km ~ 25km，团的纵向长为 30km，营与营的间距为 2km ~ 3km，坦克的间距为 50m ~ 100m。摩托化师在公路线路上行军时，车与车的间距则规定为 30m ~ 50m。因此，当军用车辆通过民用桥梁时，遵循以下组合原则进行车辆荷载的纵向和横向布置：当桥梁的单跨长度不大于 50m 时，只考虑单个车辆荷载的作用，大于 50m 时，应考虑车辆荷载车队的作用；单车选取可以选择行进车队中单车最重的履带荷载或轮式荷载，可以结合表 3-8 与表 3-9 进行选取；车队按同级履带式车辆或轮式车辆考虑，对于一般中小桥梁，轮式车辆荷载距离取 30m，对于悬索桥，轮式车辆荷载距离取 50m，对于履带车，顺桥纵向可考虑多辆行驶，但两车间距不得小于 50m，同时履带车通过桥涵时，应靠中以慢速行驶，不考虑冲击力和其他非经常作用在桥上的各种外力。于是，军用车辆通过民用桥梁进行安全性验算，其作用效应可以按如下方式进行组合，即

$$\nu_0 S_{ud} = \nu_0 (\nu_{Gi} S_{Gik} + \nu_{Q1} S_{Q1k})$$

由于战时民用桥梁的重要性均以降低，ν_0 可以一律取 0.9；ν_{Gi} 按设计规范进行取值；由于 ν_Q 为载荷超载安全系数，在进行桥梁安全性验算时，荷载数值是明确的，不存在荷载出现大于验算取值的可能性，因此，$\nu_{Q1} = 1$。

横向按照通行时实际的车队位置进行布载。当桥梁横向布置车队数大于 2 时，不考虑计算荷载效应的横向折减。

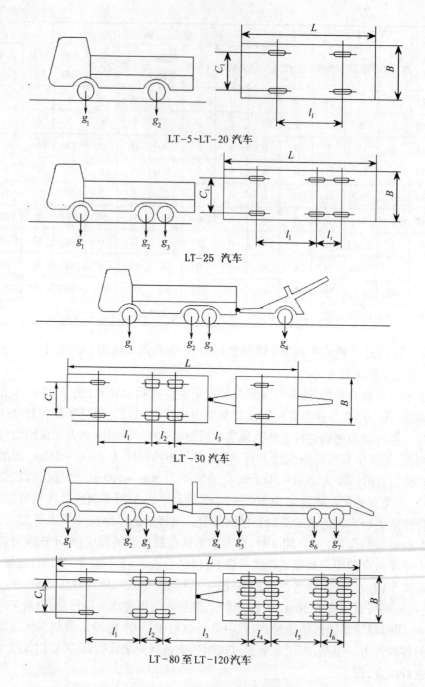

图 3-9 军用轮式车辆示意图

3.3.2 民用非标准车辆通行民用桥梁时的作用效应组合

这里的民用非标准车辆主要是指公路上进行大件运输的车辆多,如运输进口车辆制造设备、水泥生产设备以及大型变压设备等的挂车,这些车辆最大的特点是单车车辆的质量大。一般车辆达到几百吨,而且在轴重、轴距与总长等方面均有别于桥梁的设计与验算荷载。

民用非标准车辆基本上是多轴超重的轮式荷载,荷载模型可采用参数化表达方式,利用荷载的轴距、轴数、轴重作为输入参数建立荷载模型,两个典型参数化模型如图3-10、图3-11所示。在非标准荷载通过民用桥梁时一般采用以下控制措施。

(1) 超重车辆单车过桥,即不得有其他车辆与人群过桥。

(2) 超重车辆沿桥面中心过桥。

(3) 超重车辆过桥时以5km/h的低速过桥,并严禁在桥上变速制动。

因此,验算时,不考虑冲击力和其他非经常作用在桥上的各种外力,横向分布系数按荷载置于横段面中心线进行计算。于是,民用非标准车辆通过民用桥梁时的作用组合一般只考虑桥梁自重与民用非标准车辆两种,即

$$\nu_0 S_{ud} = \nu_0 (\nu_{Gi} S_{Gik} + \nu_{Q1} S_{Q1k})$$

由于平时桥梁的重要性等同于设计要求,ν_0 按照设计要求进行取值;ν_{Gi} 按设计规范进行取值;由于 ν_Q 为载荷超载安全系数,在进行桥梁安全性验算时,荷载数值是明确的,不存在荷载出现大于验算取值的可能性,因此,$\nu_{Q1} = 1$;超重车辆一般限速通行,因此,活荷载 S_{Q1k} 不考虑冲击系数的影响。

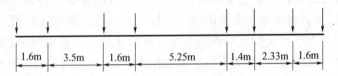

图3-10 某二炮超重装备运输车辆的参数化模型图

某钢厂3800轧机机架,外形尺寸为13020mm×4700mm×2000mm,质量为300t,件数为2件。牵引车采用玛斯牵引车,自重约20t。330t全挂液压平板拖车技术参数:载质量330t,拖车自重70t,拖车总长24m,轴数15,轴距1.6m,轮胎数120只(8只/轴),装载后拖车总重380t,车宽3.4m。要求通行宽度5m,每轴负荷25.4t,单个轮胎负荷为3.17t。根据具体保障荷载的特点建立适用于结构分析的荷载模型,如图3-11所示。

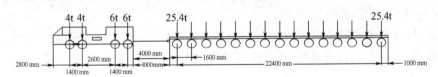

图3-11 某钢厂轧机机架荷载模型图

第 4 章
民用桥梁通过安全性判别方法

民用桥梁是按照一定的设计荷载进行设计的,使其满足桥梁结构安全性、适用性与耐久性要求。但是,在战争、自然灾害等紧急状态下,军用车辆、地方超限车辆等民用非标准荷载往往需要通行民用桥梁,这些民用非标准荷载在总重、轴数、轴重与轴距等方面均与标准的设计荷载等级存在区别,难以将需要通行的车辆荷载与设计荷载直接进行对比来判断车辆能否安全通行所需要通行的桥梁。因此,在这些紧急状况下需要提供一定的方法判断地方民用桥梁能否安全保证军用车辆与地方超限车辆的通行。

民用桥梁在设计阶段的功能要求相对较严格,不仅需要保证桥梁在运营阶段的设计荷载下的安全性,而且对桥梁运营阶段的适用性与耐久性以及施工阶段的安全性等也提供保证。在紧急状态下快速保证车辆安全通过桥梁往往成为桥梁保障的唯一任务,一般不要求车辆行使具有舒适性、桥梁不发生局部损伤等,安全性判别是进行桥梁结构检验的最主要任务,而保证桥梁安全性的主要原则就是作用导致的桥梁结构效应小于桥梁结构的抗力,满足 3 种极限状态设计法中的承载能力极限状态设计法,即

$$S_d\left(\gamma_g G;\gamma_q \sum Q\right) \leqslant \gamma_b R_d\left(\frac{R_c}{\gamma_c};\frac{R_s}{\gamma_s}\right) \tag{4-1}$$

桥梁在设计荷载作用下式(4-1)是满足的,但是当桥梁通行特殊荷载或桥梁长期使用后,桥梁在实际荷载下的内力以及截面的承载力均不同于设计之初的内力值与承载力,因而式(4-1)不一定成立。

于是,国内根据承载能力极限状态设计要求,提出了多种进行快速判别的基本方法,主要有计算分析法、等代荷载法、查表法以及荷载实验法等。

4.1 计算分析法

计算分析法的原理相当简单,就是通过简单的结构分析,计算得到设计荷载与实际荷载分别作用下的桥梁结构内力,并比较其在最不利截面上的大小关系来判断实际荷载能否通行的一种方法。如果设计荷载在桥梁最不利截面上导致的内力 $S_{设}$ 大于实际荷载导致的结构内力 $S_{实}$,即

$$S_{设} \geqslant S_{实} \tag{4-2}$$

则实际荷载能够安全通过桥梁,反之则不能。该方法隐藏的基本假定是桥梁的承载力没

56

有明显降低,在实际应用时也不需要进行桥梁结构承载力的检验。于是,由式(4-1)与式(4-2),有

$$S_{\text{实}}\left(\gamma_g G;\gamma_q \sum Q_{\text{实}}\right) \leqslant \gamma_b R_d\left(\frac{R_c}{\gamma_c},\frac{R_s}{\gamma_s}\right) \tag{4-3}$$

即在实际荷载作用下,满足桥梁极限状态设计要求。

为此,要验算判定桥梁能否通行特殊车辆,需要考虑特殊车辆的纵向不利位置算出结构的最大弯矩和剪力值,并考虑桥梁横向分布的影响,即乘以横向分布系数,然后再与桥梁原设计荷载等级(设计的活载弯矩和剪力)进行比较,如小于设计值,则证明可安全通过超车车辆,如大于设计值,则证明桥梁需通过加固等措施后方可通行重型车辆。桥梁结构内力计算往往是将空间问题转化为平面问题,在计算得到单根梁的最不利荷载后再乘以荷载横向分配系数(图4-1与图4-2),单根梁的活荷载内力可以表达为

$$S_p = (1 + \mu) \cdot \xi \cdot \sum m_i P_i y_i \tag{4-4}$$

式中 S_p——桥梁中单根梁的最不利截面的内力值;

  μ——活荷载的动力冲击系数;

  ξ——汽车荷载的横向折减系数;

  m_i——荷载的横向分配系数;

  y_i——最不利截面的内力影响线竖坐标值;

  P_i——外荷载。

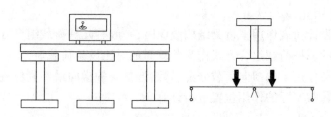

图4-1 桥梁结构内力计算简化

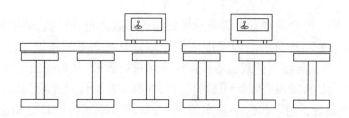

图4-2 横向最不利荷载位置

桥梁的荷载横向分配系数具体计算方法可以见相关的桥梁工程教材,表4-1则给出了大件运输时常用平板车通行预应力空心板梁与钢筋混凝土T梁的横向分配系数,在实际工程中可以直接使用。

表 4-1　平板车过桥横向分布系数参考数值表

梁形式	预应力空心板梁					钢筋混凝土 T 梁			
横向分布系数　　跨径/mm　　　平板车荷载/t	8	10	13	16	20	10	13	16	20
40	0.146	0.141	0.136	0.133	0.129	0.256	0.224	0.215	0.205
60	0.148	0.144	0.137	0.133	0.129	0.258	0.230	0.218	0.205
100	0.146	0.140	0.136	0.132	0.142	0.263	0.224	0.215	0.205
150	0.148	0.142	0.137	0.138	0.128	0.263	0.226	0.220	0.205
200	0.146	0.141	0.136	0.133	0.129	0.245	0.223	0.213	0.205
300	0.147	0.139	0.136	0.133	0.128	0.251	0.221	0.214	0.204

注：平板车荷载资料系由上海市交通运输局提供

如果为了充分挖掘桥梁的承载能力,在重型车辆通行桥梁进行承载力验算时可以考虑以下几个有利因素,以便于提高桥梁通行荷载的能力。

(1) 采取单车过桥和靠中行使措施的计算。由于重型车辆过桥时不变速、不制动,限速5km/h,所以计算时可按履带荷载考虑,并不计入冲击震动的影响。

(2) 在计算实际荷载作用的荷载效应时,荷载组合应该按照基本组合方式进行计算,即只考虑实际通行荷载与桥梁结构自重的组合: $\nu_0 S_{ud} = \nu_0 (\nu_{Gi} S_{Gik} + \nu_{Q1} S_{Q1k})$ 。由于战时民用桥梁的重要性均以降低,ν_0 可以一律取 0.9;ν_{Gi} 按设计规范进行取值;由于 ν_Q 为活荷载超载安全系数,在进行桥梁安全性验算时,荷载数值是明确的,不存在荷载出现大于验算取值的可能性,因此,$\nu_{Q1} = 1$ 。

(3) 在计算设计荷载作用下桥梁结构效应时,一般有几种荷载组合方式,选择其中导致结构内力最大的那种荷载组合方式作为验算时的对比设计荷载。

(4) 设计荷载作用下的横向荷载分配系数,选择一种横向最不利位置进行布置,而超重荷载一般按照荷载实际的作用位置进行计算。

4.2　等代荷载法

尽管计算分析法原理简单且不需要对桥梁结构承载力进行检验,效率相对较高,但是仍然需要进行复杂的结构分析。为了进一步提高紧急状态下的桥梁通过安全性判断速度,人们利用设计荷载与使用荷载的等代荷载直接进行比较,从而提出了等代荷载法。该方法的基本前提也是桥梁没有发生明显的损伤,即即使桥梁经过长期使用,在设计荷载作用下式(4-1)也是成立的。在这一基本前提下,其基本原理与计算分析法类似,即如果实际荷载导致桥梁的内力小于设计内力,那么,实际荷载导致的结构内力自然小于结构的设计(实际)抗力,于是,结构可以安全承受实际荷载的作用。

4.2.1　等代荷载的概念

所谓等代荷载,是一种与一组集中荷载或一段均布载起等同作用的、经过换算而求得的均布荷载。等代荷载有反力作用相同的等反力等代荷载、弯矩相同的等弯矩等代荷载、剪力相同的等剪力等代荷载和挠度相同的等挠度等代荷载等，即在同一根梁上，集中载（或一段均布载）在此梁上产生的最大反力、弯矩、剪力、挠度，与另一种在它影响线全部长度上的均布载在此梁上产生的最大反力、弯矩、剪力、挠度相等。

1. 等代荷载的求法

下面以一组集中力的等弯矩等代荷载为例说明等代荷载的性质与求法，简支梁的跨中截面是最不利截面，一组集中力的等代荷载意思是：存在一均布荷载 K_e，该荷载在跨中产生的弯矩与该组集中力在跨中产生的弯矩相等，该均布荷载 K_e 称为该组集中力的等代荷载。跨中截面的影响线为三角形，其面积为 Ω，如图4-3所示。

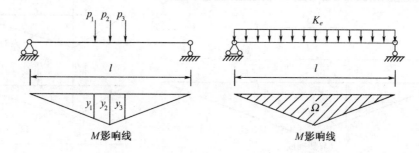

图4-3 三角形影响线集中载的等代荷载

由一组集中载产生的最大弯矩为

$$M_{max} = p_1y_1 + p_2y_2 + p_3y_3 + \cdots = \sum p_iy_i \qquad (4-5)$$

由等代的均布载 K_e 产生的最大弯矩为

$$M_{max} = K_e\Omega \qquad (4-6)$$

根据它们作用相等的概念，可得

$$K_e\Omega = \sum p_iy_i \qquad (4-7)$$

所以

$$K_e = \frac{\sum p_iy_i}{\Omega} \qquad (4-8)$$

若上述荷载为一段均布载时，其对应下的影响线面积为 ω，如图4-4所示。由一段均布载产生的最大弯矩 $M_{max} = q\Omega$，同理可得

$$K_e\Omega = q\omega \qquad (4-9)$$

其他各量值的等代荷载，这里就不一一赘述。根据等代荷载的概念，各种等代荷载是不难求出的。

2. 影响等代荷载的因素

在一组集中荷载或一段均布载作用下，等代荷载是根据影响线的尺寸及形状而求得的。影响线一般有下列4个主要因素：一是底边长度；二是纵座标值；三是顶点位置；四是形状（三角形或曲线，曲线又有凸曲线和凹曲线）。这4个因素对所要求的等代荷载的关系如下。

（1）等代荷载的数值，随着影响线长度的增加而减小，这是因为影响线面积增大的缘故。

（2）在其他因素不变的情况下，等代荷载的数值与影响线的纵坐标值无关，如图4-5所示的两个三角形影响线，其底边长度及顶点位置均相同，但纵坐标值不同，设其比值为 C，即 $y' = Cy$，故影响线的面积为 $\Omega' = C\Omega$，其等代荷载为

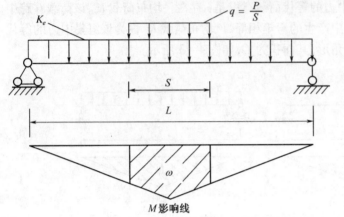 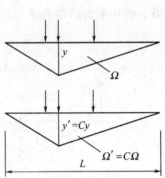

图4-4　三角形影响线一段均布载等代荷载　　　图4-5　纵坐标值不同的影响线

$$K_e = \frac{\sum py}{\Omega}$$

$$K_e' = \frac{\sum py'}{\Omega'}$$

因此有

$$K_e' = \frac{\sum py'}{\Omega'} = \frac{C\sum py}{C\Omega} = \frac{\sum py}{\Omega} = K_e \tag{4-10}$$

在其他因素相同的情况下，一组集中荷载的等代荷载数值与影响线的顶点位置有关，随着影响线顶点向跨中移动，等代荷载值将逐渐减小一些。如图4-6所示，3个不同顶点的三角形影响线，在两个相同的集中荷载作用下，顶点在端点时，其影响量值最大，故其等代荷载也最大，这是由于顶点在端点时影响线的坡度较缓，y_2 值较大的缘故。但一段均布荷载的等代荷载数值则与影响线顶点位置无关。如图4-7所示，两个顶点位置不同的三角形影响线，在一段均布荷载作用下，其影响值是一样的，由几何关系可以证明

$$\omega_1 = \omega_2 = \frac{1}{2}\left[y_{\max} + \frac{y_{\max}(L-S)}{L}\right]S = y_{\max}S\left(1 - \frac{S}{2L}\right) \tag{4-11}$$

因此，等代荷载值与顶点位置无关。

曲线形影响线所求的等代荷载，与三角形影响线所求的等代荷载是有些差别的。如底边长度相等，影响线为凹曲线者，其等代荷载之值比三角形的大些，而影响线为凸曲线的，其等代荷载值较三角形的要小些。这是因为凹曲线的面积比三角形的面积小，故其等

60

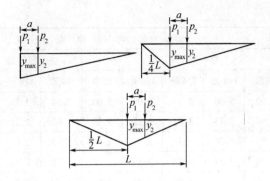

图 4-6 顶点位置不同的影响线

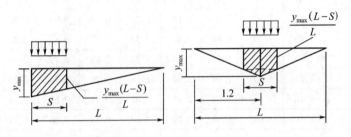

图 4-7 一段均布载下影响线

代荷载值要大些;而凸曲线的面积比三角形的面积大,故其等代荷载要小些,以上由图4-8可以看出。

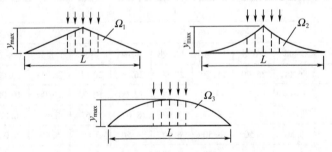

图 4-8 三角形和曲线影响线

民用桥梁设计荷载,现已制成表(表4-2、表4-3与表4-4),详细说明可见《公路设计手册》等资料,设计时直接查用。军用桥梁尚未制成表,可根据等代荷载的概念进行求值。

表 4-2 汽车-10 级的换算荷载(t/m、车列)

跨径或荷载长度/m	影 响 线 顶 点 位 置									
	标 准 车 列					无 加 重 车 车 列				
	端部	1/8 处	1/4 处	3/8 处	跨中	端部	1/8 处	1/4 处	3/8 处	跨中
1	20.00	20.00	20.00	20.00	20.00	14.00	14.00	14.00	14.00	14.00
2	10.00	10.00	10.00	10.00	10.00	7.00	7.00	7.00	7.00	7.00
3	6.67	6.67	6.67	6.67	6.67	4.67	4.67	4.67	4.67	4.67

跨径或荷载长度/m	影响线顶点位置									
	标 准 车 列					无 加 重 车 车 列				
	端部	1/8 处	1/4 处	3/8 处	跨中	端部	1/8 处	1/4 处	3/8 处	跨中
4	5.00	5.00	5.00	5.00	5.00	3.50	3.50	3.50	3.50	3.50
6	3.89	3.73	3.52	3.33	3.33	2.67	2.57	2.44	2.33	2.33
8	3.13	3.04	2.92	2.75	2.50	2.13	2.07	2.00	1.90	1.75
10	2.60	2.54	2.47	2.36	2.20	1.76	1.73	1.68	1.62	1.52
13	2.15	2.04	1.99	1.93	1.94	1.40	1.37	1.35	1.31	1.25
16	1.89	1.80	1.69	1.73	1.70	1.16	1.14	1.13	1.10	1.06
20	1.71	1.60	1.58	1.61	1.52	0.98	0.93	0.92	0.90	0.88
26	1.46	1.39	1.38	1.40	1.34	0.91	0.82	0.74	0.71	0.70
30	1.33	1.27	1.26	1.27	1.23	0.86	0.79	0.70	0.64	0.61
35	1.25	1.15	1.14	1.14	1.11	0.79	0.74	0.68	0.63	0.56
40	1.18	1.08	1.07	1.05	1.02	0.75	0.69	0.64	0.60	0.54
45	1.10	1.03	1.02	1.00	0.97	0.73	0.66	0.61	0.58	0.56
50	1.05	0.97	0.97	0.95	0.93	0.73	0.65	0.58	0.55	0.51
60	0.98	0.90	0.87	0.87	0.87	0.67	0.62	0.57	0.55	0.56

表 4-3 汽车-15 级的换算荷载(t/m、车列)

跨径或荷载长度/m	影响线顶点位置									
	标 准 车 列					无 加 重 车 车 列				
	端部	1/8 处	1/4 处	3/8 处	跨中	端部	1/8 处	1/4 处	3/8 处	跨中
1	26.00	26.00	26.00	26.00	26.00	20.00	20.00	20.00	20.00	20.00
2	13.00	13.00	13.00	13.00	13.00	10.00	10.00	10.00	10.00	10.00
3	8.67	8.67	8.67	8.67	8.67	6.67	6.67	6.67	6.67	6.67
4	6.50	6.50	6.50	6.50	6.50	5.00	5.00	5.00	5.00	5.00
6	5.11	4.89	4.59	4.33	4.33	3.89	3.73	3.52	3.33	3.33
8	4.13	4.00	3.83	3.60	3.25	3.13	3.04	2.92	2.75	2.50
10	3.44	3.36	3.25	3.10	2.88	2.60	2.54	2.47	2.36	2.20
13	2.95	2.75	2.64	2.55	2.59	2.07	2.04	1.99	1.93	1.83
16	2.60	2.47	2.30	2.35	2.30	1.72	1.70	1.67	1.63	1.56
20	2.37	2.20	2.17	2.21	2.07	1.45	1.39	1.37	1.34	1.30
26	2.02	1.93	1.91	1.93	1.85	1.35	1.21	1.09	1.06	1.04
30	1.87	1.76	1.74	1.76	1.70	1.28	1.17	1.01	0.95	0.91
35	1.77	1.60	1.59	1.58	1.53	1.18	1.11	1.01	0.93	0.83
40	1.67	1.52	1.50	1.45	1.42	1.12	1.04	0.96	0.90	0.81
45	1.56	1.45	1.43	1.39	1.34	1.10	0.98	0.91	0.86	0.84
50	1.49	1.37	1.36	1.33	1.29	1.07	0.96	0.87	0.82	0.86
60	1.39	1.28	1.23	1.22	1.22	1.01	0.92	0.85	0.82	0.84

表4－4 汽车－20级的换算荷载(t/m、车列)

跨径或荷载长度/m	影响线顶点位置									
	标 准 车 列					无 加 重 车 车 列				
	端部	1/8 处	1/4 处	3/8 处	跨中	端部	1/8 处	1/4 处	3/8 处	跨中
1	26.00	26.00	26.00	26.00	26.00	26.00	26.00	26.00	26.00	26.00
2	15.60	14.40	13.00	13.00	13.00	13.00	13.00	13.00	13.00	13.00
3	12.27	11.73	11.02	10.00	8.67	8.67	8.67	8.67	8.67	8.67
4	9.90	9.60	9.20	8.64	7.80	6.50	6.50	6.50	6.50	6.50
6	7.27	6.93	6.76	6.51	6.13	5.11	4.89	4.59	4.33	4.33
8	5.96	5.74	5.45	5.16	4.95	4.13	4.00	3.83	3.60	3.25
10	5.02	4.88	4.69	4.43	4.37	3.42	3.36	3.25	3.10	2.88
13	4.03	3.95	3.84	3.63	3.60	2.75	2.70	2.64	2.55	2.41
16	3.37	3.31	3.24	3.14	3.11	2.28	2.25	2.21	2.15	2.06
20	2.92	2.72	2.67	2.61	2.59	1.93	1.84	1.81	1.78	1.72
26	2.51	2.38	2.39	2.26	2.14	1.79	1.61	1.45	1.41	1.37
30	2.27	2.18	2.24	2.15	1.99	1.70	1.56	1.39	1.26	1.21
35	2.09	1.99	2.05	1.98	1.87	1.57	1.47	1.34	1.24	1.11
40	2.00	1.89	1.83	1.75	1.49	1.49	1.38	1.27	1.20	1.08
45	1.90	1.84	1.77	1.69	1.68	1.46	1.31	1.20	1.15	1.12
50	1.80	1.77	1.70	1.64	1.63	1.42	1.28	1.16	1.10	1.14
60	1.69	1.63	1.57	1.53	1.52	1.34	1.22	1.13	1.09	1.12

【例题】 设计荷载为履带载,求主桁的弯矩、等挠度等代荷载,计算简图如图4－9所示。

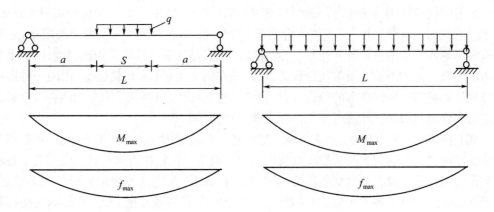

图4－9 计算简图

解:查《公路设计手册》桥涵基本资料(下册),或者查《建筑结构静力计算手册》,在一段均布载作用下,产生的最大弯矩为

$$M_{max} = \frac{qSL}{8}\left(2 - \frac{S}{L}\right)$$

63

最大挠度为

$$f_{max} = \frac{qSL^3}{384EI}\Big[8 - 4\Big(\frac{S}{L}\Big)^2 + \Big(\frac{S}{L}\Big)^3\Big]$$

在等代的均布载 K_e 作用下,产生的最大弯矩为

$$M_{max}^{K_e} = \frac{K_e L^2}{8}$$

在等代的均布载 K_e 作用下,产生的最大挠度为

$$f_{max}^{K_e} = \frac{5}{384} \cdot \frac{K_e L^4}{EI}$$

根据它们作用相等的概念,令 $M_{max} = M_{max}^{K_e}$,即可求得等弯矩的等代荷载为

$$K_e = \frac{qS}{L}\Big(2 - \frac{S}{L}\Big)$$

令 $f_{max} = f_{max}^{K_e}$,即可求得等挠度的等代荷载为

$$K_e = \frac{qS}{5L}\Big(8 - 4\Big(\frac{S}{L}\Big)^2 + \Big(\frac{S}{L}\Big)^3\Big)$$

式中　S——履带的接地长度;

　　　L——主桁的计算跨度;

　　　q——履带载的荷载集度,$q = P/S$;

　　　P——履带载的全重。

4.2.2　通过安全性判别的等代荷载法

采用等代荷载能迅速地进行重型车辆过桥的可行性判别,这是一种比较实用的方法。由于当前我国的大型平板车(或其他重型车)的产地、规格、型号、性能等种类繁多,若要将重型车辆作用下的桥梁各部构件应力、应变的情况经详细计算后再作出判别,时间上和人力上都有一定的困难。而等代荷载的方法,是在同一跨径(或荷载长度)用同一种影响线分别计算重型车和标准车的等代荷载,将两者进行比较,以判别重型车辆能否安全通过或是否需要进行加固。此法可简化计算步骤,节约时间。

现有桥梁的实际载重能力,均可用一定的标准荷载等级表示。老的石拱桥,可根据多年来实际通过的车辆荷载和桥梁现有技术状况来确定其比较接近的荷载等级。对于各种不同形式的荷载以及各种类型的桥梁,虽然其结构体系(静定或超静定)、影响线形状、结构设计的荷载标准等各不相同,但只要按照相同跨径(或荷载长度)和同类影响线型换算成均布荷载,就可进行比较。

三角形影响线是最单位的影响线型。当加载长度和三角形顶点位置相同时,不论最大纵坐标的数值如何,两个三角形的性质就彼此相同。利用三角形影响线的等代荷载计算其他线型影响线的等代荷载时,其换算系数在同一荷载长度时是定值。所以在比较同一荷载长度的两个其他线型影响线等代荷载的大小时,只要直接比较同一荷载长度的两个三角形等代荷载的大小就行了。利用等代荷载比较判定时,可根据下式进行计算,即

$$\mu = \frac{K_{实} - K_{控}}{K_{控}} \times 100\% \qquad (4-12)$$

式中　$K_{实}$——重型车等代荷载；

　　　$K_{控}$——桥梁现有承载能力等代荷载。

当 $\mu \leqslant 0$ 时,重型车辆可安全通过;当 $0 < \mu \leqslant 5\%$ 时,容许重型车通过;当 $5\% < \mu \leqslant 25\%$ 时,应根据桥梁具体情况,在采取必要的加固措施和妥善的行车措施的条件下,谨慎地通过;当 $\mu > 25\%$ 时,不允许重型车通行,如必须通过时,应采取加固或改建措施。

4.3　表　格　法

无论是计算分析法还是等代荷载法都要求桥梁结构的设计荷载等级,但是我国早期建设的一些桥梁由于资料缺损,并不知道其设计等级。于是,人们建立了一些经验判别方法来识别桥梁的承载力——表格法。下面以钢筋混凝土梁来说明其基本原理(图 4-10),钢筋混凝土梁的正截面承载力为

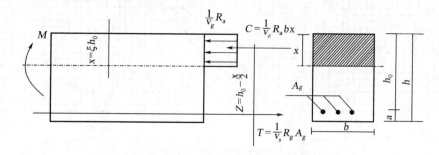

图 4-10　钢筋混凝土梁极限状态下正截面受力特点

$$M_u = \frac{R_g A_g}{\gamma_s}\left(h_0 - \frac{R_g A_g}{2R_a b}\right) \qquad (4-13)$$

式中(包括图 4-10)　R_a——混凝土轴心抗压设计强度;

　　　　　　　　　　R_g——钢筋抗压设计强度;

　　　　　　　　　　A_g——钢筋横截面面积;

　　　　　　　　　　b——截面宽度;

　　　　　　　　　　h_0——截面有效高度;

　　　　　　　　　　γ_c、γ_s——混凝土和钢筋的材料安全系数。

由该公式可见,梁的承载力与钢筋抗拉强度、混凝土抗压强度、钢筋面积以及梁的高度、宽度等参数有关。如果知道以上参数就可以明确梁的截面承载力,再根据梁的长度加以适当的结构分析就可以判断梁能够承受的荷载等级。桥梁的几何参数很容易获取,但是梁体的材料强度与钢筋面积往往需要复杂现场检测才可以获得,于是,实际应用时常采用折中方法:对于材料强度采用标准较低但固定的数值,几何参数采取实测的数值,建立桥梁设计荷载等级与桥梁几何参数相关的表格,在紧急状态作为判断桥梁承载力的依据。目前,国内仅仅针对石拱桥、钢筋混凝土双曲拱桥以及 20 世纪 70 年代前一些标准钢筋混

凝土 T 梁桥与板梁桥等建立了这样的表格。

4.3.1　石拱桥载质量的判定

拱圈是石拱桥的主要承重结构,其承载能力与拱圈的净跨径、矢跨比及厚度有关,可按图 4 - 11 进行判定。当拱圈厚度大于或等于图上厚度时,即可通过相对应的荷载。

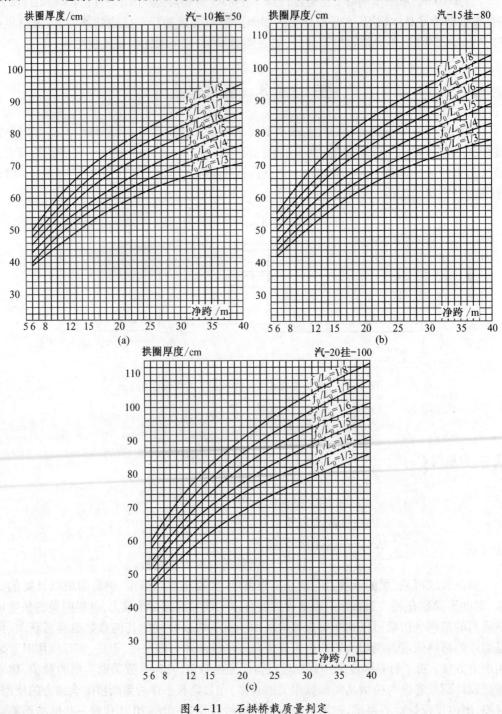

图 4 - 11　石拱桥载质量判定

例如,某石拱桥净跨径15m,净矢高3m,拱圈厚度58cm,质量良好,试判定这种拱桥能通过的最大荷载。

石拱桥的矢跨比为3/15 = 1/5。按图4-11(a)进行判定:先在图的横坐标上找到跨径为15m的点,沿垂线向上;再在纵坐标上找出拱圈厚度58cm的点,沿水平线向右,两线相交于矢跨比1/5的曲线上,说明此桥可以通过纵列为汽-10的车队或履带式荷载为500kN的单车。

4.3.2 双曲拱桥载质量的判定

双曲拱桥的拱圈是拱桥的主要承重结构,它的载重能力在不同跨径的情况下与拱圈的厚度及矢跨比有关,可按图4-12进行判定。其图解判定方法与石拱桥相同。

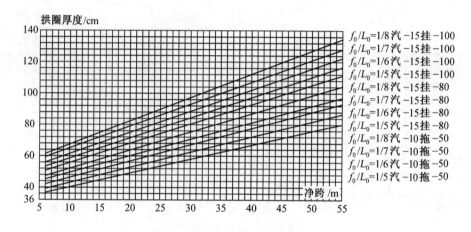

图4-12 双曲拱桥载质量判定

4.3.3 钢筋混凝土梁式桥载质量的判定

钢筋混凝土梁式桥是公路上常见的桥梁类型,其载质量的判定可分别利用图4-13~图4-17进行。图解判定的方法与拱桥图解判定方法相同。

(1)钢筋混凝土板梁桥载质量按图4-13判定。

(2)图4-14为57式T型梁桥及64式T型梁桥载质量判定图。由于设计年代不同,这两种T型梁桥在结构上有微小的差别。57式T型梁在桥垮内通常布置4片~5片主梁,64式则布置4片~7片;主梁轴线间的距离,57式为1.40m,64式为1.60m;主梁腹板宽度,57式为15cm,64式为16cm及18cm;主梁横隔板距离均为2.7m。

(3)图4-15为73式T型梁桥的载质量判定图。73式T型梁桥的主要特点:桥垮内梁数为5片~7片,两片主梁间加强横向联系的横隔板间距为4.0m。

(4)现浇主体式肋梁桥载质量判定按图4-16进行。这种桥型主要修建在建国初期,通常为二梁式或四梁式,为现地浇筑而成。设计荷载分别为履带式荷载400kN、600kN两种。

(5)少筋微弯板组合梁桥载质量判定:这种梁桥为组合式体系,测量梁的高度应包括微弯板的高度在内。其载重量的判定按图4-17进行。

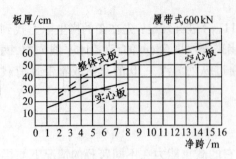

图4-13 板梁桥载质量判定

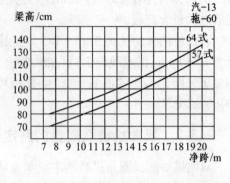

图4-14 57式、67式T型梁桥载质量判定

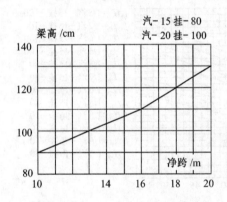

图4-15 73式T型梁桥载质量判定

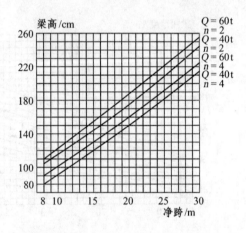

图4-16 现浇整体式肋梁桥载质量判定

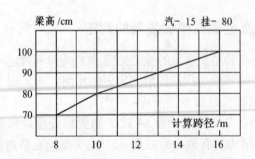

图4-17 少筋微弯板组合梁桥载重量判定

表格法是我国20世纪70年代前建立起来的一种快速识别桥梁设计荷载等级的基本方法,其基本前提是假定组成桥梁的材料强度对桥梁承载力影响程度不大,这在70年代前国内所使用建筑材料相对单一,材料强度变化范围不大的情况下,该假定是基本成立的。但是80年代后随我国大量高强混凝土材料的应用,材料变化范围越来越大,其变化幅度引起的桥梁承载力的变化已经不能够忽略,因此,建立综合考虑材料强度、配筋率与构件几何参数的承载力快速判别方法越来越有必要,而且,随着混凝土强度与钢筋数量检测仪器的快速发展,建立这样的方法已经成为一种可能。

4.4 荷载试验法

荷载试验法就是在桥梁一定位置上,按照某种方法施加一定数量的荷载,实测桥梁某些部位的响应信息,通过实测信息与规范限值、理论计算值进行比较,从而判断桥梁的实际承载等级的方法。从该方法的定义可以看出,要完成一个桥梁的荷载试验,必须完成荷载准备、测试系统准备、荷载施加、响应信息采集以及数据处理与分析等关键环节才可以判别桥梁实际的承载能力。该方法力学概念直观,判别结果可信度高,是平时进行桥梁承载力评估的常用方法。

通常情况下,桥梁荷载试验应按 3 个阶段进行,即计划与准备阶段、加载与测试阶段、分析与总结阶段。

4.4.1 荷载试验的预备工作

荷载试验的复杂与周密性决定了其计划与准备阶段的重要性,这一阶段的工作是大量而细致的,内容包括:收集、研究试验桥梁的有关技术文件,考察试验桥梁的现状和试验的环境条件,拟定试验方案及试验程序,确定试验组织及人员组成、测试系统的构成、仪器的组配及标定、必要的器材准备等工作。

荷载试验正式进行之前应做好下列准备工作。

1. 试验孔(或墩、塔)的选择

试验孔的选择应结合桥梁调查与检算工作一并进行。对多孔结构中跨径相同的桥孔(或墩)可选择 1 个~3 个具有代表性的桥孔进行荷载试验。选择时应综合考虑以下条件。

(1)该孔(或墩)计算受力最不利。

(2)该孔(或墩)施工质量较差,缺陷较多或病害较严重。

(3)该孔(或墩)便于搭设脚手架及设置测点或试验加载实施。

2. 观测脚手架搭设及测点附属设施设置

脚手架的搭设要因地制宜,牢固可靠,方便布置安装观测仪表,同时要保证不影响仪表和测点的正常工作,且不干扰测点附属设施。脚手架和测试支架应分开搭设互不影响,应有足够的强度、刚度和稳定性,以保证测试人员的安全和测试结果精确可靠。在不便搭设固定脚手架的情况下,可考虑采用轻便灵活的吊架、挂篮或专用的桥梁检查设备(检查车、检查架等)。

在安装挠度、沉降、水平位移等测点的观测仪表时,一般需要设置木桩支架等测点附属设施。测点附属设施除要满足仪表的安装要求外,还应保证其自身不受被测试结构变形、位移的影响,并能承受试验时可能产生的其他外界干扰,如试验人员行走等。

晴天或多云天气下进行荷载试验时,阳光直射下的应变测点应设置遮阳光的设施,以减少温度变化造成的测试误差。雨季进行荷载试验时,则应准备仪器、设备等防雨设施,以备不时之用。

3. 荷载试验加载位置的放样和卸载位置的安排

静载试验前应在桥面上对加载位置进行放样,以便于加载试验的顺利进行。如加载程序较少,时间允许,可在每个程序加载前临时放样。如加载程序较多,则应预先放样,且用不同颜色的标志区别不同加载程序时的荷载位置。如试验荷载采用载重汽车,一般以汽车后轴或中轴控制荷载位置。

静载试验荷载卸载的安放位置应预先安排。卸载位置的选择既要考虑加卸载方便,离加载位置近一些,又要使安放的荷载不影响试验孔(或墩)的受力,一般可将荷载安放在桥台后一定距离处。对于多孔桥,如有必要将荷载停放在桥孔上,一般停放在距试验孔较远以不影响试验观测为度。

4. 试验人员的组织与分工

桥梁的荷载试验是一项技术性较强的工作,应由有资质的公路桥梁检测机构或专门的桥梁试验队伍来承担。桥梁试验队伍一般由桥梁结构工程师、专业技术测试人员、仪器仪表工程师、熟练技术的不同专业、不同层次的人员组成。试验时应根据每个试验人员的特长进行分工,每人分管的仪表数目除考虑便于进行观测外,应尽量使每人对分管仪表进行一次观测所需的时间大致相同。所有参加试验的人员应能熟练掌握所分管的仪器设备,否则应在正式开始试验前进行演练。为使试验有条不紊地进行,应设试验总指挥1人,其他人员的配备可根据具体情况考虑。

5. 其他准备工作

加载试验的安全措施、供电照明设施、通信联络设施、桥面交通管制等应根据试验的需要提前进行准备。若采用汽车车辆作为试验荷载,应提前预约租用汽车并确定载重物及装载方法,按试验标准对车辆型号、轴距、轴重力等参数进行测试并记录。

4.4.2 静载试验加载方案与实施

1. 加载试验项目的确定

为了满足鉴定桥梁承载的要求,试验荷载工况的选择应反映桥梁结构的最不利状态,简单结构可选1个~2个工况,复杂结构可适当多选几个工况,但不宜过多。在进行各荷载工况布置时,可参照截面内力(或变形影响线)进行,一般设两三个主要荷载工况,同时可根据试验桥梁结构体系的具体情况再设若干个附加荷载工况,但主要荷载工况必须保证。

一些主要桥形的内力或位移控制载面如表4-5所列。

表4-5 主要桥形的内力或位移控制截面

序号	桥形		内力或位移控制截面
1	简支梁桥	主要	1. 跨中截面最大弯矩和挠度; 2. 支点截面最大剪力
		附加	1. L/4 截面最大弯矩和挠度; 2. 墩台最大垂直力
2	连续梁桥、连续刚架	主要	1. 跨中最大正弯矩和挠度; 2. 内支点截面最大弯矩; 3. L/4 截面最大弯矩和挠度

序号	桥 形		内力或位移控制截面
		附加	1. 端支点截面的最大剪力； 2. $L/4$ 截面最大弯剪力； 3. 墩台最大垂直力； 4. 连续刚架固结墩墩身控制截面的最大弯矩
3	悬臂梁桥、T 型刚架	主要	1. 锚固跨跨中最大正弯矩和挠度； 2. 支点最大负弯矩； 3. 挂梁跨中最大正弯矩和挠度
		附加	1. 支点最大剪力； 2. 挂梁支点截面或悬臂端截面最大剪力
4	拱桥	主要	1. 拱顶截面最大弯矩和挠度、拱脚截面最大负弯矩； 2. 刚架拱上弦杆跨中最大正弯矩
		附加	1. 拱脚最大水平推力； 2. $L/4$ 截面最大正、负弯矩及其最大正、负挠度绝对值之和； 3. 刚架拱斜腿根部截面最大负弯矩
5	刚架桥（包括框架、斜腿刚构和刚架—拱式组合体系）	主要	1. 跨中截面最大弯矩和挠度； 2. 结点截面的最大负弯矩
		附加	柱脚截面最大负弯矩、最大水平推力
6	钢桁桥	主要	1. 跨中、支点截面的主桁杆件最大内力； 2. 跨中截面的挠度
		附加	1. $L/4$ 截面的主桁杆件最大内力和挠度； 2. 桥面结构构件控制截面的最大内力和变位； 3. 墩台最大垂直力
7	斜拉桥与悬索桥	主要	1. 主梁最大挠度； 2. 主梁控制截面最大内力； 3. 索塔塔顶水平变位； 4. 主缆最大拉力,斜拉索最大拉力
		附加	1. 主梁最大纵向漂移； 2. 主塔控制截面最大内力； 3. 吊索最大索力

2. 试验控制荷载的确定

为了保证荷载试验的效果,必须先确定试验的控制荷载。控制桥梁设计的活载有下列几种。

（1）汽车和人群(标准计算荷载)。

（2）挂车和履带车(标准验算荷载)。

（3）需通行的特殊重型车辆。

荷载试验应尽量采用与控制荷载相同的荷载,而组成控制荷载的车辆是由运营车辆统计而得的概率模型。当客观条件所限,采用的试验荷载与控制荷载有差别时,为保证试验效果,在选择试验荷载的大小和加载位置时采用静载试验效率 η_q 进行控制。η_q 可按下式计算,即

$$\eta_q = \frac{s_s}{s \cdot (1 + \mu)} \tag{4 - 14}$$

式中　s_s——静力试验荷载作用下,某一加载试验项目对应的加载控制截面内力或变位的最大计算效应值;

　　　s——控制荷载产生的同一加载控制截面内力或变位的最不利效应计算值;

　　　μ——按规范取用的冲击系数值;

　　　η_q——静力试验荷载的效率,应为 0.95 ~ 1.05。

荷载试验宜选择在温度稳定的季节和天气条件下进行。当温度变化对桥梁结构内力的影响较大时,应选择温度内力较不利的季节进行荷载试验,否则,应考虑用适当增大静载试验效率 η_p 来弥补温度影响对结构控制截面产生的不利内力。

当试验控制荷载为挂车或履带车而采用汽车荷载加载时,考虑到汽车荷载的横向应力增大系数较小,为了使截面的最大应力与控制荷载作用下截面最大应力相等,可适当提高静力荷载试验效率 η_p。

3. 静载加载分级与控制

为了获取结构试验荷载与变位的相关曲线以及防止结构意外损伤,对主要控制截面试验荷载的施加应分级进行,而且一般安排在开始的几个加载程序中执行,对于附加控制截面,一般只设置最大内力加载程序加载。加载分级与控制的原则如下。

(1)试验荷载应按控制截面最大内力或位移分成 4 级 ~ 5 级施加。受条件所限时,至少也应分成 3 级施加。

(2)当桥梁的调查和检算工作不充分或桥梁技术状况较差时,应尽量增多加载分级。如限于条件加载分级较少时,应注意每级加载时,车辆荷载逐辆缓缓驶入预定加载位置,必要时可在加载车辆到达预定加荷位置前,分次对控制测点进行读数以确保试验安全。

(3)在安排加载分级时,应注意加载过程中其他截面内力亦应逐渐增加,且最大内力不应超过控制荷载作用下的最不利内力。

(4)根据具体条件决定分级加载的方法,最好每级加载后卸载,也可逐级加载达最大荷载后逐级卸载。在安排加载分级时,应注意加载过程中其他截面受力情况,使其最大内力不超过控制荷载作用下的最不利内力。

(5)车辆荷载加载分级可采用逐渐增加加载车数量、先上轻车后上重车、加载车位于内力影响线的不同部位、加载车分次装载重物等方法,或这些方法综合运用。

(6)加卸载的时间选择与控制。为了减少温度变化对试验造成的影响,加载试验时间以晚 10 时至早 6 时为宜。尤其是采用重物直接加载,加卸载周期比较长,只能在夜间进行试验。

对于采用车辆等加卸载迅速的试验方式,夜间试验照明等有困难时,亦可安排在白天

进行试验。但在晴天或多云的天气下进行加载试验时,每一加卸载周期所花费的时间不宜超过 20min。

（7）加卸载稳定时间取决于结构变位达到稳定所需的时间。要求在前一荷载阶段内结构变位相对稳定后,方可进入下一荷载阶段。同一级荷载内,结构最大变位测点在最后 5min 内的变位增量小于第一个 5min 变位增量的 15%,或小于量测仪器的最小分辨值时,则认为结构变位达到相对稳定。但当进行主要控制截面最大内力加载程序时,加卸载稳定时间应不少于 15min。

（8）当拱上建筑或桥面系参与主要承重构件受力时,若因连接较弱或变形缓慢而造成测点观测值稳定时间较长,结构的实测变位(或应变)值远小于计算值,则可将加载稳定时间定为 20min～30min。

（9）加载分级的计算。根据各加载分级按弹性阶段计算加载各测点的理论计算变位(或应变),以便对加载试验过程进行分析和控制。计算采用的材料弹性模量,如已作材料试验则用实测值,否则可按规范选用。

4. 加载设备的选择

静载试验加载设备可根据加载要求及具体条件选用,一般有以下两种加载方式:装载重物的车辆和重物直接加载。

（1）选用装载重物的可行式车辆(汽车或平板车)加载时,装载的重物应置放稳妥,以避免车辆行驶时因摇晃而改变重物的位置。

（2）选用重物直接加载时,一般可按控制荷载的着地轮迹先搭设承载架,再在承载架上堆放重物或设置水箱进行加载;如加载仅为满足控制截面内力要求,也可采取直接在桥面堆放重物或设置水箱的方法加载。承载架的设置和加载物的堆放应安全、合理,能按要求分布加载质量,并不使加载设备与桥梁结构共同承载而形成"卸载"现象。

重物直接加载工作量大,加卸载所需周期一般较长,交通中断时间亦较长,且试验时温度变化对测点的影响较大,因此宜安排在夜间进行试验。其他一些加载方式也可根据加载要求因地制宜采用。

5. 加载物重力的称量

可根据不同的加载方法和具体条件选用称重法、体积法及综合计算法等称量加载物的重力。

（1）称重法。若采用重物直接在桥上加载,可将重物化整为零称量后,按逐级加载要求分堆置放,以便加载取用。当采用车辆加载,可将车辆逐轴开上称重台进行称量,也可采用便携式轮重称逐轮进行称重。

（2）体积法。采用水箱或采用在桥面直接堆放重物加载时,可通过测量水体积或堆放重物的体积与容重来换算加载物的重力。

（3）综合计算法。采用此法计算,应根据车辆出厂规格确定空车轴重,再根据装载重物的重力及其重心将其分配至各轴。装载物最好采用规则外形的物体整齐堆放,或采用松散均匀材料在车箱内摊铺平整,以便准确确定其重心位置。

无论采用何种方法确定加载物重力,均应作到准确可靠,其称量误差最大不得超过 5%。最好能采用两种称量方法互相校核。

4.4.3 静载试验观测方案的制定

1. 观测内容

桥梁的静载试验的观测内容应根据不同的桥形、不同的检测目的而制定不同的观测方案。

主要内容包括：结构的最大挠度和扭转变位（包括桥梁上、下游两侧的挠度差及水平位移等）；结构控制截面最大应力（或应变）（包括混凝土表面应力、最外缘钢筋应力等）；支点沉降、墩台位移与转角、活动支座的变位等；桁架结构的支点附近杆件及其他细长杆件的稳定性；裂缝的出现和扩展，其中包括初始裂缝的出现，裂缝的宽度、长度、间距、位置、方向和性状，以及卸载后的闭合状况，即温度变化对结构控制截面测点应力和变位的影响。

根据桥梁调查和验算的深度，综合考虑结构特点和桥梁技术现状等，可适当增加内容：桥跨结构挠度，沿桥长或沿控制截面桥宽的分布，结构构件控制截面应变分布图，要求沿同高度分布不少于5个应变测试点，包括最边缘和截面突变处的测点；控制截面的挠度、应力（或应变）的纵向和横向影响线；行车道板跨中和支点截面挠度或应变影响面；组合构件的结合面上、下缘应变；支点附近结构斜截面的主拉应力；控制断面的横向应力增大系数。

2. 应力（应变）和挠度（位移）测点布置

静载试验的测点布设应满足分析和推断结构工作状况的最低需要，测点的布设不宜过多，但要保证观测质量。主要测点的布设应能控制结构最大应力（应变）和最大挠度（位移）。对重要的测点宜采用两种测试方法，校对测量。几种常用桥梁体系的主要测点布设如下。

（1）简支梁桥。跨中挠度、支点沉降、跨中截面应变。

（2）连续梁桥。跨中挠度、支点沉降、跨中和支点截面应变。

（3）悬臂梁桥。悬臂端部挠度、支点沉降、支点截面应变。

挠度观测点布置位置，对于整体式梁桥，一般对称于桥轴线布置，截面设单测点时，布置在桥轴线上；对于多梁式桥，可在每梁底布置一个或两个测点。

截面抗弯应变测点应设置在截面横桥向应力分布较大的部位，沿截面上、下缘布设，横桥向测点设置一般不少于3处，以控制最大应力的分布。

对于剪切应变测点，一般采取设置应变花的方法进行观测。为了方便，对于梁桥的剪应力也可在截面中性轴处主应力方向设置单一应变测点来进行观测。梁桥的实际最大剪应力截面应设置在支座附近而不是支座上。

3. 其他测点的布设

当结构横向联系构件质量较差、连接较弱时，必须测定控制截面的横向应力增大系数。简支梁跨中截面横向应力增大系数的测定，既可采用观测跨中沿桥宽方向应变变化的方法，也可采用观测跨中沿桥宽方向挠度变化的方法来进行计算或用两种方法互校。

选择与大多数测点较接近的部位布置1处~2处气温观测点。此外，根据需要可在结构主要控制截面布置结构温度测点，以观测结构温度变化对测点应力和变位的影响。

布设于结构上的温度测点应能反映结构温度的内外表面差异、向阳与背阴面差异、迎风面与背风面差异以及上面与下面的差异。

4. 静载试验仪器

桥梁静载试验时需测结构的反力、应变、位移、倾角、裂缝等物理量,应选择适当的仪器进行量测。常用的仪器有百分表、千分表、位移计、应变仪、应变计、精密水准仪、经纬仪、倾角仪、刻度放大镜等。这些测试仪器按其工作原理可分为机械测试仪器、电测仪器、光测仪器等。机械式仪器具有安装与使用方便、迅速、凑数可靠的优点,但需要搭设观测脚手架,而且使用试验人员较多,观测读数费时,不便于自动记录;电测仪表安装调试比较麻烦,影响测试精度的因素也较多,但测试仪器使用方便,便于数据自动采集记录,操作安全。

选择测试仪器、仪表,要注意以下几点。

(1)所用仪器、仪表数据采集设备应是经过计算检定的。

(2)选择仪器仪表应从试验的实际需要出发,选用的仪器仪表应满足测试精度的要求,一般要求不大于预计测量值的5%。

(3)在选用仪器仪表时,既要注意环境条件,又要避免盲目地追求精度,应根据实际情况,慎重选择和比较,采用符合要求又简易的量测装置。

(4)量测仪器仪表的型号、规格,在同一试验中种类越少越好,尽可能选用同一类型或规格的仪器仪表。

(5)仪器仪表应当有足够的量程,以满足测试的需要。

4.4.4 试验观测与记录

1. 加载的实施与安全控制

加载应在指挥人员指挥下严格按计划程序进行,采用重物加载时按荷载分级逐级施加,每级荷载堆放位置准确,整齐稳定,荷载施加完毕后,逐级卸载。采用车辆加载时,先由零载加至第一级荷载,卸载至零载;再由零载加至第二级荷载,卸至零载,如此循环,直至所有荷载施加完毕。每一级荷载施加次序为纵向先施加重车,后施加两侧标准车;横向先施加桥中心的车辆,后施加外侧的车辆。

对加载试验的控制点应随时观测,随时计算并将计算结果报告试验指挥人员;如实测值超过计算值较多,则应暂停加载,待查明原因再决定是否继续加载。试验人员如发现其他测点的测值有较大的反常变化也应查找原因,并及时向试验指挥人员报告。

加载过程中应指定人员随时观察结构各部位可能产生的新裂缝,注意观察构件薄弱部位是否有开裂、破损,组合构件的结合面是否有开裂错位,支座附近混凝土是否开裂,横隔板的接头是否拉裂,结构是否产生不正常的响声,加载时墩台是否发生摇晃等现象。如发生这些情况,应报告试验指挥人员,以便采取相应的措施。

在静载试验中发生下列情况时应中途终止加载。

(1)控制测点应力值已达到或超过理论计算的控制应力值。

(2)控制测点变位(或挠度)超过规范允许值。

(3)自于加载,使结构裂缝的长度、缝宽急剧增加,新裂缝大量出现,缝宽超过允许值的裂缝大量增多,对结构使用寿命造成较大的影响。

（4）拱桥加载时沿跨长方向的实测挠度曲线分布规律与计算值相差过大或实测挠度超过计算值过多。

（5）发生其他损坏，影响桥梁承载能力或正常使用。

2. 试验的观测与数据的实时分析处理

1）试验观测

（1）采用人工读表时，仪表的测读应准确、迅速，并记录在专门的表格上，以便于资料的整理和计算。记录者应对所有测点量测值变化情况进行检查，看其变化是否符合规律，尤其应着重检查第一次加载时量测变化情况。对工作反常的测点应检查仪表安装是否正确，并分析其他可能影响其正常工作的原因，及时排除故障。对于控制测点应在故障排除后，重复一次加载测试项目。

（2）采用计算机自动采集系统读数记录时，应利用系统实时监测功能对控制点的应变或位移进行监控，对测试结果异常现象应及时查明原因并采取补救措施。

（3）加载试验中裂缝观测的重点是结构承受拉力较大部位及原有裂缝较长、较宽的部位。在这些部位应量测裂缝长度、宽度，并在混凝土表面沿裂缝走向进行描绘。加载过程中观测裂缝长度及宽度的变化情况，可直接在混凝土表面进行描绘记录，也可采用专门的表格记录。加载至最不利荷载及卸载后应对结构裂缝进行全面检查，尤其应仔细检查是否产生新的裂缝，并将最后检查情况填入裂缝观测记录表。

2）试验数据实时分析处理

试验前，应通过分级加载计算确定各荷载工况下主要控制截面测点的应变或变位理论计算值，加载过程中应及时将理论值与实测值进行比较。在加载试验过程中，应对结构变位（应变）较大的测点进行稳定观测，并将最后一个5min的增量进行比较，以判定结构变位（应变）是否稳定。对结构变位或应变较大的测点，应实时绘制测点变位或应变与荷载的关系曲线，以分析结构所处的工作状态。此外，对于技术状况较差的桥跨结构，应实时绘制桥跨结构挠度纵桥向或横桥向分布曲线，从而分析桥跨结构的整体工作性能。

4.4.5 静载试验资料的整理

1. 测量结果的修正

1）测值修正

根据各类仪表的标定结果进行测试数据的修正，如机械式仪表的校正系数，电测仪表率定系数、灵敏系数，电阻应变观测的导线电阻影响等。当这类因素对测值的影响小于1%时，可不予修正。

2）温度影响修正

由于温度对测试的影响比较复杂，通常采取缩短加载时间，选择温度稳定性较好的时间进行试验等办法，尽量减小温度对测试精度的影响。需要时，一般可采用综合分析的方法来进行温度影响修正，即利用加载试验前进行的温度稳定观测数据，建立温度变化（测点处构件表面温度或空气温度）和测点测值（应变和挠度）变化的线性关系，然后按下式进行温度修正计算，即

$$S = S' - \Delta t \cdot k_t \tag{4-15}$$

式中　S——温度修正后的测点加载测值变化；

S'——温度修正前的测点加载测值变化；

Δt——相应于 S' 观测时间段内的温度变化（℃），对应变宜采用构件表面温度，对挠度宜采用气温；

K_t——空载时温度上升 1℃ 时测点测值变化量，如测值变化与温度变化关系较明显时，可采用多次观测的平均值，即

$$K_t = \frac{\Delta S}{\Delta t_1} \tag{4-16}$$

式中　Δs——空载时某一时间区段内测点测值变化量；

Δt_1——相应于 ΔS 同一时间区段内温度变化量。

3）支点沉降影响的修正

当支点沉降量较大时，应修正其对挠度值的影响，修正量 C 可按下式计算，即

$$C = \frac{l-x}{x}a + \frac{x}{l}b \tag{4-17}$$

式中　C——测点的支点沉降影响修正量；

l——A 支点到 B 支点的距离；

x——挠度测点到 A 支点的距离；

a——A 支点沉降量；

b——B 支点沉降量。

2. 各测点变位（挠度、位移、沉降）与应变的计算

根据量测数据作下列计算。

（1）总变位（或总应变）为

$$S_t = S_I - S_i \tag{4-18}$$

（2）弹性变位（或弹性应变）为

$$S_e = S_I - S_u \tag{4-19}$$

（3）残余变位（或残余应变）为

$$S_p = S_t - S_e = S_u - S_i \tag{4-20}$$

式中　S_i——加载前测值；

S_I——加载达到稳定时测值；

S_u——卸载后达到稳定时测值。

3. 测点实测应力计算

（1）在单向应力状态下，测点应力可按下式进行计算，即

$$\sigma = E\varepsilon \tag{4-21}$$

式中　σ——测点应力；

E——构件材料的弹性模量；

ε——测点实测应变值。

（2）在主应力方向已知的平面应力状态下，测点应力可按下述公式进行计算，即

$$\sigma_1 = \frac{E}{1 - v^2}(\varepsilon_1 + v\varepsilon_2) \tag{4-22}$$

$$\sigma_2 = \frac{E}{1 - v^2}(\varepsilon_2 + v\varepsilon_1) \tag{4-23}$$

式中　E——构件材料的弹性模量；

　　　v——构件材料的泊松比；

　　　ε_1、ε_2——相互垂直方向的主应变；

　　　σ_1、σ_2——相互垂直方向的主应力。

（3）在主应力方向未知的平面应力状态下，采用应变片测量其应变时，测点应力可按下述公式进行计算，即

$$\sigma_1 = \frac{E}{1 - v}A + \frac{E}{1 + v}\sqrt{B^2 + C^2} \tag{4-24}$$

$$\sigma_2 = \frac{E}{1 - v}A - \frac{E}{1 + v}\sqrt{B^2 + c^2} \tag{4-25}$$

$$\tau_{max} = \frac{E}{1 + v}\sqrt{B^2 + c^2} \tag{4-26}$$

$$\varphi_0 = \frac{1}{2}\cot\frac{c}{B} \tag{4-27}$$

式中　σ_1、σ_2——测点主应力；

　　　τ_{max}——测点最大剪力；

　　　φ_0——主应力方向角；

　　　E——构件材料的弹性模量；

　　　v——构件材料的泊松比；

　　　A、B、C——应变花的计算参数（表4-6）。

表4-6　应变花计算参数表

应变花名称	A	B	C
45°直角应变花	$\dfrac{\varepsilon_0 + \varepsilon_{90}}{2}$	$\dfrac{\varepsilon_0 - \varepsilon_{90}}{2}$	$\dfrac{2\varepsilon_{45} - \varepsilon_0 - \varepsilon_{90}}{2}$
60°等边三角形应变花	$\dfrac{2\varepsilon_0 + \varepsilon_{60} + \varepsilon_{120}}{3}$	$\varepsilon_0 - \dfrac{\varepsilon_0 + \varepsilon_{60} + \varepsilon_{120}}{3}$	$\dfrac{\varepsilon_{60} - \varepsilon_{120}}{\sqrt{3}}$
扇形应变花	$\dfrac{\varepsilon_0 + \varepsilon_{45} + \varepsilon_{135}}{4}$	$\dfrac{\varepsilon_0 - \varepsilon_{90}}{2}$	$\dfrac{\varepsilon_{135} - \varepsilon_{45}}{2}$
伞形应变花	$\dfrac{\varepsilon_0 + \varepsilon_{90}}{2}$	$\dfrac{\varepsilon_0 - \varepsilon_{90}}{2}$	$\dfrac{\varepsilon_{60} - \varepsilon_{120}}{\sqrt{3}}$

4. 试验结果与理论分析比较

为了评定结构整体受力性能，需对桥梁荷载试验结果与理论分析值比较，以检验新建桥是否达到设计要求的荷载标准，或判断旧桥的承载能力。比较时，可以将结构位移、应

变等试验值与理论计算值列表进行比较。对结构在最不利荷载工况作用下主要控制测点的位移、应力的实测值与理论分析值,要分别绘出荷载位移($p-\Delta$)曲线、荷载应力($p-\sigma$)曲线,并绘出最不利荷载工况作用下位移沿结构的横、纵向分布曲线和控制截面应变沿高度的分布图。

对于裂缝的发展情况,当裂缝数量较少时,可根据试验前后观测情况及裂缝观测表对裂缝状况进行描述;当裂缝发展较多时,裂缝限值如表4-7所列。应选择结构有代表性部位描绘裂缝展开图,图上应注明各加载程序裂缝长度和宽度的发展。

表4-7 裂缝限值表

结构类别	裂缝部位		允许最大缝宽/mm	其 他 要 求
钢筋混凝土梁	主筋附近竖向裂缝		0.25	
	腹板斜向裂缝		0.30	
	组合梁结合面		0.50	不允许贯通结合面
	横隔板与梁体端部		0.30	
	支座垫石		0.50	
预应力混凝土梁	梁体竖向裂缝		不允许	
	梁体纵向裂缝		0.20	
砖、石混凝土拱	拱圈横向		0.30	裂缝高小于截面高的1/2
	拱圈纵向(竖缝)		0.50	裂缝长小于跨径1/8
	拱波与拱肋结合处		0.20	
墩台	墩台帽		0.30	
	墩台身	经常受侵蚀性环境水影响	有筋 0.20 无筋 0.30	不允许贯通墩台身截面1/2
		常年有水,但无侵蚀性影响	有筋 0.25 无筋 0.35	
		干沟或季节性有水河流	0.40	
		有冻结作用部分	0.20	

注:表中所列除特指外适用于一般条件。对于潮湿和空气中具有较多腐蚀性气体等条件下的缝宽限制应要求严格一些

(1)横向增大系数目η,可用实测的变位(或应变)最大值与横向各测点实测变位(或应变)平均值,按下式进行计算,即

$$\eta = \frac{S_{emax}}{\overline{S_e}} \tag{4-28}$$

式中 S_e——试验荷载作用下量测的最大弹性变位(或应变值);

$\overline{S_e}$——试验荷载作用下横桥向各测点量测的弹性变位(或应变)值的平均值。

(2)对加载试验的主要测点(即控制测点或试验效率最大部位测点),可按下式计算校验系数ξ,即

$$\xi = \frac{S_e}{S_s} \quad\quad\quad\quad (4-29)$$

式中　S_e——试验荷载作用下量测的弹性变位(或应变)值；

　　　S_s——试验荷载作用下的理论计算变位(或应变)值。

S_e 与 S_s 的比较,可用实测的横截面平均值与计算值比较,也可考虑荷载横向不均匀分布而选用实际最大值与考虑横向增大系数的计算值进行比较。横向增大系数最好采用实测值,如无实测值也可采用理论计算值。

(3)对加载试验的主要测点,应按下式计算其相对残余变位(或应变)S_p',即

$$S_p' = \frac{S_p}{S_t} \times 100\% \quad\quad\quad\quad (4-30)$$

式中　S_p——残余变位(或应变)值,$S_p = S_u - S_i$,其中 S_u 为卸载后达到稳定时测值,S_i 为加载前的测值；

　　　S_t——总变位(或应变)值,$S_t = S_e - S_i$,其中 S_e、S_i 意义同前。

4.4.6　试验结果分析与桥梁承载力评估

经过荷载试验的桥梁,应根据整理的试验资料分析结构的工作状况,进一步评定桥梁承载能力,为新建桥梁验收做出鉴定结论,或作为旧桥承载力鉴定检算的依据,并纳入桥梁承载能力鉴定报告和桥梁承载能力鉴定表。一般进行下列分析评定工作。

1. 结构工作状况

(1)校验系数 ξ。校验系数 ξ 是评定结构工作状况,确定桥梁承载能力的一个重要指标。不同结构形式的桥梁其 ξ 值一般不相同,ξ 值常见的范围可参考表 4-8。

表 4-8　桥梁检验系数常值

桥梁类型	应变(或应力)校验系数	挠度校验系数	桥梁类型	应变(或应力)校验系数	挠度校验系数
钢筋混凝土板桥	0.20~0.40	0.20~0.50	预应力混凝土桥	0.60~0.90	0.70~1.00
钢筋混凝土梁桥	0.40~0.80	0.50~0.90	圬工拱桥	0.70~1.00	0.80~1.00

一般要求 ξ 值不大于1,ξ 值越小结构的安全储备越大,ξ 值过大或过小都应该从多方面分析原因。ξ 值过大可能说明组成结构的材料强度较低,结构各部分联结性较差,刚度较低等。ξ 值过小可能说明材料的实际强度及弹性模量较高,梁桥的混凝土桥面铺装及人行道等与主梁共同受力,拱桥的拱上建筑与主拱圈共同作用,支座摩阻力对结构受力影响有利,计算理论或简化的计算图式偏于安全等。试验加载物的称量误差、仪表的观测误差等也对 η 值有一定影响。总之,影响 ξ 值的因素较复杂,必须进行详细分析。

(2)实测值与理论值的关系曲线。由于理论变位(或应变)一般系按线性弹性理论计算,所以如测点实测弹性变位(或应变)与理论计算值成正比,其关系曲线接近于直线,说明结构处于良好的弹性工作状况。

(3)相对残余变位(或应变)。测点在控制荷载工况作用下的相对残余变位(或应变)s_p/s_t 越小,说明结构越接近弹性工作状况。一般要求 s_p/s_t 值不大于20%;当 s_p/s_t 大于20%时,应查明原因,如确系桥梁强度不足,应在结构评定时酌情降低桥梁的承载

能力。

（4）横向增大系数。主要测点在控制荷载工况作用下的横向增大系数 η 反映了桥梁结构荷载横向不均匀分布的程度及横向联结工作状况。η 值越小，说明荷载横向分布越均匀，横向连接构造越可靠;η 值越大，说明荷载横向分布越不均匀，横向连接越薄弱，结构受力越不利。

2. 结构的强度及稳定性

当荷载试验项目比较全面时，可采用荷载试验主要挠度测点的校验系数来评定结构的强度和稳定性。检算时用荷载试验后的梁桥检算系数 Z_2 代替《公路旧桥承载能力鉴定方法》中旧桥检算系数 ξ，对桥梁结构抗力效应予以提高或折减。

对砖石和混凝土桥，有

$$S_d\left(\gamma_{s0}\psi\sum\gamma_{sl}\right) \leqslant R_d\left(\frac{R_i}{\gamma_m}\times Z_2\right) \tag{4-31}$$

对钢筋混凝土及预应力混凝土桥，有

$$S_d\left(\gamma_g G;\gamma_q\sum Q\right) \leqslant \gamma_b R_d\left(\frac{R_c}{\gamma_c};\frac{R_s}{\gamma_s}\right)\times Z_2 \tag{4-32}$$

根据 ξ 值由表 4-9 查取 Z_2 的取值范围，再根据下列条件确定 Z_2 值。符合下列条件时，Z_2 值可取高限，否则应酌减，直至取低限。

（1）加载内力与总内力(加载内力 + 恒载内力)的比值较大，荷载试验效果较好。

（2）实测值与理论值线性关系较好，相对残余变位(或应变)较小。

表 4-9　经过荷载试验的桥梁检算系数 Z_2

ε	Z_2	ε	Z_2
0.4 及以下	1.20 ~ 1.30	0.8	1.00 ~ 1.10
0.5	1.15 ~ 1.25	0.9	0.978 ~ 1.07
0.6	1.10 ~ 1.20	1.0	0.95 ~ 1.05
0.7	1.06 ~ 1.15		

注：1. ε 值应经校核确保计算及实测无误;
　　2. ε 值在表列之间时可内插;
　　3. 当 ε 值大于 1 时应查明原因，如确系结构本身强度不够，应适当降低检算承载能力

（3）桥梁结构各部分无损伤，风化、锈蚀、裂缝等较轻微。

ξ 值应取控制截面内力最不利荷载工况时最大挠度测点进行计算。对梁桥可采用跨中最大正弯矩荷载工况的跨中挠度;对拱桥，检算拱顶截面时采用拱顶最大正弯矩荷载工况时的跨中挠度，检算拱脚截面时可采用拱脚最大负弯矩工况时 $L/4$ 截面处的挠度;检算 $L/4$ 截面时则可用上两者的平均值;如已安排 $f/4$ 截面最大正、负弯矩荷载工况，则可采用该程序时 $L/4$ 截面挠度。但拱桥在采用 Z_2 值根据表 4-9 进行检算时，应不再另行考虑拱上建筑的联合作用。

对于旧桥，采用 Z_2 值根据式(4-31)或式(4-32)检算符合要求时，可评定桥梁承载能力满足检算荷载要求。

3. 地基与基础

当试验荷载作用下墩台沉降、水平位移及倾角较小,符合上部结构检算要求,卸载后变位基本回复时,认为地基与基础在检算荷载作用下能正常工作。

当试验荷载作用下墩台沉降、水平位移、倾角较大或不稳定,卸载后变位不能回复时,应进一步对地基、基础进行探查、检算,必要时应对地基基础进行加固处理。

4. 结构的刚度要求

试验荷载作用下,主要测点挠度校验系数 ε 应不大于1。各点的挠度不超过《公路砖石及混凝土桥涵设计规范》(JTJ 022—85)、《公路钢筋混凝土及预应力混凝土桥涵设计规范》(JTJ 025—85)的规定。

圬工拱桥:一座桥范围内正负挠度的最大绝对值之和不小于 $L/1000$,履带车和挂车在验算时要提高 20%。

钢筋混凝土桥:梁桥主梁跨中正负挠度的最大绝对值之和不小于 $L/600$;梁桥主梁悬臂端正负挠度的最大绝对值之和不小于 $L/300$;桁架、拱桥跨中正负挠度的最大绝对值之和不小于 $L/300$。

4.5　本　章　小　结

本章就桥梁安全性介绍了4种进行桥梁安全性判别的方法(表4-10),每种方法的适用条件与特点均有所区别,在实际应用中可以根据实际情况进行选择使用。如桥梁设计荷载等级明确,而且外观观察桥梁没有明显损伤,可以使用计算分析法或等代荷载法进行快速判别;而对于即使桥梁设计荷载等级已经知道,但是桥梁可见明显损伤的情况,一般需要进行荷载实验,明确桥梁实际承载力后,再进一步利用计算分析判断实际荷载能否通行桥梁。

表4-10　4种桥梁安全性判别方法对比

方法名称	适用场合	特　点
计算分析法	桥梁设计荷载等级与承载力均明确	需要进行结构分析,计算得到桥梁设计荷载与实际通行荷载作用下的桥梁内力,判别速度快
等代荷载法	桥梁设计荷载等级与承载力均明确	直接利用等代荷载比较,有部分制式表格可以使用,判别速度快
表格法	桥梁的设计荷载等级或承载力均不明确	利用制式表格查询承载力,判别效率高,但是应用范围有限
荷载实验法	桥梁的设计荷载等级或承载力均不明确	荷载试验过程复杂,但是适用范围广

第 5 章 •

混凝土梁桥的结构加固方法

桥梁的结构形式与使用材料不同,桥梁的承力机理也有所区别,因而,采用的加固方法也不完全相同,本章仅对混凝土梁桥对桥梁的加固方法进行研究。5.1 节简单回顾混凝土构件在正截面承受弯矩与在斜截面承受剪力的基本力学机理以及相应的承载力计算公式;5.2 节从钢筋混凝土构件截面承受内力的力学机理以及钢筋混凝土结构设计原理出发,总结出 3 种提高桥梁承受外荷载能力的基本途径以及提载原理;5.3 节与 5.4 节则针对目前桥梁加固中最经常使用的两种结构加固方法——体外预应力法与粘贴法,介绍每种方法的构造要求、设计计算原理与施工工艺流程;5.5 节综合性地介绍了地基基础常用的一些加固措施。

5.1 钢筋混凝土构件的基本承力特点

钢筋混凝土构件是在混凝土构件中配置一定的钢筋形成一种受力构件,根据构件截面受力特点以及钢筋的位置不同,钢筋在钢筋混凝土结构中发挥着不同的功能与作用,其中混凝土开裂后代替承受拉力以及提高混凝土的抗压能力是钢筋的两项基本功能。

5.1.1 钢筋的受拉功能

钢筋混凝土构件是根据构件受力状况在混凝土内部配置钢筋,而充分利用钢筋抗拉强度高的特点弥补混凝土抗拉强度低的缺点,从而提高构件承载能力,改善构件的受力性能。以图 5-1 所示的一个混凝土受弯梁为例,构件下翼缘开裂后即破坏梁达到极限承载能力。如果假定混凝土为线弹性材料,则破坏状态下截面的内力矩为

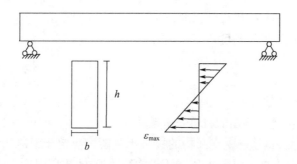

图 5-1 素混凝土梁截面受力示意图

$$M_{\max} = E\varepsilon_{\max}\frac{hb}{2}\cdot\frac{1}{2}\cdot\frac{2h}{3} = \frac{h^2bE}{6}\varepsilon_{\max} \qquad (5-1)$$

式中　E——混凝土线性模量；

　　$\varepsilon_{\max}$——混凝土的抗拉容许应变，一般为混凝土抗压容许应变 1/10。

也就是说，梁体的极限抵抗弯矩是由混凝土的抗拉能力决定的，即破坏状态下受压区，混凝土抗压能力只发挥到它的 1/10 左右。

而在素混凝土梁受拉区配置部分钢筋后（图 5-2），梁承受弯矩的能力与材料使用效率均有大幅度的提高。这是因为，对于钢筋混凝土梁，在混凝土开裂后钢筋与受压区的混凝土共同工作形成抵抗力矩，能够继续承受外力作用。

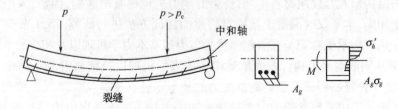

图 5-2　钢筋混凝土梁截面受力示意

如果钢筋配置量适当，构件是在受压区混凝土达到极限抗压强度，钢筋处于屈服状态时发生破坏。一个单筋矩形截面受弯构件正截面极限承载能力（图 5-3）为

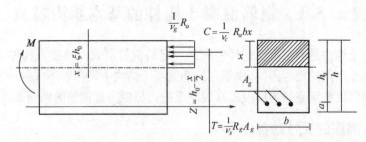

图 5-3　极限状态下正截面应力分布

$$M_{\mu} = \frac{R_g}{\gamma_c}bx\left(h_0 - \frac{x}{2}\right) \text{ 或 } M_{\mu} = \frac{R_g}{\gamma_s}A_g\left(h_0 - \frac{x}{2}\right) \qquad (5-2)$$

$$R_abx = R_gA_g$$

式中　R_a——混凝土轴心抗压设计强度；

　　R_g——钢筋抗压设计强度；

　　x——混凝土受压区计算强度；

　　b——截面宽度；

　　h_0——截面有效高度；

　　γ_c、γ_s——混凝土和钢筋的材料安全系数。

由式（5-2）可见，钢筋混凝土结构的极限承载能力决定于混凝土极限抗压强度，而且在极限状态下钢筋也进入屈服状态，充分发挥了钢筋的抗压强度。这样不仅构件的极限承载能力得到极大提高，而且各种材料都充分发挥了自己的强度。

84

除了纯弯构件在下翼缘受拉外,对于弯剪构件而言,在靠近支座的弯剪段腹板存在倾斜的主拉应力,该拉压力在梁轴线处与梁轴线的交角约为45°。在梁下边缘接近于水平,而且主拉应力的数值是沿着某一条主压应力轨迹线自上而下逐步增大的(图5-4),因此,在钢筋混凝土梁的弯剪段,腹板常设置与主压应力方向平行的弯起钢筋,下翼缘设置与主拉应力方向平行的水平钢筋,同时在腹板设置与主拉应力成一定夹角的箍筋(图5-5)。

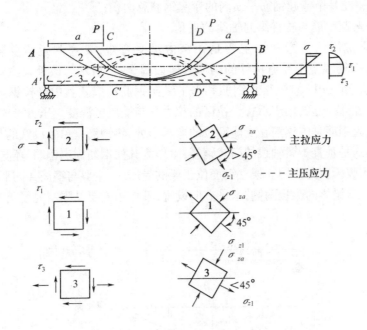

图5-4 弯剪梁主应力分布

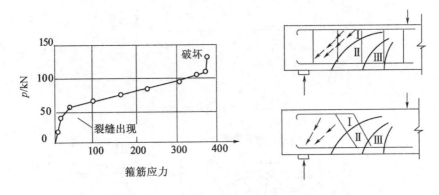

图5-5 腹板钢筋配置

于是,对于配有水平钢筋、弯起钢筋和箍筋的腹板抗剪极限承载力的计算公式为

$$Q_\mu = 0.0349 b h_0 \sqrt{(2+p)\sqrt{R}\mu_k R_{gk}} + 0.06 R_{gw} \sum A_w \sin a \qquad (5-3)$$

式中　Q_μ——通过斜截面的抗剪承载力;

b——通过斜截面受压区顶端截面上的腹板厚度(cm);

h_0——通过斜截面受压区顶端截面上的有效高度,自纵向受拉钢筋合力点至受压

85

边缘的距离(cm);

μ_k——箍筋配筋率;

R_{gk}——箍筋的抗拉设计强度(MPa),设计时不得采用大于340MPa;

R——混凝土标号(MPa);

p——斜截面内纵向受拉主筋的配筋率,$p = 100\mu$,$\mu = \dfrac{A}{bh_0}$,$p > 3.5$ 时,取 $p = 3.5$;

R_{gk}——在一个弯起钢筋平面内的弯起钢筋总面积;

a——弯起钢筋与构件纵向轴线的夹角。

由于桥梁常用的受弯构件主要是在跨中承受弯矩,支座附近承受较大剪力(图5-6),于是,钢筋混凝土受弯构件的钢筋骨架如图5-7所示。该骨架主要由受拉钢筋(主钢筋)、弯起钢筋中箍筋、架立钢筋和水平纵向钢筋组成。其中受拉钢筋主要设置在梁体弯矩较大的受拉区,用于承担受拉区的拉力并与受压区混凝土压力形成抵抗力矩,抵抗外弯矩;弯起钢筋是主钢筋在支座部位的弯起部分,斜钢筋是单独设置的与拉应力平行的短钢筋,箍筋是垂直于梁轴线的门式钢筋,除作为其他钢筋固定钢筋,还与弯起钢筋、斜钢筋一起承担腹板剪力作用。架立钢筋位于梁的受压区,主要与箍筋共同形成钢筋骨架,水平钢筋则位于梁体的腹板两侧,水平方向设置,其作用主要是限制混凝土收缩时的表面裂缝。

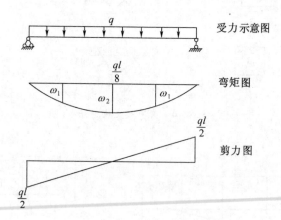

图 5-6　弯剪梁的内力分布

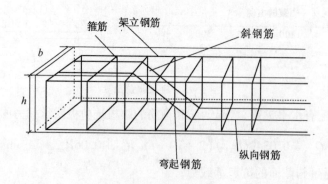

图 5-7　绑轧钢筋骨架

86

5.1.2 钢筋协助混凝土受压功能

尽管混凝土抗压能力很高,但是目前混凝土往往也配置一定量与轴力平行的主钢筋以及以轴力正交的箍筋与混凝土共同承受轴力作用。钢筋混凝土轴心受压构件按照箍筋的功能和配置方式的不同可分为两种:配有纵向钢筋和普通箍筋的轴心受压构件(普通箍筋柱),如图 5 – 8(a)所示;配有纵向钢筋和螺旋箍筋的轴心受压构件(螺旋箍筋柱),如图 5 – 8(b)所示。

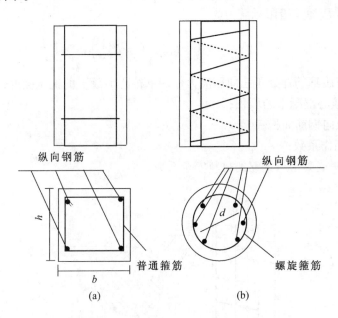

图 5 – 8　钢筋混凝土受压构件

普通箍筋柱的截面形状多为正方形、矩形和圆形等。纵向钢筋为对称布置,沿构件高度设置有等间距的箍筋。轴心受压构件的承载力主要由混凝土负担,设置纵向钢筋的目的是:协助混凝土承受压力,可减少构件截面尺寸;承受可能存在的不大的弯矩;防止构件的突然脆性破坏。普通箍筋的作用是:防止纵向钢筋局部压屈,并与纵向钢筋形成钢筋骨架,便于施工。

螺旋箍筋柱的截面形状多为圆形或正多边形,纵向钢筋外围设有连续环绕的间距较密的螺旋箍筋(或间距较密的焊环)。螺旋筋的作用是使截面中心部分(核心)混凝土成为约束混凝土,从而提高构件的强度和延性。

配有纵向受力钢筋与普通箍筋的轴心受压构件正截面承载能力计算式

$$N_j \leqslant N_u = \varphi \gamma_b \left(\frac{1}{\gamma_c} R_a A + \frac{1}{\gamma_s} R'_g A'_g \right) \tag{5-4}$$

式中　R_a——混凝土抗压设计强度;

　　　R'_g——纵向钢筋抗压设计强度;

　　　A——构件截面面积;

　　　A'_g——纵向钢筋截面面积,当纵向钢筋配筋率时,$\mu' = \dfrac{A'_g}{A} > 3\%$,式中 A 应改为 $A_h =$

87

$A - A'_g$。

式(5-4)表明在破坏状态下,截面混凝土达到单轴抗压极限强度,钢筋也进入屈服状态,箍筋对梁体的承载力没什么影响。

对于配有纵向钢筋与螺旋钢筋的轴心受压短柱,沿柱高连续缠绕的、间距很密的螺旋钢筋犹如一个套筒,将核心部分的混凝土包住,有效地限制了核心混凝土横向变形,从而提高了柱的承载能力(图5-9)。螺旋钢筋柱的正截面破坏是其核心混凝土压碎,纵向钢筋已经屈服,而破坏之前,柱的混凝土保护层已经剥落。由平衡条件可以得到,配有螺旋箍钢筋的轴心受压短柱极限承载力为

$$N_u = \gamma_b \left(\frac{1}{\gamma_c} f_{cc} A_{he} + \frac{1}{\gamma_s} R'_g A'_g \right) \qquad (5-5)$$

式中 f_{cc}——螺旋箍筋柱处于三向压应力作用下核心混凝土的抗压强度;

A_{he}——核心混凝土的面积;

A'_g——纵向钢筋面积;

γ_b——工作系数;

γ_c、γ_s——混凝土与钢筋的材料安全系数。

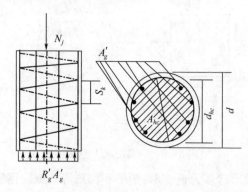

图5-9 配有螺旋箍筋的轴心受压短柱

该公式表明:极限状态下核心混凝土构件在螺旋钢筋的约束作用下达到三向应力抗压强度。而根据圆柱体三向受压试验结果,约束混凝土轴心抗压强度可用近似表达为

$$f_{cc} = R_a + 4\sigma_2 \qquad (5-6)$$

式中 σ_2——作用于核心混凝土的径向压应力值;

R_a——混凝土单向应力作用下的极限抗压强度。

5.2 桥梁加固的基本原理和方法

根据桥梁病害检测分析和鉴定评估结果,桥梁结构加固设计应分为承载力加固、使用功能加固、耐久性加固和抗震加固4种情况。承载力加固主要是针对经过鉴定桥梁承载能力极限状态不能够满足设计要求而进行的,即荷载效应不利组合的设计值大于结构抗力的设计值,则有

$$S_d\left(\gamma_g G;\gamma_q \sum Q\right) > \gamma_b R_d\left(\frac{R_c}{\gamma_c};\frac{R_s}{\gamma_s}\right) \tag{5-7}$$

式中　G——永久荷载(结构重力);

$\quad\quad\gamma_g$——永久荷载(结构重力)安全系数;

$\quad\quad Q$——可变荷载及永久荷载中混凝土收缩、徐变影响力、基础变位影响力;

$\quad\quad\gamma_q$——荷载 Q 的安全系数;

$\quad\quad S_d$——荷载效应函数,如简支梁在集中荷载作用下跨中弯矩计算表达式;

$\quad\quad R_c$——混凝土强度设计采用值;

$\quad\quad\gamma_c$——在混凝土强度设计值基础上的混凝土安全系数;

$\quad\quad R_s$——预应力钢筋或非预应力钢筋强度设计采用值;

$\quad\quad\gamma_s$——在钢筋强度设计值基础上的钢筋安全系数;

$\quad\quad R_d$——结构抗力函数,如一个简支梁跨中截面所能够承受的最大弯矩值;

$\quad\quad\gamma_b$——结构工作条件系数。

使用功能加固是指经过鉴定发现桥梁在活载作用下的变形大于规范限值或桥梁震动幅度过大。因而,不满足结构的使用功能而进行的加固,一般采用加大截面尺寸,改变结构体系方式来增加结构整体刚度。

耐久性加固是指对那些影响结构长期承载力或使用功能的损失进行修补,修补后的结构承载力与刚度等一般不发生显著变化,如超过规范限值的混凝土裂缝,尽管暂时不改变桥梁承载力,但随钢筋锈蚀,截面削弱,钢筋与混凝土黏结力下降,多年以后桥梁承力与刚度均有显著变化,因此往往需要采用及时灌浆措施将裂缝封闭,尽管混凝土裂缝封闭可以阻止钢筋锈蚀,但是没有改变截面受力分布,对承载力和刚度均没有显著影响。

抗震加固是增强桥梁结构的延性和整体性,提高结构的抗震能力,属于一种特殊加固。本书主要是针对保证桥梁结构平时与战时安全性而开展相关的教学工作,因而,所研究的桥梁加固主要是指桥梁承载力加固。

5.2.1　受弯构件加固的基本原理

桥梁承载力加固的基本目的,通过适当方法改变式(5-7)中左右项的量值,从而使荷载效应不利组合的设计值小于或等于结构抗力的设计值,即

$$S_d\left(\gamma_g G;\gamma_q \sum Q\right) \leqslant \gamma_b R_d\left(\frac{R_c}{\gamma_c};\frac{R_s}{\gamma_s}\right) \tag{5-8}$$

宏观上分析式(5-7),可以知道:要使大于号变成式(5-8)中小于等于号,无非有降低公式左端项荷载效应值和提高结构抗力值两种途径。而结构的荷载效应值与荷载大小、荷载分布、结构体系等有密切联系。一般情况下,荷载值降低,结构荷载效应值也会降低;荷载分布越均匀,最不利截面的荷载效应也有所降低;在荷载相同的情况下,连续结构的跨中弯矩将明显小于简支结构的跨中弯矩。如一简支梁跨中作用一集中荷载与全跨作用均布载,尽管两者荷载总量相同,但后者跨中弯矩将明显小于前者,如图5-10所示。

因此,从降低荷载效应值角度,常用的加固方法如下。

（1）将部分梁上构件换成轻质材料或构件,减小主梁承受恒载的值。如将原有的钢筋混凝土桥面板与桥面铺装更换成轻质钢桥面板或复合材料面板(图5-11),将实腹式拱桥的拱上建筑更换成空腹结构(图5-12)。

（2）在原有梁体上设置分配梁,改变传力途径与面积。如大跨桥梁跨中部分设置一桥上桥,将车辆荷载传递到靠近支座位置,从而降低跨中弯矩(图5-13)。

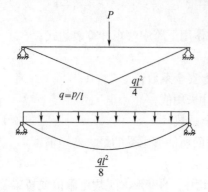

图5-10 不同荷载分布的跨中弯矩　　　图5-11 钢筋混凝土桥面板替换成复合材料桥面板

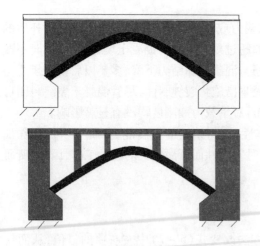

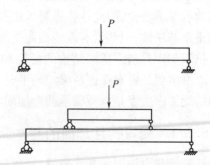

图5-12 实腹拱桥替换成空腹拱桥　　　图5-13 通过分配梁分散荷载

（3）在原桥下面设置支撑(图5-14、图5-15),或简支变连续(图5-16)等,从而在荷载不变的情况下改变结构内力分布,减小最不利截面的荷载效应值。如一两跨简支梁,在伸缩缝处可以增设钢筋,现浇混凝土,从而形成一两跨连续梁,在跨中作用一集中力时,跨中弯矩后者将明显小于前者(图5-17)。

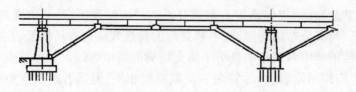

图5-14 简支梁设置八字支撑

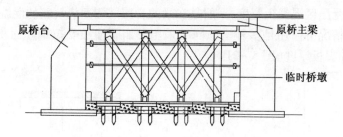

图 5-15　桥下设置临时桥墩

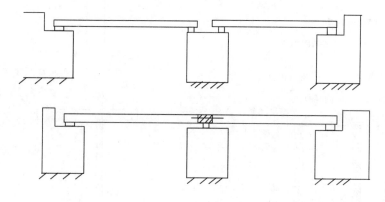

图 5-16　简支换连续

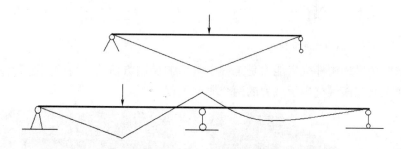

图 5-17　简支转连续后的弯矩变化

钢筋混凝土的结构承载力可以区分为正截面抗弯承载力与斜截面抗剪承载力,而对于单筋矩形截面抗弯承载力表达式为

$$M_u = \frac{R_g A_g}{\gamma_s}\left(h_0 - \frac{R_g A_g}{2R_a b}\right) \tag{5-9}$$

式中相关符号见式(5-3)中说明。由该式可见,梁的承载力与梁的主拉钢筋强度、面积,梁的有效高度与宽度、混凝土强度均有关。一般情况下,在增加混凝土强度、钢筋面积与强度,增加梁的有效高度与受压区混凝土宽度均可以有效提高梁的抗弯承载力。于是,常见的有效提高钢筋混凝土梁抗弯承载力的方法有以下几种。

(1)增加受拉区钢筋面积,一般是在混凝土受拉区补焊钢筋,粘贴钢板或高强复合纤维等(图5-18)。

(2)增加截面的有效高度,一般是在梁的受压区灌浇新的混凝土(图5-19)。

（3）增加受压区混凝土宽度，一般是在梁的受压区侧面浇筑新的混凝土（图 5 - 20）。

（4）多数情况下往往是多种措施同时采用。如既增加受拉钢筋面积与梁的有效高度，又侧面增加腹板厚度（图 5 - 21）。

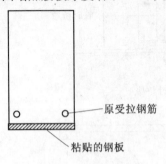

原受拉钢筋

粘贴的钢板

图 5 - 18　粘贴钢板法

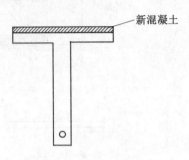

新混凝土

图 5 - 19　预板烧混凝土

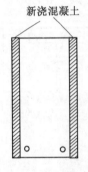

新浇混凝土

图 5 - 20　侧面现浇混凝土

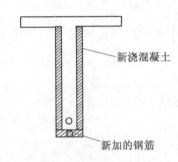

新浇混凝土

新加的钢筋

图 5 - 21　围浇混凝土

采用粘贴法增加构件抗弯能力是工程中常用的加固方法，图 5 - 22 则显示了利用外贴钢板增强主梁与横梁抗弯承载力的两个典型工程实例。

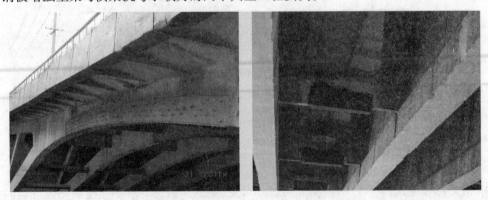

图 5 - 22　粘贴加固法工程实例

5.2.2　抗剪构件的基本原理

矩形截面钢筋混凝土梁的抗剪承载力表达式为

$$Q_\mu = 0.0349 bh_0 \sqrt{(2 + p)} \sqrt{R\mu_k R_{gk}} + 0.06 R_{gw} \sum A_w \sin a \qquad (5 - 10)$$

式中 Q_μ——通过斜截面的抗剪承载力;

b——通过斜截面受压区顶端截面上的腹板厚度(cm);

h_0——通过斜截面受压区顶端截面上的有效高度,自纵向受拉钢筋合力点至受压边缘的距离(cm);

μ_k——箍筋配筋率;

R_{gk}——箍筋的抗拉设计强度(MPa),设计时不得大于340MPa;

R——混凝土标号(MPa);

p——斜截面内纵向受拉主筋的配筋率,$p=100\mu, \mu = A/bh_0, p > 3.5$;

R_{gk}——在一个弯起钢筋平面内的弯起钢筋总面积;

a——弯起钢筋与构件纵向轴线的夹角。

由式(5-10)可见,增加腹板厚度、截面有效高度、斜钢筋与箍筋的面积等均可以有效提高梁的抗剪承载力,其中在腹板外贴钢板或高强纤维相当于增加斜钢筋与箍筋的面积,提载效果最为明显,而且可以不大幅度增加结构自重,因而是用于抗剪加固的常用方法,如在梁体支座附近粘贴梁轴线垂直的钢条与轴线成一定角度的斜钢条(图5-23(a)、(b))、梁的牛腿腹板外粘贴钢板等(图5-24)。

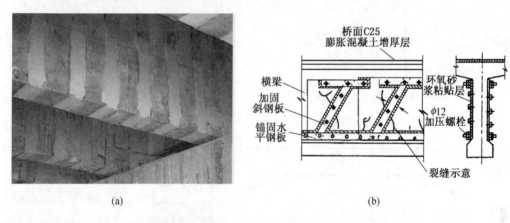

|(a)|(b)|

图5-23 支座附近抗剪加固

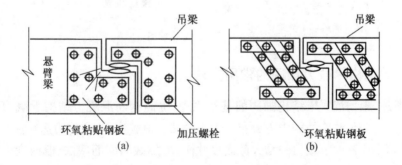

图5-24 牛腿处抗剪加固

(a)粘贴条状钢板;(b)粘贴条状钢板。

除单纯改变结构的内力分布来提高构件或结构承受外荷载的等级外,也可以采用预应力加固技术,不仅可以降低与改变原主梁的外荷载效应,而且可以改变结构体系,改变使用荷载作用下的原梁内力分布。以一体外预应力加固的钢筋混凝土梁为例,跨中作用一集中荷载 P,在预应力 Q 作用下,简支梁在跨中将受到一个数值为 $2Q\cos\theta$、方向与 P 相反的作用力以及一个大小为 $Q\sin\theta$ 的轴向力共同作用,跨中的作用力可以部分抵消外荷载 P(图 5 – 25)。

在某些情况下,体外预应力索不但抵消了部分原桥的自重荷载,而且在使用荷载作用下体外索作为原梁的增强配筋,原梁承载力得到提高。如简支梁在梁的下缘经过体外预应力加固后,用喷射混凝土方式将体外预应力索与原主梁结合成整体(图 5 – 26)。这样不仅在预应力施加阶段经原主梁施加了反向弯矩,而且在梁体使用过程中增加梁体高度与钢筋面积,如图 5 – 27 所示。

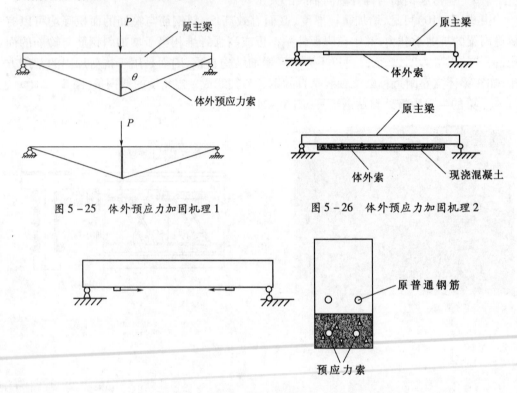

图 5 – 25 体外预应力加固机理 1   图 5 – 26 体外预应力加固机理 2

图 5 – 27 加固原理图

5.2.3 结构承载力加固的常用方法

由上所述,根据混凝土结构加固的基本原理,提高钢筋混凝土结构承载力的途径很多,总体上可以分为改变结构内力分布与大小的减轻恒载法、改变传力途径法与改变结构体系法、提高主梁截面承载力的增大截面尺寸法、增加截面配筋率法、既改变内力分布又提高主梁承载力的体外预应力法等。每种方法均有自己的技术特点与适用场合,其对比如表 5 – 1 所列。在实际工程中由于某些方法施工难度大,而且大幅度增加结构自重,因而较少使用,如在截面受压区现浇混凝土需要消除主梁桥面铺装,施工影响范围大。在工程中常用的永久性加固方法是提高构件截面承载力的粘贴加固法与体外预应力加固法两

94

种。于是,本章将主要介绍这两种加固方法的基本原理、设计计算方法与施工工艺流程。

表 5-1　常见加固方法对比

加固技术	主要措施	优缺点
恒载降低法	利用轻质材料代替原有桥面材料,或改变主梁上部的结构体系	优点:施工难度低。 缺点:1. 提载效果有限; 　　　2. 施工影响交通程度高; 　　　3. 施工周期长
荷载分散法	在原有桥梁表面设置分配梁或钢板将较为集中的力转为较为分散的力	优点:施工简单,周期短。 缺点:施工影响交通,提载程度有限
改变结构体系法	在原桥下设置中间墩或斜向支撑,或将简支梁转为连续梁等	优点:提载幅度大,部分措施不影响交通。 缺点:施工难度大,周期长
增大截面尺寸法	增加受压区高度、腹板厚度、截面有效高度等	优点:提载幅度明显。 缺点:施工周期长,难度大,影响原桥交通
粘贴加固法	外贴钢板、外贴碳纤维、补焊钢筋等	优点:施工简单,基本不影响交通,提载程度较高。 缺点:难以恢复梁体已有变形
体外预应力加固法	在混凝土受拉区	优点:施工较简单,基本不影响交通,提载程度高。 缺点:设计计算难度大

5.3　体外预应力加固法

　　体外预应力加固法的原理是以粗钢筋、钢绞线或高强度钢丝等钢材作为施力工具,对桥梁上部结构施加体外预应力,以预加力产生的反弯矩等抵消部分外荷载产生的内力,同时体外预应力索与原桥梁共同形成新的结构形式(图 5-25)或作为原梁的一部分增加钢筋混凝土梁的配筋面积(图 5-26),从而达到改善旧桥使用性能并提高其极限承载能力的目的。工程实践表明,体外预应力加固法的优点如下。

　　(1)能够较大幅度地提高旧桥承载能力,加固后所能达到的荷载等级与原桥设计标准及安全储备有关,一般情况下,可将原桥承载力提高 30% ~ 40%。

　　(2)在自重增加很小的情况下,能够大幅度改善和调整桥梁结构的受力状况,提高其结构刚度和抗裂性能。

　　(3)由于承重结构自重增加少,故对墩台及基础受力状况影响很小,可节省对墩台及基础的加固。

　　(4)体外预应力加固技术所需设备简单,人力投入少,施工工期短,经济效益明显。

　　(5)对桥梁营运影响较小,可在不限制通行的条件下加固施工。

　　(6)体外预应力既可作为桥梁通过重车的临时加固手段,也可作为永久性提高桥梁荷载等级的措施。

5.3.1 体外预应力加固的布索方式

桥梁的承载力不足主要有跨中抗弯承载力与支座抗剪承载力不足等多种情况,针对不同加固目的与原桥的结构形式,预应力索在空间的布置方式也将有所区别,但是布索的基本原则是相同的。

(1) 抵抗外荷载弯矩。此时,预应力导致的原梁弯矩应该与外荷载导致的原梁弯矩反号,如图 5 −28、图 5 −29 所示:外荷载导致截面 A—A 产生 $M_{外}$ 的正弯矩,而预应力索布置在形心线下侧,距离梁形心 e 处,设预应力合力为 N,则预应力 N 在截面 A—A 产生一大小为 $M = N \cdot e$ 的负弯矩,部分抵消外荷载弯矩。

(2) 抵消外荷载导致的剪力。为抵消外荷载在原梁截面上产生的剪力,要求预应力索所提供的竖向分力应该与外荷载导致的剪力反号,以图 5 −29 中的 B—B 截面为例,预应力 N 在截面 B—B 产生的剪力 $Q_N = N \cdot \sin\theta$,方向向下,以剪力方向与外荷载 P 导致的剪力 $Q_{外}$ 是反号的。

(3) 预应力钢筋除提供抵消外荷载的外力外,本身也相当于钢筋混凝土的配筋,因此,一般按照原梁钢筋位置进行预应力钢筋布置即可有效地提高梁体承载力。

根据以上 3 条原则,简支梁一般有 3 种预应力索的布置方式,每种方式适合不同的加固要求。

(1) 下撑式拉杆。该布置方式为预应力索在跨中部位沿梁体下缘水平布置,在靠近支座附近向上弯起(图 5 −29)。在预应力索内部施加应力后,原梁受到的力作用如图 5 −30 所示,由该图可见,梁体跨中部位相当于承受了偏心力作用,该偏心力导致的偏心弯矩与外荷载导致的弯矩方向相反,在支座附近则作用一对与剪力成一定角度的压力。梁体在一对集中力作用下加固前后的弯矩图与剪力图分别如图 5 −31 与图 5 −32 所示,由对比可见,施加预应力加固后,梁体跨中弯矩与支座附件的剪力都有明显下降,因而,本预应力索布置方式适用于正截面承载力和斜截面承载力均不足的构件。

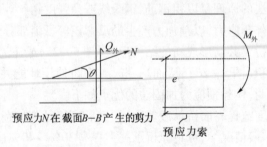

图 5 −28 预应力导致的载面内力

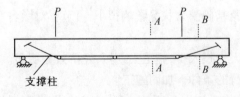

图 5 −29 下撑式拉杆

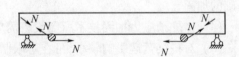

图 5 −30 下撑式拉杆布置方案下原梁受力

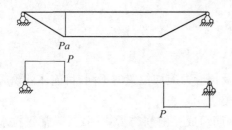

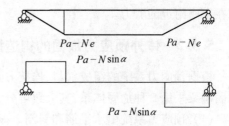

图 5-31 加固前弯矩与剪力 　　　　　　图 5-32 加固后弯矩与剪力

（2）水平拉杆。该布置方式为预应力索全长在跨中部位沿梁体下缘水平布置（图5-33）。在预应力索内部施加内力后，原梁受到的力作用如图5-34所示，由该图可见，梁体跨中部位相当于承受了偏心力作用，该偏心力导致的偏心弯矩与外荷载导致的弯矩方向相反，因而，可以有效抵消外荷载导致梁体弯矩。由于本布索预案仅在简支梁上产生弯矩与轴压力，并不产生与外荷载导致的剪力符号相反的剪力，因而，本预应力索布索方式适用于正截面承载力不足的构件。

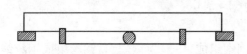

图 5-33 水平拉杆布索方案

图 5-34 水平拉杆布索方案下的受力图

（3）组合式拉杆。该布置方式为预应力索沿梁体全长呈抛物线布置（图5-35）。在预应力索内部施加内力后，原梁受到的力作用如图5-36所示，由该图可见，体外预应力相当于在梁体全长作用了一与梁体自重方向相反的均布荷载，这种布索方式适用于正截面承载力严重不足、斜截面承载力略微不足的构件。

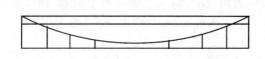

图 5-35 组合式拉杆布索方案

图 5-36 组合式拉杆布索方案下的受力图

对于悬臂梁与连续梁的常见布索方式如图5-37与图5-38所示，其基本原则是支座顶部的预应力索靠近梁体上缘，跨中的预应力索靠近梁体下缘水平布置，在支座两侧一定范围内呈斜方向布置。这样，支座顶部的预应力形成正弯矩、跨中的预应力形成负弯矩，分别抵抗外荷载在支座顶部与跨中形成的负弯矩与正弯矩，斜预应力的竖向分量则抵

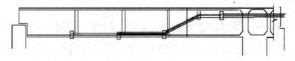

图 5-37 二跨 T 梁体外力筋束布置示意图

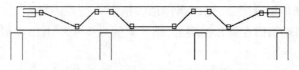

图 5-38 三跨箱形梁体外力筋束布置示意图

抗在支座附近的剪力。

5.3.2　体外预应力加固的构造措施

根据预应力系统的组成材料、连接方式以及预应力施加位置的不同,目前体外预应力加固桥梁采用5种加固体系,其大致可分为三类。

（1）预应力系统由水平筋和斜筋2根粗钢筋组成。斜筋与滑块固定,通常张拉水平筋牵动斜筋受力。斜筋的上端可以锚固在梁顶,如图5-39(a)所示;亦可锚固在腹板上,如图5-39(b)所示。对于斜筋上端锚固在梁体顶部的情况还可以在梁顶张拉斜筋,牵动水平筋受力。

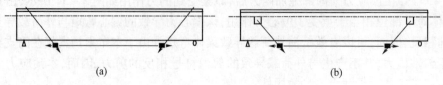

(a)　　　　　　　　　　　　　(b)

图5-39　加固体系1
(a)锚固方案1;(b)锚固方案2。

（2）预应力系统的水平筋和斜筋由一根钢索组成,一般为钢丝绳、钢丝束或钢绞线,可用手动葫芦张拉水平筋,亦可用千斤顶在梁体上部张拉斜筋,如图5-40所示。

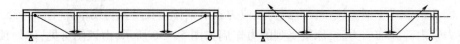

图5-40　加固体系2

（3）斜杆采用刚度较大的槽钢并与楔型滑块构成一体,水平筋可用粗钢筋、钢丝绳、钢绞线或高强钢丝束。采用张拉水平筋的方式对梁体施加预应力,如图5-41所示。

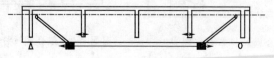

图5-41　加固体系3

由上所述,桥梁体外预应力加固体系形式可多种多样,但其主要构造有水平筋、斜筋、上锚固点、滑块、U形承托、水平筋固定支座。

1.水平筋

水平筋亦称水平拉杆,多由高强螺纹粗钢筋、钢丝束或钢丝绳组成。其作用是在梁底部位施加纵向预应力,从而对梁体产生反向弯矩,以抵消部分自重及活载产生的正弯矩,提高梁的承载力。

当水平筋采用高强粗钢筋时,一般为冷拉Ⅲ级、Ⅳ级钢筋,亦可用45号圆钢制作。在钢筋(杆)的两端制作粗制螺纹,配以螺母加以锚固。当采用高强钢丝束时(通常不设斜筋),用锚头将其两端锚固在梁顶的端部,钢丝束的纵向线型由设在梁底两侧面箍筋加以固定,如图5-42所示。

当采用钢丝绳时,可直接用锚固锁将两端固定在主梁的腹板上,张拉后用钢丝夹头锁

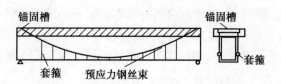

图 5 - 42　钢丝束水平筋固定方式

住,如图 5 - 43(a)所示;亦可将钢丝绳的两端锚固在梁底的滑块上,如图 5 - 43(b)所示。

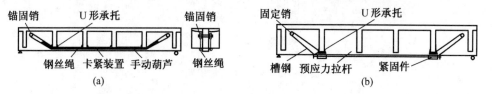

图 5 - 43　钢丝绳两种固定方式

2. 斜筋

斜筋亦称斜杆,多由高强粗钢筋或槽钢制成。斜杆的下端通过设置在梁底的滑块与水平筋连接,上端锚固于梁端顶部或梁端腹板处。斜杆的作用是提供梁端部位的负弯矩和预剪力,从而提高梁的承载力。当采用钢丝束或钢丝绳时,可以不单独设斜筋,而将斜筋和水平筋相连成一体。

3. 上锚固点

斜筋提供的预剪力和负弯矩的大小,与上锚固点的位置有关,上锚固点的位置可根据主梁的特点及施工的具体情况作如下选择。

1) 梁顶锚固

对交通量较小的桥梁,有可能短期限制交通或当桥下作业难度较大时,可将斜筋的上端锚固在桥面板顶面或梁端顶面上角处。对于锚固在桥面板顶面的情况,首先在桥面板和端横隔梁上开凿与斜筋倾斜方向相同的斜孔,穿进斜筋后,在斜孔周围,按钢垫板尺寸将桥面板凿成凹槽,用环氧砂浆将钢垫板粘牢。斜筋张拉后,通过楔形垫块,用螺母将斜筋锚固在桥面板上。最后将锚头用桥面铺装混凝土封闭,其构造细节设计如图 5 - 44 所示。

对锚固在梁端顶面的情况,首先将梁端部分混凝土桥面板凿掉,将梁端顶面上角凿成与斜筋倾斜方向相垂直的斜面(需剪断架立钢筋和部分箍筋),在端横隔板上开凿与斜筋

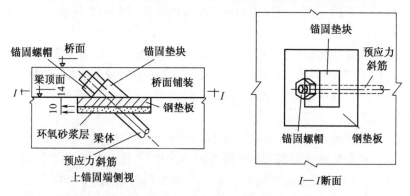

图 5 - 44　梁顶锚固构造

倾斜方向相同的斜孔,然后,将用角钢或槽钢制作的支承垫座用环氧砂浆固定在已凿好的梁端斜面上。斜筋穿过横隔梁和支承垫座的斜孔,用千斤顶进行张拉并用螺母锚固在支承垫座上,最后用混凝土将锚头封闭,其构造细节设计如图 5 –45 所示。

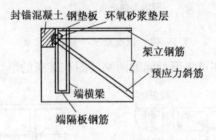

图 5 –45　梁端顶面锚固构造

2）腹板锚固

当难以中断桥上交通,且桥下便于施工作业时,可将斜筋的上端设在主梁的腹板上。具体做法又可分为如下两种。

（1）钢销锚固。当斜筋采用钢丝绳或型钢时,采用钢销锚固是较方便的。钢销锚固是将钢丝绳（或型钢）端头作成扣环（或圆孔）,套在穿过梁腹板的钢销的端头,通过钢销的抗剪、抗弯和承压作用来锚固斜筋。钢销的直径应根据钢销受力情况和材料强度,按计算确定。钢销两端伸出梁腹板的长度,应满足设置钢丝绳扣环和固定螺母的构造要求。为了穿过钢销,首先应在梁的腹板上穿孔,设置钢套管。钢套管的内径应比钢销直径大 1mm ~2mm,钢套管壁厚为5mm ~10mm。腹板钻孔直径,应比钢套管外径大 10mm ~12mm,钢套管用环氧砂浆固定。在埋设钢套管时,一定要保证钢套管的轴线垂直于梁的腹板平面,以避免腹板两侧的体外索受力不均匀。钢销锚固的构造细节设计如图 5 –46 所示。

（2）摩擦—黏着锚固。摩擦—黏着锚固是通过用高强螺栓固定在梁腹板上的锚固装置来锚固斜筋,其锚固作用是通过高强螺栓的摩擦力和环氧砂浆黏结力来保证的。该锚固装置是由 M20 ~ M22 高强螺栓组件、钢丝网环氧树脂砂浆黏结层和锚固钢板组成。高强螺栓组件中包括高强螺栓、高强螺母及垫圈。这 3 种零件均由 45 号钢经热处理制成。其主要作用是以高强螺栓的预拉力将锚固板、黏结层和梁体夹紧,以夹紧力产生的摩擦力来传递预应力。钢丝网环氧树脂砂浆黏结层的作用是将锚固板和梁体粘在一起,与高强螺栓所产生的摩擦力一起传递预应力。同时对高强螺栓孔所引起的梁体削弱给以补强,并兼起垫层作用。摩擦—黏结型锚固的构造细节设计如图 5 –47 所示。

3）梁端锚固

当采用横向夹紧施加预应力的工艺时,可采用梁端锚固。该方法是将 U 形锚固钢板套在梁端腹板的下部,将斜筋的顶端焊在钢板上,以 U 形钢板下混凝土的局压强度及粗钢筋与钢板间的焊接强度来提供锚固作用。其构造形式如图 5 –48 所示。

4. 滑块

滑块又称竖向支承。当斜筋和水平筋不是同一根钢筋时,用滑块将其连接为一体。

滑块的基本作用是完成斜筋和水平筋之间力的传递,固定折点位置并将斜筋的竖向分力传于梁底,并与上锚固点的竖向力一起产生作用于梁端部的负弯矩和负剪力,从而提高梁的承载力。根据构造形式不同,滑块又可分为水平滑块和楔形滑块两类。

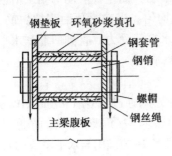

图 5-46　钢销锚固构造

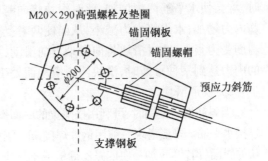

图 5-47　摩擦—黏结型锚固构造

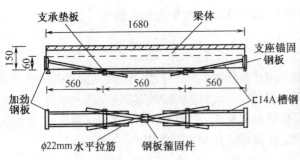

图 5-48　梁端锚固构造

1）水平滑块

水平滑块由连接斜筋和水平筋的活动滑块支承座与固定在梁底的支承钢垫板组成，其构造细节设计如图 5-49 所示。

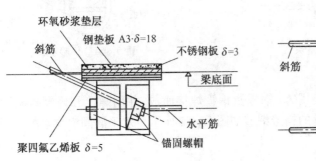

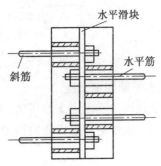

图 5-49　水平滑块

滑块或支承座为钢铸件，支承座上设有连接斜筋和水平筋的肋板，为了增强滑块的滑动能力，可在支承座顶面粘贴一层四氟乙烯薄板。支承钢垫板用环氧砂浆垫层粘贴于梁的底面，为了增加梁底的局部抗压强度，可在环氧砂浆垫层中设置钢丝网．支承钢垫板的纵向尺寸，应大于活动滑块支承座的纵向尺寸，以满足支承座纵向滑动的需要。为了减少滑块的摩阻力，可在支承钢垫板表面加一层不锈钢板。

水平滑块的主要功能是通过滑块的水平滑动，以调整斜筋与水平筋之间的内力分配比例，并使表面受力趋于均匀。当在梁底水平筋上施加预应力或外荷载使梁体发生弯曲时,均会使水平筋内力增加,此时滑块将向跨中方向滑动。而这种滑动的结果恰恰会使斜筋内力增加,水平筋内力减小,从而使两者受力趋于均匀。当在梁顶面张拉斜筋上端时,斜筋受力很大,此时滑块将向梁端方向滑动,并带动水平筋受力。直到斜筋和水平筋之间的内力达到某种平衡时,滑块停止滑动而处于平衡状态。

2）楔形滑块

当斜筋采用型钢时,可利用横隔梁的底面作为竖向支承,通过与型钢下端固结的楔形滑块连接水平筋。楔形滑块一般用钢件焊接,亦可用混凝土浇制。为了减少滑块的摩擦力,可在滑块的斜面(滑动面)加一层四氟乙烯板或不锈钢板。楔形滑块的作用与水平滑块相同,但有如下两个特点。

（1）楔形滑块与斜杆设计成一体,用钢件焊接或用混凝土浇筑而成。

（2）楔形滑块是沿着楔型体的斜面滑动的,因此其水平滑动量较水平滑块要小。

楔形滑块的构造如图 5-50 所示。

5. U 形承托

当采用型钢作斜杆时,或以一根钢丝绳取代斜筋和水平筋时,常利用距离梁端的第二个横隔极作为竖向支承,并兼作斜筋和水平筋的转折点。此时,为减少横隔板底部的摩擦力,从而减小横隔板的弯曲作用,在横隔板的底部设置 U 形承托。U 形承托可用钢板弯制而成,套在横隔板的底面,并用环氧砂浆和锚固螺栓固定在横隔板上,其构造如图 5-51 所示。

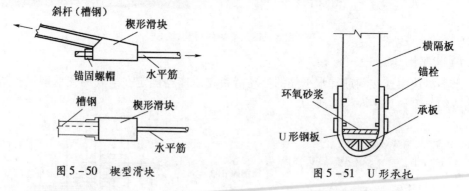

图 5-50 楔型滑块

图 5-51 U 形承托

6. 水平筋固定支座

水平预应力筋固定支座用 A3 钢板及钢管焊接而成,并用螺栓和环氧砂浆固定在梁的底面上。水平筋固定支座的构造细节如图 5-52 所示。水平筋固定支座的作用是减小

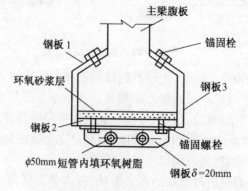

图 5-52 水平筋固定装置

102

水平筋的自由长度,从而起到水平筋的减振作用。该装置对于跨径较大的体外索加固系统尤为重要。

5.3.3 体外预应力的施加方式

进行体外预应力加固桥梁时常用的预应力索张拉方法有机张法、电热法、横向收紧法与竖向张拉法等,其中机张法有千斤顶张拉与手动葫芦张拉两种方法。在采用千斤顶张拉预应力索时需要有固定支撑点为千斤顶提供着力点,因此,千斤顶张拉法一般在斜向钢筋锚固在梁顶或梁体端部的情况下使用,而且预应力索一般为柔性的钢绞线,方便预应力索穿过穿心千斤顶,并临时锚固在千斤顶外侧(图5-53)。张拉时,油泵向千斤顶中送油,在油压的作用下油缸向外伸出,顶伸预应力索到固定位置,释放油压油缸与预应力索回缩,由于靠近梁体的夹片为外大内小的夹紧装置,在预应力索小幅度回缩后提供径向力限制预应力索进一步回缩,从而将预应力索锚固在梁体两端(图5-54)。

图5-53　千斤顶张拉示意图

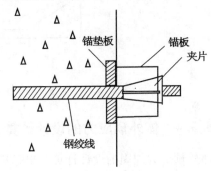

图5-54　预应力锚索示意图

当水平钢筋与斜向钢筋为同一根钢丝绳并且其两端锚固在梁的腹板上时,可以采用手动葫芦张拉法。其张拉过程是将手动葫芦固定在预应力索的一个自由端,将预应力索的另外一个自由端穿入手动葫芦中,通过滑轮组牵引该自由端达到一定的作用力后用钢丝夹将两个自由端固定后撤除手动葫芦(图5-55)。

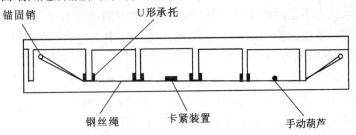

图5-55　手动葫芦张拉法

横向收紧法是指在水平预应力索安装到位后,旋转事先设置在两侧水平索之间、横向连接两根水平索的水平拉杆上的收紧器,使水平预应力索变成曲线或折线而伸长,张拉到位后用双螺母锁住并卸除收紧器(图5-56)。

而竖向张拉法的基本原理与横向收紧法的基本原理类似,该方法一般应用于斜钢筋与水平钢筋为整体的情况下,一般是先将预应力索两个锚固端先进行固定,而后利用固定在梁体下翼缘的下撑式拉杆拉动预应力索向下运动到转折点处进行固定(图5-57)。

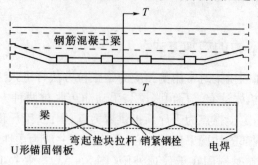

图5-56 横向张拉法图

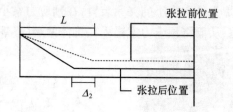

图5-57 下撑式拉杆竖向张拉法

5.3.4 体外预应力的设计计算

体外预应力加固的设计计算主要是确定以下内容:根据原桥梁承载力不足的性质与量值,确定预应力索的空间位置、面积与张拉力的大小。其设计计算步骤与方法如下。

(1)计算出待加固构件加固前在设计荷载中作用下所引起的内力,包括恒载和活载内力,或根据构件截面材料力学与几何参数计算梁全长的抗弯与抗剪承载力分布图。计算方法与通常桥梁设计时内力与承载力计算相同。

(2)按照新的荷载标准计算活载内力,并根据第4章桥梁通过安全性判别法来验算加固的必要性。

(3)根据承载力不足的性质与量值(即需补强加固的抵抗力矩及剪力等),确定预应力索的布索方式以及锚固点与转折点的空间位置。其中预应力索的布索方式根据前述"体外预应力加固的布索方式"中的相关原则进行布置。而锚固点设置主要考虑锚固点施工方便性与预应力施加可行性,对于T型截面与箱型截面的混凝土梁优先考虑将锚固点设置在腹板位置,尽量少设置在梁体上端,从而避免对桥面铺装的破坏,而在只有千斤顶张拉手段的情况下则布置在梁顶或者梁端。转折点设置应尽量满足受力合理以及满足提载程度的要求,图5-58则显示按照抗剪要求合理设置转折点情况。

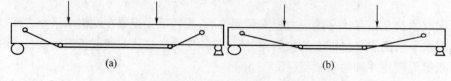

图5-58 转折点位置选择
(a)转折点设置不合理; (b)转折点设置合理。

（4）计算确定施工中控制张拉时需要的控制量,包括张拉控制应力与有效预应力等。

有效预应力是指在使用状态下预应力索最终的内应力大小。张拉控制应力是指预张拉时张拉设备没有拆除前需要达到的应力,它是在预应力索有效预应力基础上加上预应力损失的一个应力,其值在预应力索张拉过程一般可以通过张拉设备测力装置直接读取,张拉控制应力越大则预应力索有效预应力越大,因此,在需要相同预张力情况下,张拉控制应力越大,则所需要的钢筋面积较小,从而可充分利用材料强度,但是体外预应力在张拉过程中张拉控制力应介于张拉控制动力允许值(表 5 - 2)范围内。这是因为张拉控制应力过大,易发生脆性破坏,由于钢材材质的不均匀以及施工误差钢材有可能发生拉断;张拉控制应力取值太低,则材料性能得不到充分的发挥,浪费严重。

表 5 - 2　张拉控制应力允许值

项 次	钢 筋 种 类	上 限 值	下 限 值
1	碳素钢丝,刻痕钢丝,钢纹	$0.70 f_{ptk}$	$0.4 f_{ptk}$
2	冷拔低碳钢丝,热处理钢丝	$0.65 f_{ptk}$	$0.4 f_{ptk}$
4	热轧钢丝	$0.9 f_{pyk}$	$0.5 f_{pyk}$
注:f_{ptk}为抗拉极限强度;f_{pyk}为材料的屈服极限强度			

预应力损失是指在张拉设备撤除后预应力索内部预应力随时间不断降低的一种现象,它一般与施工工艺、材料等有关,具体的计算方法见相关规范与专著。在桥梁设计计算过程中,一般根据表 5 - 2 确定一个张拉控制应力 σ_{con} 后,计算预应力损失 $\Delta\sigma_{pe}$,扣除预应力损失 $\Delta\sigma_{pe}$ 后得到预应力索的有效预应力为

$$\sigma_{pe} = \sigma_{con} - \Delta\sigma_{pe} \qquad (5-11)$$

（5）估算出补强拉杆应有的横截面面积。根经过加固梁体承载能力(图 5 - 59)可以表达为

$$M = Z'_s A'_s \sigma_s + Z_p A_p (\sigma_{pe} + \Delta\sigma_p) \qquad (5-12)$$

式中　A'_s——钢筋面积;

Z_p——受拉区合力到预应力索形心的距离;

Z'_s——加固后受压区合力到普通钢筋形心的距离;

σ_{pe}——预应力钢筋的有效预应力;

$\Delta\sigma_{pe}$——在使用荷载下预应力钢筋的应力增量。

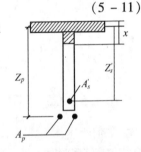

图 5 - 59　体外预应力
加固梁的正截面

目前尚无精确计算 $\Delta\sigma_{pe}$ 的方法,但在使用荷载增量不大的情况下,可以假定为 0。于是,预应力钢筋面积为

$$A_p = \frac{M - Z'_s A'_s \sigma_s}{Z_p \cdot \sigma_{pe}} \qquad (5-13)$$

为求解预应力索面积 A_p,必须先知道混凝土受压区合力作用点到预应力合力作用点距离 Z_p 与普通钢筋形心距离 Z'_s,根据在极限状态下截面上混凝土压应力合力与钢筋、预应力钢筋合力相等,有

$$f_{cd} \cdot b \cdot x + f_{cd}(b'_f - b) \cdot h'_f = \sigma'_s A'_s + \sigma_{pe} A_p \qquad (5-14)$$

式中　f_{cd}——混凝土抗压强度设计值;

σ_s、σ_{pe}——钢筋的抗拉强度设计值与预应力钢筋的有效预应力。

联立式(5-13)与式(5-14),则可以求解得预应力钢筋的面积 A_p。

（6）承载力验算。按设计规范验算被加固梁在跨中和支座截面的偏心受压承载力,以及支座至拉杆弯折处或支座附近的斜截面承载力。验算中将拉杆的作用效应作为外力,并与全部荷载作用下作偏心受压分析。若验算结果不能满足规范规定时,可加大拉杆截面或改用其他加固方案。体外预应力加固设计计算的一般流程如图5-60所示。

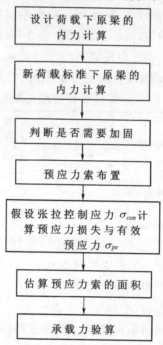

图5-60 体外预应力加固的设计计算流程

5.3.5 体外预应力加固的施工工艺

如前所述,桥梁采用体外预应力加固时,预应力拉杆加固分为水平拉杆、下撑式拉杆和组合式拉杆3种结构方式。而根据施工中预应力施加方式的不同,体外预应力加固又可分为横向收紧张拉法、纵向张拉法、竖向张拉法和预弯梁法等几种。由此可知,不同的加固体系及构造形式,其施工方法当然不尽相同,但从施工工艺流程和主要施工步骤而言还是有其共性的。下面就以当前国内桥梁体外预应力加固施工中常用的工艺流程和主要施工步骤作以介绍。桥梁体外预应力加固的工艺流程如图5-61所示,其6个主要施工步骤内容如下。

1. 施工放样及钢筋位置探测

体外预应力索加固施工时,首先应对上锚固点、滑块垫板及跨中预应力钢筋固定支座的位置进行准确的放样定位。

（1）上锚固点放样定位。当斜筋上锚固点位于梁顶或梁端面时,放样比较简单。以单梁顶(端)面的纵轴线为基准,沿纵桥向量测锚固点距梁端的距离。当锚固点位于梁端时,应量取锚固点距梁底或梁顶面的垂直距离,再沿横桥向对称量取上锚固点的横向距离,标出锚固点的理论位置。当锚固点设在梁腹板上时,腹板两侧不能通视,可按1:1比例尺用木板制作的放样架,在腹板两侧分别放样。木板放样架上定位孔直径应比真实孔径大10mm,以

106

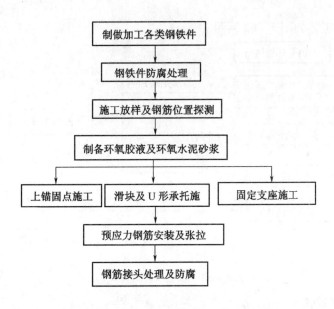

图 5 – 61   桥梁体外预应力加固工艺流程

防在混凝土梁上打孔时将标记线打掉。由于梁的顶板和腹板中均有钢筋存在,特别是受力钢筋,不应将其切断,可将锚固点位置作适当地调整以避开这些钢筋。因此,梁上的实际锚固点位置与理论点位置会有差异,但应限制这种误差。一般情况下,可允许上锚固点位置水平移动 ±10cm,垂直移动 ±3cm。当上锚固点位置偏差较大时,应按其实际位置重新进行校核计算。上锚固点的允许位置偏差可由斜筋的角度及滑块的位置加以调整。

（2）滑块垫板及固定支座位置放样定位。沿梁底从锚固实际中心（投影点）向跨中方向量取滑块垫板的中心位置及跨中位置,分别标记在梁底部的两侧,并将垫板的平面尺寸绘在梁底面上,同时标出有关螺栓的孔位,在垫板放样中可以不计梁的挠度影响。

（3）钢筋位置探测。在上锚固点和滑块及固定支座的垫板施工中需为锚固螺栓钻孔,在加固设计中仅根据原结构的设计图纸确定锚固及打孔位置是不够的。这是由于原桥施工中可能有钢筋代换以及钢筋施工位置偏差,都会使钻孔施工带来很大麻烦。因此,在加固施工放样中必须探测钢筋位置,这一工作可借助于钢筋位置测定仪或混凝土厚度测定仪来完成,并做好记录、资料分析,最后绘制成图供钻孔施工参考。

2. 制备环氧胶液及环氧水泥砂浆

环氧胶液及环氧水泥砂浆主要用来粘贴锚固及支承用的钢垫板。环氧胶液是以环氧树脂为基本原料的高强黏结剂。因环氧树脂是浓缩状胶液,其本身单独存在并不具备黏结强度,只有在其中加入固化剂以后,才能形成黏结强度。而固化剂为胺类化学试剂,不同牌号的环氧树脂所采用的固化剂略有不同。桥梁加固工程上用得最多的是 6101 环氧树脂,其固化剂采用乙二胺,用量为环氧树脂质量的 6% ~9%。为改善环氧胶液的性质,可适当地掺加增塑剂和稀释剂。增塑剂一般采用二甲酸二丁酯,其用量为环氧树脂质量的 15% 左右;稀释剂一般采用丙酮,其用量为环氧树脂质量的 10% ~20%。

环氧水泥砂浆是在环氧胶液中加适量的填料而制成的,填料的用量一般采用环氧树脂质量的 5 倍。而填料系由 325 号水泥和干燥的中砂配制而成,其中水泥与砂的比例为 1∶2。按上述成分配制的环氧砂浆的强度可达 40MPa,在常温下需 3 天左右的时间。环氧水泥砂浆的配料工艺如图 5-62 所示。

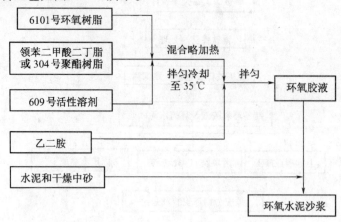

图 5-62 环氧砂浆配料工艺

3. 上锚固点设置

1）梁顶及梁端锚固

对于上锚固点设在梁顶面及梁端顶面的情况，需按设计的斜筋穿出位置，在桥面板或梁端顶面凿穿两个具有与斜筋角度相同的斜孔。首先应去除桥面铺装层，将梁顶面混凝土保护层凿去，露出钢筋，再将锚固垫板下面的混凝土进行细凿。为准确凿开斜孔，可以按斜孔的设计角度制作一个凿孔架，然后将凿岩机的钻杆置于凿孔架槽上，使钻头中心对准理论锚固点施工。一般在正式开凿之前，还应在理论锚固点处用人工打一个与钻头直径大小相近的小孔，以免开钻时由于钻头的跳动而引起孔位偏差。当锚孔快钻透时，由于钻杆上端紧靠混凝土表面，而下侧已脱空，这段斜孔往往向下偏移，必须进行人工补凿，以保证斜孔的顺直。上锚孔凿完之后应将梁顶面混凝土清理干净，除去混凝土碎碴。然后，先在开凿后的混凝土表面涂一层环氧胶液，再用环氧水泥砂浆铺平。最后将上锚固设在梁顶时，应使锚垫板的上表面与梁顶面平齐，或略低一点，以确保锚固点上有尽可能厚的混凝土保护层。当上锚点设在梁端顶面时，亦保证锚后有足够的混凝土体封锚。当上锚点设在梁端底部时，可将锚固钢板热弯成 U 形，直接套在梁端的底部，拉筋焊在锚固钢板的两侧面上。安装 U 形钢板时，要先凿除梁端混凝土保护层，露出梁端主筋，以环氧砂浆粘贴钢板并填塞梁端与锚固钢板之间的空隙。

2）腹板锚固

采用腹板锚固时，施工工作如下。

（1）锚栓孔打眼。当上锚固点设在梁腹板上时，首先遇到的问题就是在腹板上打孔，而且打孔的质量是上锚固点施工质量的关键。为保证打孔质量，应要求：孔位必须准确，除要求孔位放样准确外，还要注意钻头跳动而引起的孔位偏差；孔眼必须顺直，特别是双向对打时，不能出现错台，否则将对以后的穿锚固栓施工带来困难；尽量减少对孔周围混凝土的破坏，尽量减少对梁体混凝土的削弱。打孔施工可采用 ZIC38 型电锤，其最大钻孔直径为 38mm，在 30 号混凝土中钻打直径为 26mm 的孔，其钻进速度可达 3cm/s。钻施工中，若从一侧钻进穿透腹板，将在腹板的另一侧形成漏斗形孔口。所以，对于穿透腹板的螺栓孔，应从两侧对打。并且在打孔前应用冲钉在混凝土表面先冲打一个小孔，以避免钻头开钻时的跳位。在钻孔过程中,为保证孔位及方位和钻孔质量,也可制作专门的钻孔支架并用电动冲击钻施工。在钻孔过程中遇到钢筋时,由于主要受力钢筋在施工放样时已考虑避开,因此可能遇到的钢筋多为小直径的箍筋或水平防收缩钢筋。这时,可在钢筋附近局部扩孔,并用小直径钻头电钻将钢筋切断剔除。

(2)钢销锚固孔施工。先在腹板上设计位置钻孔,清孔后灌入环氧水泥砂浆并插入钢套管。待环氧水泥砂浆固化形成强度后,钢套管已固定;穿入钢销、套上钢丝绳,并在钢销的两端旋紧防止钢丝绳滑落的挡板,以备张拉。

(3)摩阻—黏着式锚固的施工。摩阻—黏着式锚固施工较钢销锚固要复杂,主要难点在定位及钻孔后的施工。按上述施工作业完成定位和钻孔之后,应将锚板下混凝土凿毛,以增加混凝土与环氧水泥砂浆间的黏着力和抗剪强度。在加环氧水泥砂浆之前应先进行锚板试安装,并应以锚板上所有锚固螺栓都能顺利装上为准,否则必须修孔。试安装后的锚板应编号记录,实际安装时应核对编号。锚固板正式安装之前,先将混凝土表面干刷洁净,并对锚固板去污除锈,而后在混凝土表面和锚固板上刷一薄层环氧树脂胶液。其后,在涂好胶液的锚固板上先摊铺一薄层环氧水泥砂浆,铺设钢丝网,再摊铺一层环氧水泥砂浆。同时,在梁腹板混凝土表面上也可铺上一层环氧水泥砂浆,以增加黏结力。将带有环氧水泥砂浆的锚固板就位,上螺栓并适当拧紧。最后,当环氧水泥砂浆黏结层硬化并达到30MPa强度时,再将高强度螺栓拧到设计吨位。而高栓施拧施工中,应分两阶段进行:第一阶段仅拧到设计吨位的70%,且对称施拧;第二阶段再拧到设计吨位。

4. 滑块及垫板施工

水平滑块多用18mm~30mm的钢板焊接而成。楔形滑块常用钢材制作并焊在型钢斜杆的下端,也可用钢筋混凝土直接浇筑在型钢斜杆的下端。对于后者应预留孔道以穿入水平预应力钢筋。

水平滑块的垫板由于受斜筋竖向分力的作用,一直处于受压状态。因此,水平滑块的垫板只需用环氧砂浆贴在梁的底面上。施工时,先将梁底混凝土凿除2cm左右,并在混凝土表面抹一层环氧胶液,再用环氧砂浆找平,然后用临时吊架将支承板粘贴在梁底。临时吊架可由横担、托板及麻绳组成,如图5-63所示,当在水平滑块上设置四氟乙烯滑板时,可用环氧胶液将其预先粘贴在钢垫板底面或滑块的顶面上。

水平预应力钢筋的固定座可粘贴在跨中梁底处,由于粘贴面上受到固定座自重作用及梁在活载下振动的影响,为确保安全,固定座除用环氧水泥砂浆粘贴外,还应在其底面或马蹄形梁底的上面安设锚固螺栓。当在梁底面设锚固螺栓时,需向上钻孔,施工操作难度大。在此时,可采用抬杠法操作,如图5-64所示。此法需两人操作:一人开机并控制横桥向电锤的垂直度;另一人扶机并控制顺桥向的垂直度。固定座垫板的粘贴方法,同水平滑块支座垫板的施工。

当采用楔形滑块或用钢丝绳加固时,需在横隔板下缘设置U形承托板。U形承托板用钢板热弯成形,然后用环氧砂浆或螺栓固定在横隔板下部。为防止钢丝绳横向滑动,在U形承托板的两端焊接防滑钢板。

5. 预应力钢筋的安装及张拉

1)预应力钢筋的安装

体外预应力加固中预应力钢筋的安装方法与其构造方式有关。

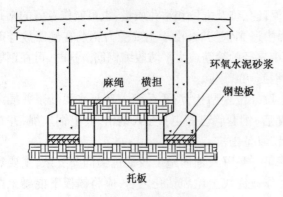

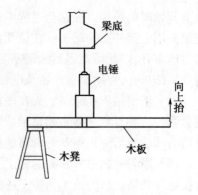

图 5 - 63　横断面示意图　　　　图 5 - 64　抬杠法施工

对于斜筋与水平筋由一根钢丝绳或钢丝束组成的情况,首先应安装定位 U 形箍筋系统。U 形筋用 φ16mm 的钢筋制作,端部设有穿丝的套环。首先按设计位置将 U 形箍筋依次排好,并临时吊挂在梁下,将钢丝绳(束)的一端由锚固板穿入,再穿过各箍筋下的套环,由另一端锚固板穿出,收紧后用轧丝锚头临时锚固,以备张拉。

对于横向收紧水平筋产生预应力的情况,首先按斜筋的斜度要求将斜杆焊在梁端的 U 形锚板上,采用夹杆焊将水平筋(拉杆)焊在斜筋上。为减少垂度,每隔 2m ~ 2.5m 用木块将水平拉杆垫起,然后安装锁紧装置。先安放弯起点处的立柱,再按设计位置安装撑棍和收紧器,以备张拉。

对于水平筋和斜筋分别采用两根粗钢筋或斜杆为型钢的情况,应先将斜筋与水平滑块固定在一起,并将斜筋的上锚固点固定。用临时支架将滑块定位在其垫板(或 U 形承托)的位置上,然后再穿入水平筋。穿筋时应保证水平筋的两端均有相等的丝头长度,并检查滑块位置及预留滑移量。手动上紧两水平筋的螺母,同时应保证水平筋的中心与滑块锚孔的对中,以防止在张拉锚固时拧紧螺母困难。

2)预应力筋的张拉

体外预应力筋的张拉方法亦与其构造形式有关。一般情况下,由于张拉设备及操作人员的限制不可能所有的梁同时张拉,但对于同一根梁的两侧预应力钢筋应尽量做到同步张拉,以保证梁两侧的钢筋具有相等或相近的预应力状态。

体外索的张拉程序与预应力混凝土梁相同,即

初张力(10%)→超张拉(105%)→降回设计预拉力(100%)→锚固→回零卸顶

对有水平筋的情况,在张拉过程中还应注意调整跨中预应力筋固定座的位置,尽量不使固定座上的钢套管碰及预应力钢筋,以免影响实际张拉力。

6. 防腐处理

体外预应力加固体系中的主要金属部件,如斜筋、水平筋、钢丝束、钢丝绳、滑块、支撑座、垫板及固定座等均应进行防腐处理。防腐处理应尽量在张拉前完成,在条件不允许时亦可在张拉之后进行。

凡在工厂制作加工的金属加固杆件应先除锈并刷一层防锈漆,再涂一层红丹及两层防锈灰漆。每一道涂料工序均应等前一道工序的涂料完全干了之后再进行。而杆件的丝头部分应涂上黄油并套以塑料套管保护,以免运输及搬动过程中损坏螺纹。支座及支座垫板的粗糙度应达到设计要求。另外,上述金属杆件在运送和储存中应有专人负责保管,

避免受雨水浸湿。高强钢丝束或钢丝绳宜采用热塑 PE 塑料保护套防护及防腐。

在张拉工作全部完成后,应用水泥砂浆或环氧水泥砂浆填平锚固板和各种垫板的凹槽,并防止钢垫板锈蚀及锚固螺栓松动。当斜筋上端设在梁顶或梁端时,还应做好封锚混凝土,并恢复桥面铺装。

5.4　粘贴加固法

粘贴加固法是指采用环氧树脂或建筑结构胶,将增加材料粘贴在被加固的钢筋混凝土结构物的受拉区,使之与被加固结构物形成整体共同受力,以提高结构的刚变、限制裂缝的开展,提高结构的承载力。加固的最基本原理是相当于在梁中增加了钢筋面积来弥补混凝土抗压强度不足的缺点。因此,任何出现混凝土受力部位均可以采用增强材料横跨裂缝的方法来加固。如传统的跨中出受弯裂缝与支座受剪裂缝,均可以在梁体下翼缘或支座腹板粘贴增强材料的方法进行加固(图 5 – 65、图 5 – 66),而由于泊松比效应引起横向裂缝也可以采用类似方法进行加固,如一预应力简支梁,由于腹板设计过薄,预应力度过大,出现了沿预应力筋方法的裂缝,该裂缝是预应力作用下的横向拉应力过大导致的,也可采用横跨裂缝的粘贴法进行加固(图 5 – 67)。

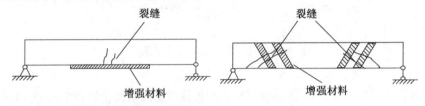

图 5 – 65　粘贴法加固示意方案 1

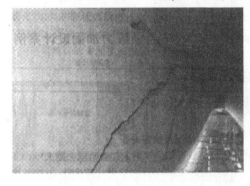

图 5 – 66　腹板斜裂缝与钢板加固

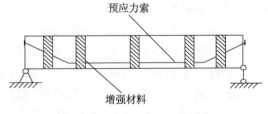

图 5 – 67　粘贴法加固示意方案 2

根据所用增强材料不同,粘贴加固法可以分为贴粘钢板加固法、粘贴玻璃纤维加固法与粘贴碳纤维加固法等。

5.4.1 加固材料

土木工程中使用的材料很多,有土、木、石、混凝土、钢与 FRP 等,这些材料使用年限与力学特性差异很大(图 5 – 68),其中钢与 FRP 中的玻璃纤维、碳纤维经常作为混凝土材料的增强材料。除钢板等增强材料外,粘贴钢板采用的结构胶、粘贴碳纤维布的底漆、腻子与浸渍树脂等也是桥梁加固中经常涉及的材料。对于增强材料,主要考虑其物理力学性能中的密度、强度与弹性模量等,而对粘贴材料,除其抗剪、粘贴强度外,还得考虑施工与使用适用性的温度与凝胶化时间等。

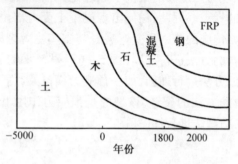

图 5 – 68　建筑中使用的材料发展历程

1. 钢板

加固使用的钢板一般为 Q235 钢或 16Mn 钢材,其物理力学性能如表 5 – 3 所列,钢板一般不能太厚,在梁底粘贴的钢板厚度为 2mm ~ 6mm,在侧面粘贴钢板厚度一般为 10mm ~ 15mm。这样降低钢板刚度,使钢板能够有足够弹性适应梁体表面情况,使粘贴更为密合。粘贴钢板的宽度也不宜过大,对于宽度较大加固面,可以纵向分块粘贴,减轻单块钢板质量,方便施工。

表 5 – 3　钢板基本物理力学性能

品名	密 度/(t/m³)	抗拉设计强度/MPa	抗压设计强度/MPa	弹性模量/MPa
Q235	7.8	195	195	2.1×10^5
16Mn	7.8	280	280	2.0×10^5

2. 碳纤维加劲材料(CFRP)

碳纤维具有较高的弹性模量和强度,一般高强度纤维的弹性碳纤维模量为 230GPa,拉伸强度约为 4000MPa;高弹性的碳纤维的弹性模量则可达 380GPa ~ 640GPa,而密度一般为钢材的 1/3,碳纤维较高的弹性模量可以保证在相同变形量提供较大拉力,因而可以有效阻止裂缝扩展,同时材质柔软(图 5 – 69),在提高相同承载力的情况下自重约为钢材的 1/5。桥梁加固使用的碳纤维一般有碳纤维束与碳纤维片两种形式,为施工方便一般采用碳纤维片材(布)。目前,碳纤维已经初步实现了国产化,国产碳纤维布与日本产的碳纤维布主要技术指标对比如表 5 – 4 与表 5 – 5 所列。从表中可以知道,尽管国产CRRP 布的抗拉强度、弹性模量均比日本产品低,但两者相差并不大。

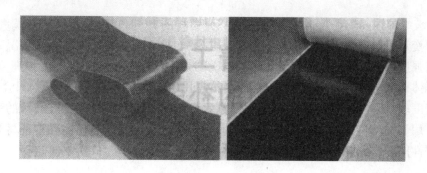

图 5-69　碳纤维布

表 5-4　国产 CFRP 布主要设计指标

型　号	密度/(g/cm^{-3})	设计厚度/mm	抗拉强度/MPa	弹性模量/MPa
CFC3. 5 - 220 - 010 - 050	1.9	0.10	3500	2.2×10^5
CFC3. 5 - 220 - 010 - 100	1.9	0.10	3500	2.2×10^5
CFC3. 5 - 220 - 012 - 050	1.9	0.12	3500	2.2×10^5
CFC3. 5 - 220 - 012 - 100	1.9	0.12	3500	2.2×10^5

表 5-5　日产 CFRP 布主要技术指标

型　号	单位面积质量/(g/cm^{-2})	设计厚度/mm	抗拉强度/MPa	弹性模量/MPa
FIS - C1 - 20	200	0.111	3550	2.35×10^5
FIS - C1 - 30	200	0.167	3550	2.35×10^5
FIS - C5 - 30	200	0.165	3000	4.00×10^5

3. 玻璃纤维加劲材料(GFRP)

玻璃纤维按玻璃原料成分类时,多以不同的含碱量区分如下:

(1)无碱玻璃纤维(通称 E 玻纤)。以钙铝硼硅酸盐组成的,其纤维强度高、耐热性和电性能优良、能抗大气侵蚀、化学稳定性也好(但不耐酸),特点是电性能好,因此也把它称为电气玻璃。国内规定其碱金属氧化物含量不大于 0.5%,国外一般为 1%左右。

(2)中碱玻璃纤维。碱金属氧化物含量在 11.5 ~ 12.5%。国外没有这种玻璃纤维。其主要特点是耐酸性好,但强度不如 E 玻璃纤维高。它主要用于耐腐蚀领域,价格较便宜。

(3)有碱玻璃(A 玻璃)纤维。此种纤维因含碱量高、强度低、对潮气侵蚀极为敏感,因而很少作加劲材料。

(4)特种玻璃(S 玻璃)纤维。如由纯镁铝硅三元组成的高强玻璃纤维、镁铝硅系高弹高强玻璃纤维等。其中桥梁加固常用的玻璃纤维为 E 玻纤,这是因 E 玻纤不仅较中碱纤维强度高,而且较有碱玻璃耐大气侵蚀。其基本力学性能如表 5-6 所列。

表 5-6　E 玻纤的物理力学性能

品　名	弹性模量/GPa	断裂延伸率/%	抗拉强度/MPa	密度/(g/cm^3)
无碱玻璃纤维	72	3.0	1000 ~ 2000	2.55

E 玻纤的强度较普通钢材高,而密度只是钢材的 1/4 ~ 1/3,但是其弹性模量低,在产生相同变形时对混凝土的约束力较小,往往需要在混凝土裂缝扩展较大的情况下才能够发挥其强度优势,因而,在加固过程中往往需加入钢纤维丝,增加补强材料提高弹性模量。

总体而言,钢材与 CFRP 由于高弹性模量因而在加固中经常使用,而 AFPR 与 GFRP 尽管密度较低,强度较高,但是由于弹性模量较低,只有在裂缝扩展相当充分的情况下才发挥作用,对于提高刚度效果不明显,因而,目前在加固中已较少使用。多种材料的力学与物理性能对比如图 5 - 70 所示,如表 5 - 7 所列。

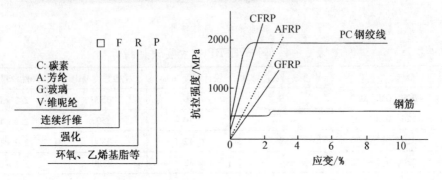

图 5 - 70　不同纤维的应力—应变关系

表 5 - 7　连续纤维物理力学性质及其与钢筋的比较

材料名称	密 度 /(g/cm³)	轴向抗拉强度 f_{fcm}/MPa	轴向弹性模量 EI/MPa	轴拉破坏应变 ε_{ftm}/%	热 膨 胀 $a_{f\tau}$(×10⁻⁶K⁻¹)
玻璃纤维(E)	2.57	2600	75000	3.5	8
阿拉米德(IM)	1.45	3000	110000	3	-2
Twaron(HM)	1.45	3000	125000	3	-2
碳素纤维(T_300)	1.8	3530	230000	1.5	0.5
Toray(T - 700)	1.8	4900	230000	2.1	0.5
普通钢筋	7.85	400	210000	10	11
高强钢筋	7.85	1800	200000	4	11

4. 结构胶

结构胶是保证增强材料与混凝土共同作用的关键,目前,桥梁加固中所使用的各种结构胶主要是环氧结构胶,即以环氧树脂作为主要成分,通过添加不同的固化剂,稀释剂与增韧剂等配制而成。目前,国内使用较多的有中国科学院大连化学物理研究所研制的 TGN 型建筑结构胶、冶金建筑研究总院研制的 YTS - 1 型建筑结构胶、武汉水利电力大学研制的 WST 建筑结构胶等。

目前,环氧系列的结构胶抗拉与抗剪性能均满足钢材加固混凝土材料的粘贴性能要求,即在结构破坏时通常情况下不会沿着结构胶界面发生脱离,而是沿着梁底靠近钢板的混凝土首先开裂破坏。因此,在粘贴施工质量得到保证的前提下,钢板与混凝土之间的可靠粘贴是毋须置疑的,界面黏结处于非常安全的状态。表 5 - 8 所列为 JGN 结构胶的黏结强度。

114

表 5-8　JCN 结构胶的黏结强度

被黏结基层材料种类	破坏特征	抗剪强度/MPa			轴心抗拉强度/MPa		
		试验值 (f_v^o)	标准值 (f_{vk})	设计值 (f_v)	试验值 (f_t^o)	标准值 (f_{tk})	设计值 (f_t)
钢—钢	胶层破坏	≥18	9	3.6	≥33	16.5	6.6
钢—混凝土	混凝土破坏	$\geq f_v^o$	f_{crk}	f_{cv}	$\geq f_{ct}^o$	f_{ctk}	f_{ct}
混凝土—混凝土	混凝土破坏	$\geq f_v^o$	f_{cvk}	f_{cv}	$\geq f_{ct}^o$	f_{ctk}	f_{ct}

5. 与碳纤维片材配套的黏结剂

　　与碳纤维片材增强混凝土结构配套的黏结剂主要有底漆、腻子与浸渍树脂 3 种,三者共同使用保证碳纤维布与混凝土形成一个有效整体共同作用。尽管三者共同工作,但是作用又有所区别:底漆通过毛细作用和化学键与混凝土表面紧密结合,为随后的黏结提供一个可以信赖的表面;浸渍树脂的作用是浸透到碳纤维中,使整个 CFRP 与混凝土结构形成一个有效的复合性整体;根据需要还可在底漆上涂覆一层腻子(环氧树脂灰浆),对整个结构表面进行平整。进口与国产 CFRP 基本树脂主要性能如表 5-9 与表 5-10 所列。

表 5-9　进口 CFRP 基体树脂主要性能试验技术指标(冬季)

项目	底漆		腻子		浸渍树脂	
	结果	指标	结果	指标	结果	指标
抗拉强度/MPa	—	—	—	—	45.8	30
抗压强度/MPa			44	34	77	70
抗剪强度/MPa			14	9.8	26.7	9.8
粘贴强度/MPa	2.8	1.9	2.9	1.9	—	—
弯曲强度/MPa					70.3	39
适用温度/℃	5~15		5~15		5~15	
凝胶化时间/min	38	20~120	32	20~120	29	20~120

表 5-10　国产 CFRP 基体树脂主要性能试验技术指标(春秋季)

项目	底漆		腻子		浸渍树脂	
	结果	指标	结果	指标	结果	指标
抗拉强度/MPa	—	—	—	—	—	—
抗压强度/MPa	—	—	107	34	—	—
抗剪强度/MPa	—	—	11.3	9.8	—	—
粘贴强度/MPa	2.21	1.9			—	—
弯曲强度/MPa					114	39
适用温度/℃	10~20		25~33		18~25	
凝胶化时间/min	60	20~120	60	20~120	40	20~120

5.4.2 设计计算

粘贴加固梁的设计计算是指根据梁体承载能力不足的性质与大小确定钢板与碳纤维的粘贴位置以及板材长度、宽度与厚度等几何尺寸。

1. 粘贴钢板法的设计计算原则

采用环氧树脂系列黏结剂将钢板粘贴在钢筋混凝土结构的受拉缘或薄弱部位,使之与原结构形成整体共同受力,以提高其刚度,改善原结构的钢筋及混凝土的应力状态,限制裂缝的进一步发展,从而达到加固补强、提高桥梁承载力的目的。其具有以下明显优点。

(1) 不需要破坏原有结构。

(2) 不增加原结构尺寸,能够保证原结构的空间要求。

(3) 加固施工时间短,不影响结构的使用。

(4) 技术简单,容易保证质量。

(5) 与其他加固方法相比,经济易行。

(6) 对需要保证原貌的桥梁结构更为合适。

当确定采用粘贴钢板进行桥梁结构加固后,首先应根据病害与缺陷的所在部位,确定钢板的规格和粘贴部位和形式。一般将钢板粘贴在补加固的桥梁结构受力部位的外边缘,以便充分发挥粘贴的钢板强度与作用,同时封闭粘贴部位的裂缝和缺陷,约束混凝土变形,从而有效地提高补加固构件的刚度和抗裂性。设计时,可根据需要与可能有不同部分粘贴钢板,有效地发挥粘钢构件的抗弯、抗剪、抗压性能。设计原则主要有以下几点。

(1) 为了提高桥梁结构的抗弯能力,一般在构件的受拉缘表面粘贴钢板(图 5 - 71),使钢板与原结构形成整体来受力,此时,以钢板与混凝土粘贴处的混凝土局部抗剪切强度控制设计。合理与安全的设计应控制在钢板发生屈服变形前,黏结处混凝土不出现剪切破坏。

(2) 当桥梁结构的主拉应力区斜筋不足,为了加固和增加结构的抗剪切强度时,可将钢板粘贴在结构的侧面,并垂直于剪切裂缝的方向斜向粘贴(斜度一般为 45° ~ 60°)(图 5 -72),以承受主拉应力。

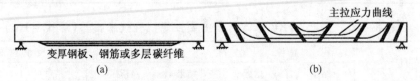

图 5 -71　抗弯与抗剪加固

(3) 补强设计时,钢板可作钢筋的断面来考虑,将钢板换算成钢筋,原有构件承受恒载与活载,增加的钢板承受原有构件承受不了的那部分活载。

(4) 在构造设计时,加固用的钢板可按实际需要采用不同的形状,但钢板的厚度必须比计算出的厚度大些。用于抗弯能力补强的钢板尺寸应尽可能薄而宽,厚度一般为4mm ~ 6mm,因较薄的钢板能有足够的弹性来适应构件表面形状。而用于抗剪能力提高的钢板厚度宜厚些,可依设计而定,一般采用 10mm ~ 15mm。

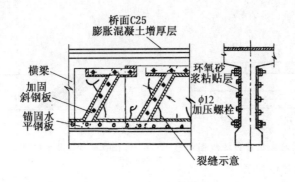

图 5-72 抗剪加固

（5）设计钢板长度时,应将钢板两端延伸到低应力区,以减少钢板锚固端的黏结应力集中,防止黏结部位构件出现裂缝或粘贴钢板被拉脱现象的发生。

（6）粘贴钢板加固桥梁,如何确保钢板和被加固构件形成整体受力是加固成功与否的关键。所以,在加固设计时,除应考虑钢板具有足够的锚固长度、黏结剂具有足够的黏结强度和耐久性外,为避免钢板在自由端脱拉开,端部可用夹紧螺栓固定,或设置 U 形箍板、水平锚固板等,并在钢板上按一定的距离用螺栓固定,确保钢板与混凝土之间的黏结力满足抗拉或抗剪强度的需要。

除以上设计原则外,对于粘贴钢板加固设计中抗弯性能和抗剪性能应作如下考虑。

（1）抗弯性能。由于粘贴钢板后结构的粘钢部分和没有粘钢部分存在刚度差别,如图 5-73 所示,使粘钢结构的刚度变化处有较大的应力和应变突变,结构常易在接头部分开裂而导致破坏,使钢板不能达到其应变的抗弯强度。因此,应考虑粘贴钢板时钢板的厚度不宜过厚,避免结构在刚度不同的断面处出现裂纹。另外,粘贴钢板的起点应尽可能地靠近支座,以减小其主拉应力,从而减少突变破坏的概率。从受力观点看,加固的钢板满布梁底伸至支座以外更好。当结构的抗弯强度需要较厚的钢板时,可采用变厚度钢板,如图 5-74 所示。如条件限制难以实现,则可考虑其他加固方式,如粘贴碳纤维布方式。

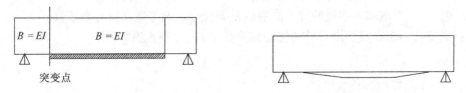

图 5-73 粘钢后结构刚度的变形示意图   图 5-74 抗弯能力补强的变厚度钢板加固示意图

（2）抗剪性能。结构粘贴钢板进行加固后,结构的抗剪能力也有一定的提高,试验证明,对于不同配筋和采用不同的钢板规格加固的结构,其抗剪强度都有所提高,提高的幅度为 2% ~20%。但设计中,为了安全起见,不考虑此部分抗剪强度的提高。另外,由于结构的主拉应力迹线,以简支梁为例(图 5-75),抗剪加固设计时应该使粘贴的钢板和结构的主拉应力迹线一致,如图 5-76 所示,粘贴在梁的侧面。这样,可以减少结构开裂,使结构中混凝土的抗剪能力得到较为充分的利用。当然,从力学观点上看,抗剪钢板在粘贴时从底面到两侧面布置成 U 形最好,可减缓裂缝绕过钢板发展,但这也可能会增加施工难度。

117

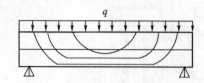

图 5 - 75　简支梁的主拉应力迹线图示意　　　图 5 - 76　用于抗剪强度补强的钢板粘贴

2. 钢板面积与长度计算

按照现行国家标准《混凝土结构设计规范》规定进行,采用钢板加固的钢筋混凝土正截面的受压区高度和截面受弯承载力可按下式确定,即

$$f_{yo}A_{so} + 0.9f_{ay}A_a - f'_{yo}A'_{so} = f_{cmo}b_oX \tag{5 - 15}$$

$$M = f_{cmo} \cdot b_oX\left(h_o - \frac{X}{2}\right) + f_{yo}A'_{so}(h_o - a'_{so}) \tag{5 - 16}$$

式中　f_{yo}——原构件纵向钢筋抗拉强度设计值;

　　　A_{so}——原构件纵向受拉钢筋截面面积;

　　　f_{ay}——加固钢板抗拉强度设计值;

　　　A_a——加固钢板截面面积;

　　　f'_{yo}——原构件纵向受压钢筋抗压强度设计值;

　　　A'_{so}——原构件纵向受压钢筋截面面积;

　　　f_{cmo}——原构件混凝土弯曲抗压强度设计值;

　　　X——混凝土受压区高度;

　　　b_o——原构件的宽度;

　　　h_o——原构件的有效高度;

　　　a'_{so}——原构件的受压区保护层厚度;

　　　0.9——考虑加固钢板的应力滞后以及撕脱力影响等强度折减系数。

(1)受拉钢板在其加固点外的锚固黏结长度 L_1,按下式确定(图 5 - 77),即

$$L_1 \geq 2f_{ay}t_a/f_{cv} \tag{5 - 17}$$

式中　t_a——受拉加固钢板厚度;

　　　f_{cv}——被粘混凝土抗剪强度设计值。

公式中的数值 2 为锚固区剪应力分布不均匀系数,近似按三角形考虑。

图 5 - 77　正截面受拉区粘钢加固示意图

(2)若钢板黏结长度无法满足以上要求,可在钢板的端部锚固区黏结 U 形箍板,此时,锚固区的长度应满足下列规定。

当 $f_vb_1 \leq 2f_{cv}L_u$ 时,有

$$f_{ay}A_a \leq 0.5f_{cv}b_1L_1 + 0.7nf_vb_bb_1 \qquad (5-18)$$

当 $f_vb_1 > 2f_{cv}L_u$ 时,有

$$f_{ay}A_a \leq (0.5b_1L_1 + nb_uL_u)f_{cv} \qquad (5-19)$$

式中 n——每端箍板数量;

       b_u——箍板宽度;

       L_u——箍板单肢的梁侧混凝土的黏结长度;

       f_v——钢与钢黏结抗剪强度设计值。

5.4.3 施工工艺

1. 粘贴钢板的施工工艺

粘贴钢板进行混凝土结构加固的施工工艺关键环节是在于保证黏结面的黏结质量,为此,施工时应特别注意以下两点。

(1)钢板和待加固混凝土表面的清洗处理是保证黏结质量的前提。

工程实践表明,钢板表面存在铁锈、油污,混凝土表面存在浮尘和松散层等都会严重影响黏结质量。为了确保黏结质量,必须对钢板和混凝土黏结面进行认真处理。

首先应将混凝土表面的破碎部分清除,然后进行凿毛,使骨料外露,用铁刷或压缩空气清除浮尘。对破损部分可用环氧砂浆补平。粘贴钢板前还应用丙酮擦洗一遍,彻底清除浮尘和油污。

钢板表面的油污和铁锈必须清除干净。首先用汽油(或丙酮)清洗,去除油污,然后用喷砂法或砂轮打磨除锈,使钢板表面露出光泽,再用丙酮擦洗干净,最后在钢板表面涂一层环氧树脂薄浆将其保护起来。粘贴前再用丙酮清洗,彻底清除油污和浮尘。

(2)对黏结层加压是保证黏结质量的关键。钢板黏结到混凝土表面后,必须对钢板加压,使钢板与混凝土表面紧密粘贴。加压的方法很多,用得最多的是利用螺栓加压,即在混凝土粘贴面上每隔一定距离埋设一个 $\phi8 \sim \phi12$ 的膨胀螺栓,在钢板上设有相应的孔,钢板粘贴到混凝土表面后立即旋紧螺帽进行加压。

粘贴时,分别在混凝土表面和钢板上涂一层环氧树脂胶,一般厚度为 2mm 左右。随即将钢板粘贴在混凝土表面,旋紧螺帽进行加压,使多余的胶液沿板边挤出,达到紧密粘贴。胶液固化后再卸除螺帽,截去外露的螺栓杆,并留下 2mm ~ 3mm,进行冷铆。

粘贴钢板加固法的工艺流程如下。

(1)钢板的前期处理。先将钢板表面用角磨机打出金属光泽,使刻痕的纹路平行于裂缝方向,然后用电钻在钢板上的设计位置钻孔。

(2)混凝土表面的前期处理。用角磨机打磨混凝土表面,使之露出新鲜的混凝土;然后用环氧树脂纯浆液涂抹在混凝土表面凹处,待纯浆液半干时,再用环氧胶泥或环氧砂浆填补修平。

(3)在混凝土表面按照设计图要求用电锤打孔,装上钢板定位膨胀螺栓。

(4)待凹处胶泥固化后,将钢板抬起放在相应的定位膨胀螺栓上,用记号笔在其余钢筋板孔位对应的混凝土表面上做记号。

(5)将钢板卸下,用电锤在相应混凝土表面记号处钻孔,若碰到钢筋,则需根据现场

的实际情况变动一下钢板的位置(在加固设计中必须考虑孔位避开钢筋的问题),重新定位钻孔,再重复上述操作,然后安装膨胀螺栓;若钻孔没碰到钢筋,就将所有混凝土表面上的孔位钻完,再装上膨胀螺栓。

(6)除去混凝土表面和钢板粘贴面的灰尘,用丙酮溶液将钢板粘面贴面和混凝土表面清洗干净。

(7)配制环氧树脂纯浆液,将少许浆液刷涂在需贴钢板的混凝土表面和磨光的钢板表面。

(8)用纯浆液配置胶泥,将胶泥均匀地涂抹在钢板的粘贴面上,使中间厚两边薄;然后将钢板抬起放在膨胀螺栓上,拧紧膨胀螺栓,施拧的顺序是由中间向周边逐步拧紧;也可用锤子边敲击边施拧。

(9)质量检查。待胶泥完全固化后(一般为1天~2天),用小铁锤或短钢筋敲击钢板表面,根据敲击声辨别空洞部位,要求空响部位不得超过本块钢板面积的10%,否则需要将空洞处钻孔补浆。

(10)防腐处理。为了防止钢板腐蚀,延缓黏结剂的老化,粘贴的钢板表面应做密封防水防腐处理。目前,较普遍采用防腐处理的方法是:清除钢板表面油污和铁锈后,先涂一层环氧树脂薄浆层,然后在涂两层防锈漆。这种方法施工简单,成本较低,但需经常维修保护,每隔1年~2年应检验一次,发现脱漆部位,应及时进行修补。

近年来,钢材的防腐技术取得了长足的进步。下面介绍的粘贴钢板法加固某拱桥钢桥防腐处理方案,防腐耐久年限可达20年~30年。该防腐处理方案要点是:喷砂除锈要求为SA2.5级,钢板表面粗糙度要求为40μm~80μm。然后涂五层防腐材料:第一层为硅酸锌底漆70μm;第二层为环氧聚酰胺底漆25μm;第三层为环氧云母氧化铁75μm;第四层为聚氨甲酸甲酯面漆40μm;第五层为重涂聚氨甲酸甲酯面漆40μm。

此外,近年来高性能抗拉复合砂浆(HTCM)的研究成功与应用,为粘贴钢板加固法的钢板防腐开辟了一条新路。对粘贴后的钢板条,喷注高性能抗拉复合砂浆,可保护钢板免于锈蚀,大大提高结构的耐久性,有着广阔的发展前途。

黏结剂施工必须遵守以下安全规定:配制黏结剂用的原料应密封储存,远离火源,避免阳光直接照射;配制和使用场所,必须保护通风良好;操作人员应穿工作服,戴防护口罩和手套;工作场所应配备各种必要的灭火器以备救护。

钢板粘贴完,为保证施工质量的可靠性,需要进行以下质量检查与验收。

(1)撤除临时固定设备后,应用小锤轻轻敲击黏结钢板,从声响判断黏结效果或用超声波法探测黏结密实度。如锚固区黏结面积少于90%,非锚固区黏结面积小于70%,则此黏结件无效,应剥下重新黏结。

(2)对于重大工程,为真实检验其加固效果,尚需抽样进行荷载试验,一般仅作标准使用荷载试验,即将卸去的荷载重新全部加上,其结构的变形和裂缝开展应满足设计使用要求。

2. 粘贴碳纤维片材料加固的施工工艺

与传统的粘贴钢板法相比,粘贴碳纤维布加固混凝土结构具有明显的优点。

(1)高强高效。由于碳纤维具有优异的物理力学性能,可充分利用其高强度、高模量的特点来提高混凝土结构构件的承载力,改善其受力性能,达到高效修补加固的目的,这对于抗震修补加固补强尤其重要。

（2）施工便捷，功效高，施工时间短，施工人员少，不需大型施工机具和现场固定设备，施工占用场地少。

（3）具有极佳的腐蚀性和耐久性，可抗拒各种酸、碱、盐的腐蚀，并且碳纤维本身也可对混凝土结构起到保护作用，达到双重修补加固的目的。

（4）适用面广。可适用于各种桥梁结构类型和结构形状（矩形、圆形、曲面结构等）、各种桥梁构件（梁、板、柱、节点、拱、壳、墩等）的修补加固，且不改变形状，不影响结构外观。

（5）施工质量易保证。由于碳纤维预浸料（碳纤维单向布）是柔性的，即使被加固的结构表面不是非常平整，也基本可以保证近 100% 的有效粘贴率；另外，即便是发现粘贴固化后表面局部有气泡，也很容易修补。

（6）碳纤维预浸料质量轻且薄，粘贴后质量不到 $1.0kg/m^2$（包括树脂的质量），单层粘贴后厚度仅为 1.0mm 左右，因此，修补加固后，基本不增加原结构的质量和尺寸。

3. 工艺流程

经过认真研究和施工工艺上的不断探索，采用粘贴碳纤维布方法加固桥梁结构的的具体施工工艺如下。

（1）在粘贴碳纤维布之前，必须对结构的裂缝及缺陷进行封闭或压力灌浆处理。

（2）对于需要粘贴碳纤维的混凝土桥梁结构表面用角磨机打磨至新鲜混凝土层面，用高压空气将浮灰处理干净。

（3）结构表面涂刷底层树脂（表面处理树脂），要注意均匀涂刷。

（4）当底层固化后，用腻子（修平树脂）对结构表面进行修平处理（包括混凝土表面的麻面、凹凸不平等的处理）。

（5）当腻子固化后，根据碳纤维布的宽度在结构表面放线，确定每一条碳纤维布的位置，根据碳纤维布的位置量出其长度，按实际长度裁剪碳纤维布，并编号按顺序放置。

（6）沿着放线位置涂刷浸渍树脂，涂刷完一条后，立即粘贴对应编号的碳纤维布，用专用滚筒反复碾压碳纤维布表面，将碳纤维布的混凝土之间的气泡赶走，直到碳纤维丝之间浸渍树脂渗出为止，方可进行下一条碳纤维布的施工工作。

（7）在已粘贴好的碳纤维布表面再涂刷一层浸树脂。

（8）碳纤维布施工完毕后，外表层已经具备优异的抗腐蚀性、抗紫外线性能，试验证明，在自然条件下 50 年不会发生劣化。但为美观，当浸渍树脂固化后需进行表面喷涂处理。

4. 注意事项

为了有效地提高需修补加固桥梁结构的承载力，在采用粘贴碳纤维布时应注意以下几点。

首先是碳纤维的粘贴方式。粘贴碳纤维是对结构进行补强加固的方法，所以针对结构受力特性及不足之处，粘贴碳纤维布的方向是不同的。为了提高抗弯能力，碳纤维单向布方向应是顺桥向（顺主筋之间）；为提高抗剪强度，碳纤维粘贴方式应是环箍向（U 形）或是在腹板 45°方向上；对于墩柱等基础结构，采用环箍方式，使之成为三向受力构件，方可大大提高承压强度。同时还要根据原结构的配筋情况或受力部位，根据加固设计情况调整碳纤维的方向和层数(如可根据弯矩影响线、从跨中间两端逐级递减碳纤维布的层数),使结构受力更均匀,同时也更经济。

其次,在进行工艺流程中第(4)步工序时,修平工作的质量直接影响加固的整体效果,如果粘贴表面凹凸不平,就会造成碳纤维布受力不均,严重时甚至造成应力集中,而碳纤维布本身剪切强度较低,破坏就会很严重,因而,上述第(4)步工序质量应予以高度重视。

再次,在粘贴碳纤维时,搭接长度和位置也是非常重要的,对于受力方向(纵向),搭接长度应大于10cm,非受力方向(横向)理论上可以不搭接,但实际施工中为了控制的需要一般要示搭接2cm~5cm。同时在纵向的搭接位置也要严格控制,不允许在同一断面上搭接。

最后,在工艺流程中第(6)步工序完成后,在第(7)步工序开始之前,要对碳纤维布的粘贴效果进行仔细检查,对于有气泡的部位要补环氧树脂胶,通常是开小孔用注射器注射。

5.5 下部结构加固方法

桥梁墩台基础在使用过程中,由于过桥车辆荷载的加重以及自然作用的影响,会使基础产生沉陷,墩台出现倾斜和较大的裂缝。为此,应根据墩台基础的损坏程度进行维修加固,以确保行车安全,延长桥梁使用寿命。同时可避免拆除重建,从而减少投资,充分发挥现有桥梁的经济效益和社会效益。

桥梁墩台基础加固的常用方法有钢筋混凝土墩台结构套箍或护套加固法、桥台滑移倾斜处理、人工地基加固法、扩大基础加固法、增补桩基法、高压喷射注浆法、灌浆法等。本节最后,还对实际加固工程中常遇到的拱桥墩台基础加固和桥梁墩台基础改造加以介绍。

5.5.1 钢筋混凝土墩台结构套箍或护套加固法

如果桥梁墩台出现贯通裂缝,为防止裂缝的继续发展,使之能正常使用,可用钢筋混凝土围带或钢筋进行加固,如图5-78所示。

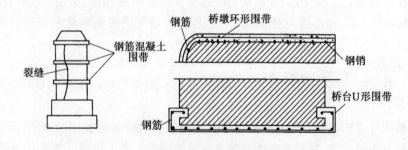

图5-78 桥墩的套箍加固法

加固时,一般在墩身上、中、下分段三道围带,其间距应大致相当于桥墩侧面的宽度。每个围带的宽度,则根据裂缝情况和大小而定,常为墩台高度的1/10左右,厚度采用

122

10cm~20cm。为加强围带与墩台的连接,应在墩内埋置直径 10cm~25cm 的钢销,埋入深度为钢销直径的 20 倍左右。把围带的钢筋网扣在钢销上,埋钢销的孔眼要比销径大 15cm~25cm,先填满销孔再浇筑混凝土,同时填塞裂缝。

当墩台损坏严重,有严重裂缝及大面积表面破损、风化和剥落时,则可采用围绕整个墩台设置钢筋混凝土护套的方法进行加固,如图5-79所示。

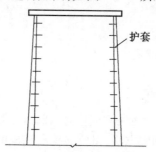

图 5-79　整体套箍加固法

5.5.2　桥台滑移倾斜的处理

当桥台出现滑移倾斜时,可采用以下 3 种方法进行加固:支撑法、新建辅助挡土墙法、减轻荷载法。

1. 支撑法加固

当墩台因尺寸不足,难以承受台石的土压力而往桥孔方向产生倾斜或滑移的埋置式桥台,可采用修筑壁法进行加固,如图5-80所示。

对于单孔跨经桥台,为防止桥台滑移,可在两台之间加建水平支撑,如整跨浆砌片石撑板,或用钢筋混凝土支撑梁进行加固,如图5-81所示。

图 5-80　筑壁加固法

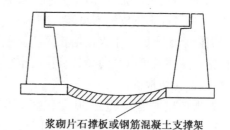

图 5-81　内支撑加固法

2. 新建辅助挡土墙加固

对于因桥台台背水平土压力太大而引起的桥台倾斜,应设法减少桥台后壁的土压力,可在台背建一挡土墙,以增强挡土能力,如图5-82所示。

3. 减轻荷载法

筑于软土地基上的桥台,常由于填土较高,而受到较大侧向土压力作用,从而使桥台产生前移,以致发生倾斜。此时,一般可更换台背填土,减小土压力,即采用减轻桥台基础所受荷载的方法进行加固,如图5-83所示。

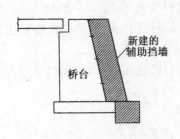

图5-82 新建挡土墙加固法

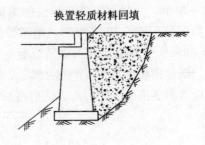

换置轻质材料回填

图5-83 卸载加固法

5.5.3 人工地基加固法

当基础下面的地基土松软,不能承受很大荷载,或上层土虽好,但深层土质不良引起基础沉陷时,可采用人工地基加固方法,以改善提高基础的承载能力。

人工地基加固方法很多,一般常用的有砂桩法、树根桩法、高压喷射注浆法和灌浆法等。

1. 砂桩法

当软弱地基层较厚时,可用砂桩法改善地基的承载能力。加固施工时,将钢管或木桩打入基础周围的软弱土层中,然后将桩拔出,灌入经过干燥的粗砂,进行捣实,做成砂桩,达到提高土的密实度的目的。

在含水饱和的砂土或粉土中,由于容易坍孔,灌砂困难,亦可采用砂袋套管法与振冲法加固地基。

2. 树根桩法

树根桩是一种小直径钻孔灌注桩,其直径通常为 10mm ~ 250mm,有时也采用300mm。先利用钻机钻孔,满足设计要求后,放入钢筋或钢筋笼,同时放入注浆管,用压力注入水泥浆或水泥砂浆而成桩,亦可放入钢筋笼后再灌入碎石,然后注入水泥浆或水泥砂浆而成桩。小直径钻孔灌注桩也称微型桩。小直径钻孔灌注桩可以竖向、斜向设置,也可网状布置如树根状,故称为树根桩。

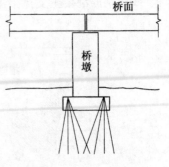

桥面

桥墩

图5-84 树根桩加固法

树根桩技术是20世纪30年代初由意大利的 Fondedile 公司的 F. Lizzi 首创,随后在各国得到应用。树根桩在桥梁加固工程中应用示意如图5-84所示。

3. 高压喷射注浆法

高压喷射注浆法是将带有特殊喷嘴的注浆管置于土层预定深度,以高压喷射流使固化浆液与土体混合、凝固硬化加固地基的方法,其设计和施工将在下文中具体介绍。

4. 灌浆法

灌浆法是在墩台中心直向或斜向钻孔或打入管桩,通过孔眼及关孔,用一定压力把各种浆液(加固剂)注入土层中,通过浆液凝固,把原有松散的土固结为有一定强度和防渗透性能的整体或把岩石裂缝堵塞起来,从而加固地基、提高地基承载力的一种加固法。其设计和施工将在下文中详细介绍。

灌浆法加固桥梁墩台基础,所采用的方法和灌浆材料一般都因地质情况的不同而异。灌浆法和高压喷射注浆法所适用的地质情况及所采用的材料如表5-11所列。

表5-11 灌浆法和高压喷射注浆法所适用的地质情况及所采用的材料

分类	浆材名称	卵石碎石	粗粒组							细粒组	
			砾石			砂粒				粉粒	粘粒
			粗	中	细	粗	中	细	极细		
静压注浆	纯水泥浆	✓	✓	✓	✓	✓					
	黏土水泥浆	✓	✓	✓	✓	✓					
	水玻璃水泥浆	✓	✓	✓	✓	✓					
	水玻璃水泥浆+氯化钙	✓	✓	✓	✓	✓	✓	✓			
	水玻璃类	✓	✓	✓	✓	✓	✓				
	铬木素类	✓	✓	✓	✓	✓	✓	✓	✓	✓	
分类	浆材名称	卵石碎石	砾石			砂粒				粉粒	粘粒
			粗	中	细	粗	中	细	极细		
静压浆	丙烯胺类	✓	✓	✓	✓	✓	✓	✓	✓		
	脲醛树脂类	✓	✓	✓	✓	✓	✓	✓	✓		
	聚氨酯类	✓	✓	✓	✓	✓	✓	✓			
高压喷射	旋喷 纯水泥浆	✓	✓	✓	✓	✓	✓	✓	✓	✓	✓
	定喷 纯水泥浆	✓	✓	✓	✓	✓	✓	✓	✓	✓	

5.5.4 扩大基础加固法

扩大桥梁基础底面积的方法,称为扩大基础加固法。此法适用于基础承载力不足或埋置太浅,而墩台又是圬工或混凝土刚性实体式基础时的情况。扩大基础底面积应由地基强度验算确定。当地基强度满足要求而缺陷仅仅表现为不均匀沉降变形过大时,采用扩大基础底面积的加固,主要由地基变形计算来加以选定。

在刚性实体式基础周围加石砌圬工或混凝土,以扩大基础的承载面积,如图5-85所示。

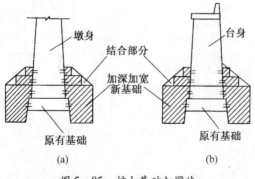

(a)   (b)

图5-85 扩大基础加固法

扩大基础加固法可按下列顺序进行。

（1）在必须加宽的范围内打板桩围堰，墩台基底地基土不好时，应做必要的加固。

（2）挖去堰内土体，挖至必要的深度（注意墩台的安全）。

（3）在堰内抽水干后，铺砌石块（浆砌）或做混凝土基础。

（4）新旧基础要注意牢固结合，施工时，可加设联系（锚固）钢筋或插以钢销，使加固扩大的基础和旧基础牢固地结合成整体。

5.5.5 增补桩基法

在桩式基础的周围补加钻孔桩或打入钢筋混凝土预制桩并扩大原承台，以此提高基础承载力，增加基础稳定性。这种加固法称为增补桩基加固法。

增补桩基法加固墩台基础的优点是不需要抽水筑坝等水下施工作业，且加固效果显著。其缺点是需搭设打桩架和开凿桥面，对桥头原有架空线路及陆上、水上交通均有影响。

对单排架桩式桥墩采用打桩（或钻孔灌注桩）加固时，如原有桩距较大（在 4 倍~5 倍桩径时），可在桩间插桩。如原有桩距较小且通航净跨允许缩小时，可在原排架两侧增加桩数，成为三排式的墩桩。

如在桩间加桩，可凿除原有盖梁并浇筑新盖梁，将新旧桩顶连接起来。但此时必须检查原有盖梁在加桩顶部能否承受与原来方向相反的弯矩，如不能承受，则必须加固原有盖梁或重新浇筑盖梁。加固原有盖梁时，可在盖梁顶部增设钢筋。

当桥台垂直承载力不足时，一般可在台前增加一排桩并浇筑盖梁，以分担上部结构传来的压力。打桩（或钻孔桩）时，可利用原有桥面作脚手架，在桥台上开洞插桩。增浇的盖梁可单独受力，也可连接在一起，使旧盖梁、旧桩及新桩一起受力。

例如，某桥因疏浚河道导致桥台桩基太浅，危及行车安全。因此，采取在台前加 3 根钻孔桩（桩径 600mm）的加固措施。在新加桩上重新浇筑新盖梁，使新加盖梁与旧桥台盖梁同时受力，从而提高了该桥的承载能力和稳定性。该桥施工时，维持半边交通（因桥宽14m），在桥面上开凿 3 个洞，直径 1m，桥面上设钻孔桩施工脚手，施工完毕后将桥面修复，省工省料。新台盖梁施工时比原台盖梁略低一些，这样不必将桥梁上部结构顶升抬起。施工完毕时新台盖梁并未受力，当旧桥台有沉陷时，新桩旧桩就可共同受力。该桥采用此法加固后，运营正常并没有出现任何病变，说明加固效果很好。该桥桥台加钻孔桩加固施工如图 5-86 所示。

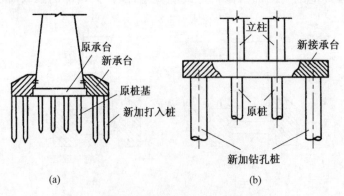

(a)　　　　　　　　　　(b)

图 5-86　增加钻孔桩加固法

5.5.6 高压喷射注浆法

高压喷射注浆法 20 世纪 60 年代创始于日本，是利用钻机把带有喷嘴的注浆管伸至土层的预定位置后，以高压设备使浆液以 20MPa 左右的高压浆液流从喷嘴中射出来，冲击破坏土体，同时钻杆以一定速度渐渐向上旋转提升，将浆液与土粒强制搅拌混合，浆液凝固后，在土中与被搅拌土形成一个固结体。

第6章

桥梁应急抢修

6.1 桥梁应急抢修概述

桥梁遭受自然灾害或战争破坏的现场情况复杂、纷乱,必须通过实地勘查准确弄清桥梁破坏的部位、程度、对通行的影响等,然后据此确定正确的抢修方案。抢修方案根据桥梁类型、被破坏状况、当时当地的自然条件、抢修时限、可投入的抢修力量和器材等情况确定。

6.1.1 桥梁破坏程度的划分标准

桥梁破坏程度是指桥梁破坏对桥梁承载能力影响的程度。一般情况下,可以按照承载力下降大小将桥梁破坏划分为轻度、中度与重度3个等级,并且该划分往往作为采取何种方法进行抢修决策的主要依据。该分类方法目前存在如下问题。

(1)等级划分很难有定量标准,即承载力下降多少为轻度破坏、多少又分别为中度与重度破坏目前还没有明确的定量标准。

(2)承载力下降程度与抢修难易程度之间并不存在一一对应关系。

因此,桥梁在遭受自然灾害或战争破坏时,破坏程度的划分可以根据桥梁的具体情况,结合桥梁受损后承载力下降情况、桥梁抢修的困难程度以及桥梁形式、现场环境、抢修人力与物力储备现状等相关因素,以破坏对桥梁承载力影响程度以及进行抢修困难程度的定性分析共同作为拟定破坏程度等级的标准。破坏等级划分标准如表6-1所列。

表6-1 破坏程度划分标准

等级	标准
轻度破坏	附属构件毁坏,但基本不影响桥梁承载力的破坏; 承载构件受到轻度毁坏,但是通过限速、限距等措施可以在不需抢修情况下通行的破坏; 承载构件受到毁坏,但是可以通过限速与限距等措施进行并道、边抢修边通行的破坏
中度破坏	承载构件毁坏,必须经过抢修后才能够通行现有车辆,且抢修时间满足应急通行的最低要求
重度破坏	承载构件严重毁坏,无法通行现有车辆或无法抢修;或即使可以抢修,但是抢修器材不足;或抢修时间超过应急通行的最低要求

6.1.2 桥梁应急抢修方法分类

1. 根据桥梁遭受破坏的程度分类

(1)桥梁轻度破坏的抢修。

128

（2）桥梁中度破坏的抢修。

（3）桥梁重度破坏的抢修。

2. 根据桥梁应急抢修的部位分类

（1）应急处理。即对破坏程度可能扩大或正在扩大的构件和部位，采取临时支撑等措施，制止破坏程度的扩入，为进一步修复打下基础。

（2）局部应急修补。对桥梁局部破坏的修复，包括对局部孔洞覆盖、框架支撑、混凝土填补、快干水泥和环氧树脂混凝土修补等。对钢桥非燃烧造成的杆件局部变形，采取矫正、更换等措施。

（3）桥跨结构的整体应急抢修。将可利用的原桥跨结构吊装复位，采用便于快速设置的主梁替代原结构等。

（4）墩、台的整体应急抢修。墩（台）体残存部分上设置框架或木杆层，恢复桥墩的原来高程；采用浮游桥脚代替原桥墩等。

6.1.3　桥梁应急抢修的原则

（1）尽量利用原有桥梁的残存结构，以减少工程量和现场清除作业量。

（2）按应急状态时"抢修、抢建技术标准"进行设计和施工，先求修通而后逐步完善。

（3）应急抢修以制式（战备）器材和预制构件为主，以临时设计、加工器材为辅。

（4）以专业抢修队伍进行抢修为主，以临时召集人员为辅。

（5）应急抢修工作应该有预案、有预备器材和作业机具。

（6）抢修工作在确保结构安全、施工安全的前提下，力求工艺简便、修复速度快。

（7）工程抢修应该积极采用新材料、新工艺进行。

（8）抢修工作中的其他保障（如后勤保障、通信保障等）应积极跟进。

6.1.4　桥梁破坏程度的现场勘查

桥梁在遭受自然灾害或战争破坏后，首先所需要做的工作就是进行桥梁破坏情况的现场勘查，收集桥梁破坏位置、性质与程度等信息，建立应急状态下桥梁破坏的现场勘查流程是实现桥梁快速应急抢修的一个重要内容。

1. 桥梁破坏的现场勘查

桥梁破坏的现场勘查主要目的：在桥梁遭受自然灾害或战争破坏后，调查桥梁破坏的位置、性质与程度，形成现场勘查报告上报给决策部门。

目前，桥梁破坏现场勘查可能采用的手段有目测、皮尺测量、拍照与借助裂缝显微镜等仪器的裂缝宽度测量等。完成现场勘查后一般应该形成桥梁破坏的勘查报告，该报告应该明确桥梁破坏的具体几何位置、破坏的性质（混凝土破裂、凹坑或贯通，钢构件变形、裂缝或断裂，钢筋扭曲或断裂等）以及每种破坏的具体程度（如混凝土裂缝的宽度、长度与深度，混凝土凹坑的宽度与深度，贯通洞口的面积等），而且需要附上破坏部位的图片或录像。

2. 现场勘查人员编组

对于应急状态下桥梁的现场勘查，勘查人员通常由有经验的工程技术人员组成，负责工程侦察的具体实施。

实施现场勘查需要负责人1名或2名,一般由熟悉桥梁的技术管理人员担任。现场勘查实施所需人员视现场破坏情况而定,一般由1名或2名技术人员与3名或4名普通工人组成,配备桥梁检测车辆,携带登高云梯、皮尺、裂缝显微镜、望远镜与数码相机等测量与拍照设备。

桥梁破坏的现场勘查一般可以按以下流程进行工作(图6-1)。

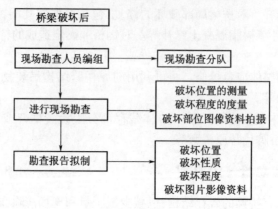

图6-1 桥梁破坏现场勘查工作流程

6.2 桥梁应急抢修器材

6.2.1 制式抢修器材

1. 321 装配式公路钢桥

321装配式公路钢桥(以下简称装配式公路钢桥)是由单销连接桁架单元作为桥跨结构主梁的下承式桥梁。其结构简单、适应性强、互换性好、拆装方便、架设速度较快、载质量大;主要用于架设单跨桥,保障荷载通过江河、沟谷等障碍,并可用于抢修被破坏的桥梁。车行道宽度3.7m。

装配式公路钢桥由桁架式主梁、桥面系、连接系、构础4部分组成,并配有专用的架设工具。主梁由每节3m长的桁架用销子连接而成,位于车行道的两侧,主梁间用横梁、抗风拉杆、斜撑相连,每格桁架设置2根横梁;横梁上设置纵梁,中间为无扣纵梁,外侧为有扣纵梁;纵梁上铺设木质桥板,桥板两侧用缘材固定,桥梁两端设有端柱。主梁通过端柱支承于桥座和座板上,桥梁与进出路间用桥头搭板连接,中间为无扣搭板,两侧为有扣搭板,搭板上铺设桥板、固定缘材。全桥设有许多连接系构件,如斜撑、抗风拉杆、支撑架、联板等,使桥梁形成稳定的空间结构。

为适应不同荷载和跨径的变化,桁架组合可取各种相应的变化,即单排单层、双排单层、三排单层、双排双层、三排双层和在上述5种组合的上、下弦杆上增设加强弦杆的5种形式。

1)装配式公路钢桥的性能与特点

装配式公路钢桥是由单销连接桁架单元作为桥跨结构主梁的下承式桥梁。其结构简单,适应性强、互换性好、拆装方便、架设速度较快、载质量大;主要用于架设单跨桥,保障

130

履带式荷载500kN、轮胎式荷载300kN(轴压力130kN)以下的各种车辆通过江河、沟谷等障碍,并可用于抢修被破坏的桥梁。其最大跨径可达69m,车行道宽度3.7m;允许通行速度为轮式车辆30km/h、履带式车辆5km/h;作业人员30名~40名;器材可用通用型载重汽车载运,每辆车装载3纵长米~4纵长米桥梁器材。

2)装配式公路钢桥的组成与结构

装配式公路钢桥由桁架式主梁、桥面系、连接系、构础4部分组成,并配有专用的架设工具。主梁由每节3m长的桁架用销子连接而成,位于车行道的两侧,主梁间用横梁相连,每格桁架设置2根横梁;横梁上设置4组纵梁(图6-2),中间2组为无扣纵梁,外侧2组为有扣纵梁;纵梁上铺设木质桥板,桥板两侧用缘材固定,桥梁两端设有端柱。主梁通过端柱支承于桥座(支座)和座板上,桥梁与进出路间用桥头搭板连接,中间为无扣搭板,两侧为有扣搭板(图6-3),搭板上铺设桥板、固定缘材。全桥设有许多连接系构件,如斜撑、抗风拉杆、支撑架、联板等,使桥梁形成稳定的空间结构。

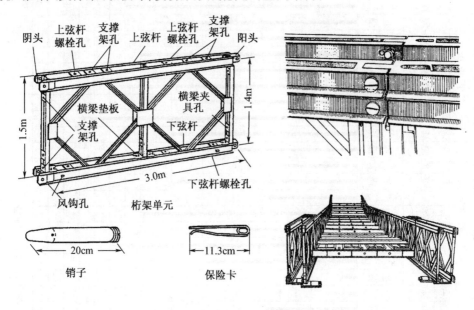

图6-2 桁架及其连接

图6-3 桥头搭板的设置

为适应不同荷载和跨径的变化,桁架组合可取10种相应的变化,即单排单层、双排单层、三排单层、双排双层、三排双层和在上述5种组合的上、下弦杆上增设加强弦杆的5种形式。增设加强弦杆时,通常冠以"加强"二字,如"加强的三排单层"等。桥梁的载质量、跨径和桁架组合关系如表6-2、表6-3所列。

表 6 - 2 装配式公路钢桥载重跨径组合表（履带荷载）

排层组合	单排单层								双排单层								三排单层								双排双层								三排双层							
载质量/kN	履-150		履-250		履-400		履-500		履-150		履-250		履-400		履-500		履-150		履-250		履-400		履-500		履-150		履-250		履-400		履-500		履-150		履-250		履-400		履-500	
结构形式	不加强	加强	不加强	加强	不加强	加强	不加强	加强	不加强	加强	不加强	加强	不加强	加强	不加强	加强	不加强	加强	不加强	加强	不加强	加强	不加强	加强	不加强	加强	不加强	加强	不加强	加强	不加强	加强	不加强	加强	不加强	加强	不加强	加强	不加强	加强

跨径/m: 9, 12, 15, 18, 21, 24, 27, 30, 33, 36, 39, 42, 45, 48, 51, 54, 57, 60, 63, 66, 69

注：①在桁架上、下弦杆另设加强弦杆，以提高桥梁的抗弯能力时，为"加强"；
②车速限度是：每格内只准单车以 5km/h 车速通过

132

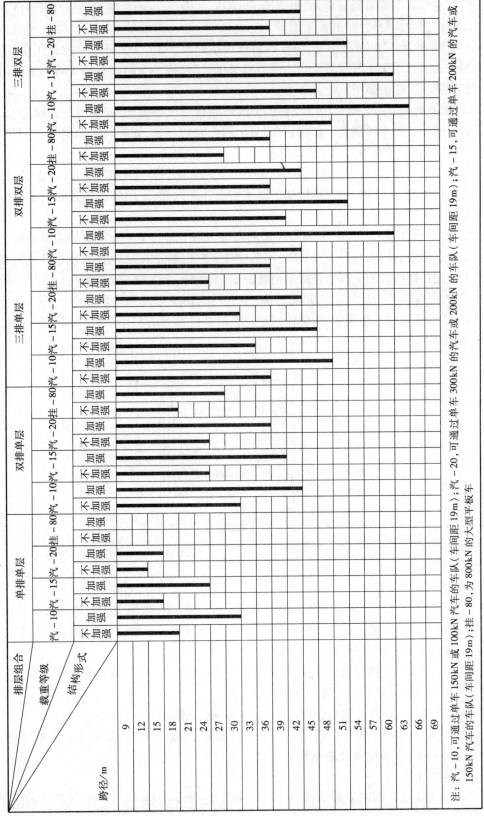

表 6 - 3　装配式公路钢桥载重跨径组合表（轮式荷载）

注：汽－10，可通过单车 150kN 或 100kN 汽车的车队（车间距 19m）；汽－20，可通过单车 300kN 的汽车或 200kN 的汽车队（车间距 19m）；汽－15，可通过单车 200kN 的汽车或 150kN 汽车的车队（车间距 19m）；挂－80，为 800kN 的大型平板车
150kN 汽车的车队（车间距 19m）；挂－80，为 800kN 的大型平板车

133

（1）主梁。主梁由桁架单元、桁架销子、端柱、加强弦杆、桁架螺栓、弦杆螺栓等构成。

① 桁架单元（桁架片）和桁架销子。

a. 桁架单元。由上、下弦杆，竖杆和斜撑焊接而成。上、下弦杆的一端为阴头，另一端为阳头，在阴、阳头上都有销子孔。两节桁架拼接时，将一节的阳头插入另一节的阴头内，对准销子孔，插上销子。

b. 桁架销子。用于连接桁架。在销子的一端有一个小圆孔，安装时插入保险卡，以防止销子脱落。销子顶端有一凹槽，方向与小圆孔方向一致，安装时使凹槽与上、下弦杆平行，以使保险卡顺利插入销子孔内。

当架设三排桥梁时，为了装拆方便，销子按下述规定安装：下层第一排（内排）桁架的销子由内往外插，第二排、第三排桁架的销子则由外向内插；上层各排桁架的销子都由内往外插。

② 端柱（图6-4）。端柱安置在桥梁的两端。用于将桥梁上的荷载传递到桥梁支座上。端柱有阳头和阴头两种。安装时，阴头端柱装在桁架的阳头上，阳头端柱装在桁架的阴头上。端柱侧面的两个圆孔连接于桁架的上、下弦杆，上面的一个椭圆孔与第二层桁架连接；端柱下部设有带定位销的短悬臂和活动铁扣，用于设置和固定横梁。长距离运输时，可将活动铁扣移入柱腹中，用螺栓固定。在端柱底部焊有鞍形垫铁，用于端柱座落在桥座的轴梁上。

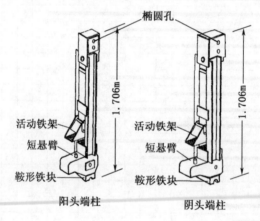

图6-4 端柱

③ 加强弦杆（图6-5）。加强弦杆一头为阴头，另一头为阳头。在加强弦杆的中间设有支撑架孔和弦杆螺栓孔。加强弦杆与桁架上、下弦杆通过螺栓相连，以提高桁架的抗弯能力，充分发挥桁架腹杆的抗剪作用。

（2）桥面系。桥面系包括横梁、纵梁（图6-6）、桥面板、缘材等。桥面板：每节桁架需15块，两端做成凸榫，嵌入有扣纵梁的扣子内。

（3）连接系。连接系包括斜撑（图6-7）、联板、支撑架、抗风拉杆等。

（4）桥础。桥础由桥座（支座）（图6-8）、座板、搭板、搭板支座（图6-9）等构成。

2. ZB-200型装配式公路钢桥

1）基本情况

"ZB-200型装配式公路钢桥"（以下简称ZB-200型钢桥）是一种可拆装的下承

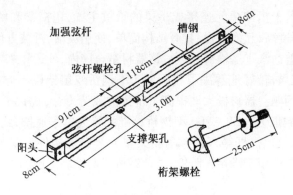

图 6-5 加强弦杆与桁架螺杆

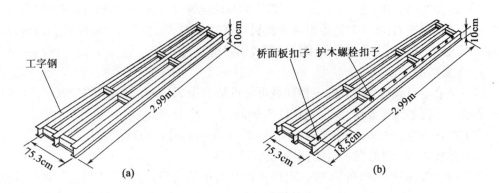

图 6-6 纵梁

(a) 无扣纵梁;(b) 有扣纵梁。

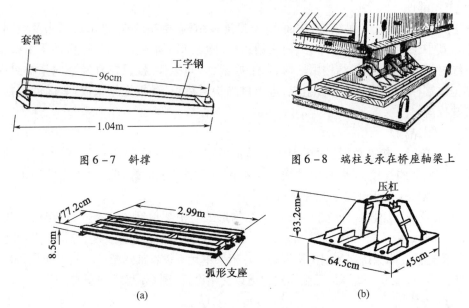

图 6-7 斜撑

图 6-8 端柱支承在桥座轴梁上

图 6-9 桥头搭板与搭板支座

(a) 桥头搭板;(b) 搭板支座。

式桥梁,它由单销将若干桁架单元连接成桥梁的承重主梁,用横梁和桥板组装成桥面结构。该器材标准化程度高、互换性强,具有结构简单、使用灵活、拆装方便、载质量大、适应性好、全部构件采用普通汽车运输等优点。该器材结合国内、外近年来在装配式桥梁领域的最新发展和研究成果,较好地解决了我国原321钢桥双层架设不方便、车行道宽度偏小、承载能力不足等问题。器材极大地提高了桥梁的疲劳寿命,优化了桥面结构,方便了桥板固定,提高了承载能力。ZB-200型钢桥标准配置为单车道桥,此外,还设计有双车道构件(双车道横梁、抗风拉杆等)、高抗剪桁架单元等特殊构件。双车道构件用于架设双车道桥梁,高抗剪单元用于满足大跨度、重荷载桥梁两端高抗剪的需要。

2)主要用途

ZB-200型钢桥主要用于应急状态下或战时的交通保障中,用于快速架设临时性桥梁,保障履带式荷载50t,轮式轴压力13t以下的车辆迅速克服河川、断桥、沟谷等障碍,保证应急交通线路畅通;在平时抢险救灾及国民经济建设中,除用于架设临时性便桥外,还可用于构筑施工搭架、支承等其他多种装配式钢结构。

3)主要性能

(1)全套器材架设长度。按设计荷载可架设跨度为51.8m单跨桥梁(TSR3),51.8m以下能适应不同的跨度要求,跨度变化以3.048m为一个节间。

(2)桥面净宽为4.2m。主要构件质量:桁架306kg,横梁417kg。

(3)运输方式:普通汽车运输,也可集装箱装运。

架设桥梁前,必须明确桥梁的跨度、桥型以及通过的荷载。表6-4列出了典型荷载与桥型、跨度的组合,表中的黑实线表示在一定的桥型和荷载下,桥梁安全承载的最大跨度。

4)主要部件

ZB-200型钢桥由主梁结构、桥面系、支撑连接结构、桥端结构、进出口结构及紧固件等组成。其中主梁结构由桁架单元、桁架销(含保险销)和加强弦杆组成;桥面系由横梁、桥板及缘材组成;支撑连接结构由斜撑、水平撑架、竖向撑架、抗风拉杆及竖向系材组成;桥端结构由端柱、下桥座、支撑板组成;进出口结构由跳板、跳板支座组成;紧固件包括各种连接螺栓等。

(1)主梁结构。

① 桁架单元。桁架单元(图6-10)是构成桥梁承重结构的基本构件,重306kg。阴、阳头用于桁架间的连接,下弦杆上的横梁支座和阴头竖杆上的螺杆孔用于固定横梁,上、下弦杆上的螺栓孔用于连接加强弦杆或水平撑架。

② 加强弦杆。加强弦杆(图6-11)的结构形式与桁架单元弦杆类同,连接尺寸长为3048mm,重84kg,用于桁架上下弦杆的加强。加强弦杆设有两排连接支座,分别与桁架弦杆和水平撑架连接。阴头桥端和阳头桥端的一片桁架单元不设置加强弦杆。通常加强弦杆正对桁架单元设置(图6-12下加强弦杆),也可以交错设置(图6-12上加强弦杆)。

(2)桥面系。

① 横梁。横梁是桥面承重梁,并对两侧桁架主梁的稳定起支撑作用。横梁的上翼缘上设有桥板固定装置,其中活动螺母用弹簧卡固定在横梁上翼缘的螺母保护套内。横梁(图6-13)长6.2m、高0.4m、重417kg。

表 6-4　单车道桥荷载与跨径组合表

	单排单层							
	汽-10		汽-15		汽-20		履-50	
	SS	SSR	SS	SSR	SS	SSR	SS	SSR
9	■	■	■	■	■	■	■	■
12	■	■	■	■	■	■	■	■
15	■	■	■	■	■	■	■	■
18	■	■	■	■	■	■		■
21	■	■	■	■		■		■
24	■	■		■		■		■
27		■		■		■		■
30		■		■		■		
33		■		■				
36		■						
39								
42								
45								
48								
51								
54								
57								
60								
63								
66								
69								

	双排单层									
	汽-10		汽-15		汽-20		履-50		挂-80	
	DS	DSR2	DS	DSR2	DS	DSR2	DS	DSR2	DS	DSR2
9	■	■	■	■	■	■	■	■	■	■
12	■	■	■	■	■	■	■	■	■	■
15	■	■	■	■	■	■	■	■	■	■
18	■	■	■	■	■	■	■	■	■	■
21	■	■	■	■	■	■	■	■	■	■
24	■	■	■	■	■	■	■	■	■	■
27	■	■	■	■	■	■	■	■		■
30	■	■	■	■	■	■		■		■
33	■	■	■	■		■		■		■
36	■	■		■		■		■		■
39	■	■		■		■		■		■
42		■		■		■		■		
45		■		■		■				
48		■								
51		■								
54										
57										
60										
63										
66										
69										

	三排单层									
	汽-10		汽-15		汽-20		履-50		挂-80	
	TS	TSR3	TS	TSR3	TS	TSR3	TS	TSR3	TS	TSR3
9	■	■	■	■	■	■	■	■	■	■
12	■	■	■	■	■	■	■	■	■	■
15	■	■	■	■	■	■	■	■	■	■
18	■	■	■	■	■	■	■	■	■	■
21	■	■	■	■	■	■	■	■	■	■
24	■	■	■	■	■	■	■	■	■	■
27	■	■	■	■	■	■	■	■	■	■
30	■	■	■	■	■	■	■	■	■	■
33	■	■	■	■	■	■	■	■		■
36	■	■	■	■	■	■	■	■		■
39	■	■	■	■	■	■		■		■
42	■	■	■	■		■		■		■
45	■	■		■		■		■		■
48		■		■		■		■		■
51		■		■		■		■		
54		■		■		■		■		
57		■		■				■		
60		■								
63		■								
66										
69										

	四排单层									
	汽-10		汽-15		汽-20		履-50		挂-80	
	QS	QSR4	QS	QSR4	QS	QSR4	QS	QSR4	QS	QSR4
9	■	■	■	■	■	■	■	■	■	■
12	■	■	■	■	■	■	■	■	■	■
15	■	■	■	■	■	■	■	■	■	■
18	■	■	■	■	■	■	■	■	■	■
21	■	■	■	■	■	■	■	■	■	■
24	■	■	■	■	■	■	■	■	■	■
27	■	■	■	■	■	■	■	■	■	■
30	■	■	■	■	■	■	■	■	■	■
33	■	■	■	■	■	■	■	■	■	■
36	■	■	■	■	■	■	■	■		■
39	■	■	■	■	■	■	■	■		■
42	■	■	■	■	■	■		■		■
45	■	■	■	■	■	■		■		■
48	■	■	■	■		■		■		■
51	■	■		■		■		■		■
54		■		■		■		■		■
57		■		■		■		■		
60		■		■		■		■		
63		■		■				■		
66		■								
69		■								

注：表中均按应急桥梁设计准则计算，如果用于半永久性桥梁，跨度应减少 10% ~20%

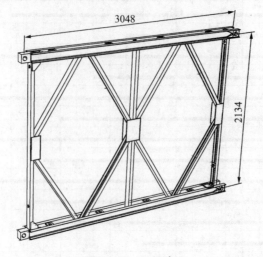

图 6 - 10　桁架单元

连接支座

图 6 - 11　加强弦杆

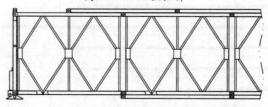

图 6 - 12　加强弦杆的布置

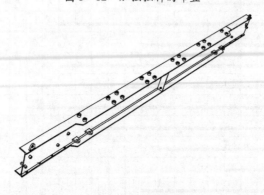

图 6 - 13　横梁

②桥板。桥板(图 6 - 14)是桥面构件,每块桥板重 268kg。车行道宽由 5 块桥板组成。桥板用 M20 的螺栓与横梁上的活动螺母相固定。

③缘材。缘材用于标示车行道宽度,并通过剪力销加强边桥板,缘材重 42kg。

(3)支撑连接结构。

①斜撑。斜撑用于单排桥梁的桁架单元与横梁的连接,形成稳定结构,或是用于桥

138

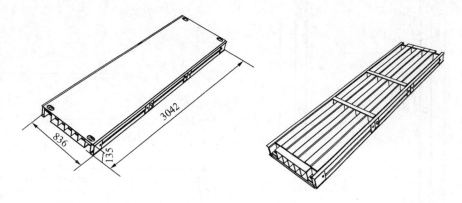

图 6-14 桥板

梁架设中稳定导梁中的桁架单元。每根斜撑重 19kg。

② 水平撑架。水平撑架(图 6-15)用于多排桁架之间的连接。水平撑架横向有 3 排连接孔,与双排型桥梁的桁架单元连接时,既可连接在桁架单元上弦杆内边,也可连接在上弦杆的顶部。与三排型桥梁连接时,必须连接在上弦杆的顶部。若桥梁为四排型,则需使用宽水平撑架。水平撑架重 51kg,宽水平撑架重 62kg。

③ 竖向撑架。竖向撑架(图 6-16)用于多排桁架之间竖向的连接。安装在桁架单元阳头竖杆上。当桥梁为四排型时,使用宽竖向撑架。竖向撑架重 53kg,宽竖向撑架重 62kg。

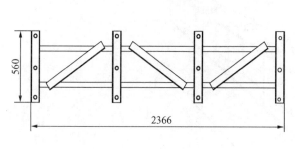

图 6-15 水平撑架

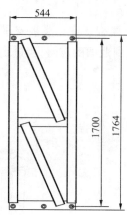

图 6-16 竖向撑架

④ 抗风拉杆。为使桥梁有效地抵抗横向风力,在横梁之间应设置抗风拉杆。单车道桥梁横梁之间设 2 根抗风拉杆,交叉相连。抗风拉杆重 45kg。

(4) 桥端结构。

① 端柱。端柱分为阴头端柱和阳头端柱(图 6-17)。阴头端柱与桁架阳头端相连,阳头端柱与桁架阴头端相连。端柱的作用是将桥梁支承在下桥座上。特别地,阴头端柱上需要安装横梁。

② 下桥座。下桥座(图 6-18)用于支撑端柱,其底部垫在座板上,重 15kg。

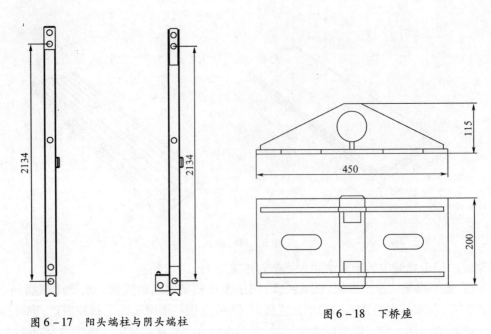

图 6-17 阳头端柱与阴头端柱

图 6-18 下桥座

③ 座板。座板是下桥座的垫板,重 11kg。

(5) 进出口结构。

① 跳板。跳板与桥板的结构及主要尺寸相同,区别在于,在跳板与横梁的搭接处比桥板多焊有半圆柱形支承块,以便调节跳板的角度来适用进出口的坡度变化。跳板重 265kg。

② 跳板支座。跳板支座(图 6-19)功能与横梁相同,置于地面上,用于支承跳板,实现跳板到地面的过渡,当进出口坡度不大时,也可不用跳板支座。跳板支座重 293kg。

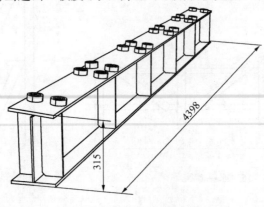

图 6-19 跳板支座

3. 装配式公路钢桥桥墩[①]

1) 概述

装配式公路钢桥桥墩是用于公路桥梁抢修抢建时的临时桥墩,既可用于便桥的修建,也可用于被毁桥梁的抢修。器材为装配式,拆装方便,互换性强,可反复使用,并具备一定

① 彭兴山,鲍林栋,徐光兴.装配式公路钢桥桥墩研制初探.国防交通工程与技术,2005(2).

的扩大使用功能。

装配式公路钢桥桥墩基本单元通常采用的结构形式有 3 类：空间构件、平面构件和线性杆件。它们各有特点：空间构件和平面构件具有拼装速度快的优点，但它们单件质量较大，不适合现场人力拼组，同时运输不便，占用的储备空间大，维修保养麻烦及扩大使用性差，不适宜用作抢修桥墩；线性杆件克服了上述缺点，但拼装工作量较大，拼装速度稍慢。如果采用人力配合机械作业，可采用预拼单元形式克服此缺点。

2）主要性能指标

(1) 按公路二级荷载（相当于原汽车 - 20 级）设计。

(2) 适应"321"和 ZB - 200 型装配式公路钢桥等梁型，能满足简支梁和连续梁结构构造的要求，且可达到既有装配式公路钢桥的各种跨度。

(3) 设计墩高为 5m ~ 30m，墩身高度以 1.0m 模数变化。

(4) 可用于单车道或双车道。

(5) 适应环境。设计风压为 800Pa，当超过此值时应对结构的强度、稳定性予以检算。设计水深不超过 3m，适应流速 3m/s。对基础的适应能力：可适应各种临时性基础，并可用于残墩接高。

(6) 单件最大质量≤300kg，单件最大长度≤4m。可全部人工拼组，也可人工并辅以起重机械拼组。可以用铁路车辆和普通公路车辆运输。

(7) 不超过一般钢结构的维修保养技术难度和储存管理条件。

3）基本结构形式及杆件

(1) 结构形式。装配式公路钢桥桥墩的墩身采用线性杆件作为基本单元组拼成空间杆系结构。采用这样的结构形式容易满足上部钢桥结构的尺寸要求，并可充分发挥材料的强度，增加结构的稳定性。桥墩纵向（沿线路方向）为塔式结构，可提高桥墩的纵向稳定性，横向为双柱或多柱的门架结构，以适应钢梁结构形式及横向尺寸的要求（图6-20）。

装配式公路钢桥桥墩基本器材包括杆件和配件共 7 种，其中立柱 2 种、连接系撑杆 3

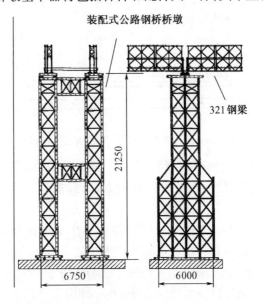

图 6 - 20 装配式公路钢桥桥墩拼组结构形式（单位：mm）

种、节点板和拼接板各 1 种,编号分别为 N1～N7;紧固件 2 种。同一编号的杆件、配件可以互换使用。

(2)杆件及配件。

① 立柱。立柱采用 H 型断面(图 6-21)。它具有受压承载力高、连接方便的特点,非常适宜作桥墩主柱。由于 H 型断面具有较好的抗弯性能,因此立柱也兼做上下垫梁。

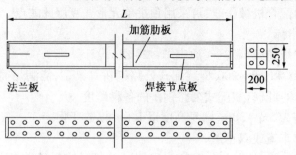

图 6-21 立柱结构形式图(单位:mm)

立柱按高度分 3m 和 2m 两种型号,通过调整不同型号的使用数量,可以实现墩身高度以 1.0m 模数变化。H 型钢的断面为 500mm×200mm,用作垫梁时,其高度为 250mm,通过调整垫梁层数,可实现墩高按 0.25m 模数变化。

立柱与立柱、立柱与垫梁采用在立柱端部焊接法兰板方式连接。在 H 型断面翼板上设螺栓孔,孔径 23.5mm。两端各 2 排孔径为 22.5mm,孔距在横向及纵向均为 125mm。立柱与立柱在此面上通过在翼板上安装 T 型节点板实现连接,立柱与立柱在弱面上采用直接将节点板焊接在 H 型钢的腹板上的方法实现连接。为了保证运输、安装时焊接节点板不被碰撞变形,节点板应被限制在 H 型断面的内侧。

② 撑杆。立柱之间的连接系均采用线性杆件——撑杆(图 6-22),形成交叉腹杆系。连接系撑杆共 3 种,其中水平撑杆 1 种、斜撑杆 2 种,分别用于 2m 和 1m 节间处。另外,2m 节间斜撑杆同时兼作水平横联斜撑杆。

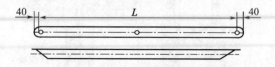

图 6-22 连接系结构形式(单位:mm)

立柱与立柱间距分为 1.5m 和 1.75m 两类。在 1.5m 柱距方向,连接系撑杆直接与立柱上焊接的节点板用螺栓相接;在 1.75m 柱距方向,连接系撑杆通过安装在立柱翼板上的 T 型节点板用螺栓相接。

③ T 型节点板与拼接板。T 型节点板的作用是在 1.75m 柱距方向实现撑杆与立柱的连接。当立柱或垫梁拼接处有较大弯矩或产生拉应力时,需增设拼接板连接。

④ 螺栓。采用两种六角头螺栓:一种用于撑杆与立柱焊接节点板、T 型节点板与立柱翼板、垫梁与垫梁、垫梁与拼接板等的连接;另一种用于立柱与立柱、立柱与垫梁、两根撑杆与立柱焊接节点板或 T 型节点板的连接。

4）拼组方法

由于装配式公路钢桥桥墩属于应急使用,因此,在器材设计时应非常关注拼组的方便及快速性,要求既适合于人工拼组也适合于机械拼组。

（1）人工拼组。当作业场地狭窄无法使用起重机械或是水上作业而没有水上起重设备时,可采用人工拼组。由于本器材的最大单件质量不超过300kg,用人工搬运和拼组是可行的,但应配备起重扒杆,以便将单件由地面吊到墩上。

（2）机械吊装拼组。在能够利用起重机械吊装拼组的场合尽量采用,因其工作效率要比全部人工拼组高得多。用起重机械吊装拼组,可根据起重机械起吊能力的大小,预拼成拼组单元,大大减少高空工作作业量,而且可以单元预拼与单元组装同时进行,拼组速度快。为了适应单元式组装,所设计的器材能方便地形成预拼单元,而单元之间的连接也简单方便。

4. 铁路应急抢修器材

1）概述

我国用于桥梁抢修的装配式钢桥的研制开始于20世纪50年代。用于铁路桥梁抢修的拆装式桁梁主要用于灾害抢修;用于战时中等跨度桥梁抢修的是六四式铁路军用梁;用于战时较大跨度桥梁抢修的八七型铁路应急抢修钢梁;用于桥墩抢修的是六五式铁路军用墩和八三式铁路轻型军用墩;此外,还研制了T型钢塔架等用做装配式桥墩器材。目前,我国在研制铁路桥梁抢修制式器材时,把装配式桥墩器材的研制放在了重要位置上。

2）各类既有抢修器材的特点[①]

（1）构成梁体的基本构件。构成梁体的基本构件形式一般归为三类:一是线性杆件;二是平面或立体构架;三是构架与线性杆件相结合。三种类型各有优缺点,现分述如下。

① 由线性杆件组成梁体。由线性杆件作为组成梁体的基本单元,通过紧固件连接,形成空间杆系结构。在抢修钢梁中采用线性杆件的很多,水平较高的,如联邦德国的SKB梁、SS-80梁以及我国的八七型铁路应急抢修钢梁（图6-23）。这种类型的梁,由于是以单根杆件作为基本单元,因此,单件质量一般较小,机动比较灵活,运输储存时所占据的

图6-23　八七型铁路应急抢修钢梁

---

① 刘嘉武,徐光兴.新型铁路抢修钢梁的研究方略.国防交通工程与技术,2003(2).

空间较小,结构形式和尺寸变化比较容易实现,具有较强的多用途性能。但采用线性杆件往往使杆件种类多、数量大、连接工作量大,因此拼装速度比较慢。

②由平面构架或立体构架组成梁体。此类型的抢修钢梁是以构架作为基本单元,通过紧固件连接,形成梁体结构。如英国的贝雷式梁及在贝雷梁基础上改进的 AP 梁和 Mu 梁等均为平面构架式;而美国的 H-20 式梁(图6-24)、日本的99式军用梁以及我国的六四式军用梁(图6-25)等均为立体构架式。此类梁的构件种类一般比较少,连接数量少,拼组速度快,因此,很适合紧急情况下的应急使用。采用立体式构架的梁,其单位质量往往较大,运输、储存时占据空间较大。例如,用60t铁路高边车装载六四式军用梁,仅装35个标准三角,质量达16t,使运输车辆大大增加。另外,立体构架质量较大,而某些腹杆断面较小,因此,在运输装卸过程中的碰撞易造成部分杆件变形,对其变形的矫正也比线性杆件困难,并且在合理地适应结构变化进而实现多功能性方面也不如线性杆件易于处理。

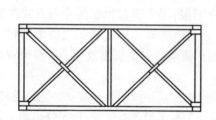 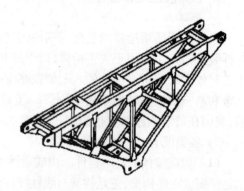

图6-24 H-20式梁主桁构架   图6-25 六四式铁路军用标准梁三角构架

③由构架和线性杆件组成梁体。此类型梁是由平面构架和线性杆件相结合构成主桁架。例如,法国的艾菲尔式梁部结构是由三角形平面构架加竖杆系,构成多斜杆系桁梁(图6-26);意大利的科恩式梁部结构由线性弦杆和菱形腹杆系平面构架组成主桁架(图6-27)。采用这种形式,可以分别吸收线性杆件的灵活性和构架式在拼装方面的快速

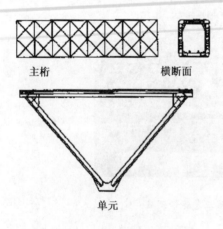 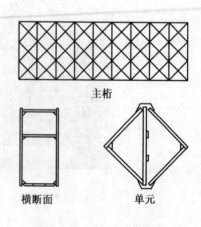

图6-26 艾菲尔式梁部结构   图6-27 科恩式梁部结构

144

性,如果处理得好,会使器材的单元质量小,种类和数量少,对结构变化适应性强,连接数量少,拼组速度快。但采用两层以上的结构形式时,其连接数量不一定比线性杆件少,这一点必须予以注意。至于采用哪种梁体构成方式最好,不能一概而论,要根据具体抢修钢梁的功能要求和具体的战术技术指标,经综合分析,以能最好地满足战术技术性能要求者为最佳方式。

（2）主桁强度的变化方式。为适应不同跨度和不同荷载的要求,抢修钢梁一般都具备变化主桁强度的功能。既有抢修钢梁变化主桁强度的方式可归结为4种:一是变化主桁高度;二是变化主桁片数;三是变化杆件断面;四是变化材料强度。4种方式可同时采用,也可采用其中的一两种。如六四式军用梁采用变化桁高、主桁片数和材质(当普通型和加强型器材混用时)3种方法改变主桁强度。改变主桁强度的方法和种类的选择需根据跨度变化要求和具体的结构形式,经分析比较,在减轻质量和简化结构之间取得合理平衡,进而确定变化主桁强度的方法和种类。

（3）连接种类。抢修钢梁与一般永久性钢梁的主要区别之一是前者可以反复装拆,这就需要通过紧固件将单个杆件或构架连接成梁体,而连接的安全可靠性和便于操作性直接影响着抢修钢梁的技术战术性能。因此,连接在抢修钢梁中具有非常重要的地位。既有的抢修钢梁,在主要受力部位的连接绝大多数采用剪力螺栓或钢销连接,个别也有采用拉力螺栓(如 H-10 式和 H-20 式梁部结构)和压力连接的法兰连接(如 PMM-4 式梁部结构)。我国的既有抢修钢梁,主要受力部位均采用钢销或剪力螺栓连接。

（4）多用途性。抢修钢梁的多用途性是其赖以发展的重要原因之一。特别是进入20世纪70年代以后,出现了一些具有公铁两用、梁墩共用、平战兼顾等多用途性能抢修钢梁以及成功的范例。然而,并非用途越多越好,因为用途越多基本杆构件的种类一般也就越多,构造也会变得复杂,这会在一定程度上影响战术技术指标。因此,在考虑器材多用途性时应进行全面分析,不可过分求全。

6.2.2　就便抢修器材

1. 型钢梁

1）型钢、钢轨桁组梁

型钢桁组梁可抢修跨径 11m 以下的桥跨,钢轨桁组梁可抢修跨径 7m 以下的桥跨。

2）工字钢组合梁

由高度 300mm 以上的 2 根工字钢焊接组合而成,修复桥梁的跨径可达 12m ~ 30m。组合梁在桥跨内的布置及所采用的工字钢型号等如表 6-5 所列。组合梁的结构形式如图 6-28 所示。

表 6-5 工字钢组合梁断面尺寸和数量

载质量/kN	组合梁配置图	主梁		每根梁的垫板		每2根梁间的横向连接系			单片主梁吊装质量/t
		跨径/m	型号	断面尺寸/mm	间距/mm	每根件数	间距/mm	每根件数	
LD-25		12	32a	14×160×200	1200	11	2000	7	1.44
		15	36a	14×170×200	1200	13	1875	9	1.99
		18	40a	14×170×200	1200	16	2256	9	2.64
		22	45a	14×180×200	1200	19	2200	11	3.86
		25	50a	14×190×200	1200	22	2275	12	5.02
		30	56a	14×200×200	1200	26	2500	13	6.83
LT-15		12	25a	14×150×200	1700	8	1714	8	1.08
		15	28a	14×150×200	1700	10	1666	10	1.48
		18	32a	14×160×200	1700	11	2000	10	2.07
		22	36a	14×170×200	1700	14	1833	13	2.91
		25	40a	14×170×200	1700	15	2683	13	3.66
		30	45a	14×180×200	1700	18	2143	15	5.25
LD-40		13	40a	14×170×200	900	15	2167	7	1.98
		16	45a	14×180×200	900	17	2286	8	2.79
		20	50a	14×190×200	900	22	2222	10	4.09
		23	56a	14×200×200	900	25	2300	11	5.25
		25	56b	14×200×200	900	27	2500	11	6.14
LT-25		14	32a	14×160×200	1300	11	2000	8	1.65
		16	36a	14×170×200	1300	12	2000	9	2.16
		20	40a	14×170×200	1300	15	2222	10	2.98
		23	45a	14×180×200	1300	17	2091	12	4.01
		25	45b	14×180×200	1300	19	2272	12	4.68
		28	50a	14×190×200	1300	21	2333	13	5.65

注：1. 横向连接系每件由2根交叉的角钢63×6组成；
2. 图中尺寸单位为cm。

在利用组合梁抢修桥跨时，焊接部分尽可能预先加工，横向连接系采用螺栓连接，根据不同的跨径及荷载，单片组合梁的吊装质量为1t～6t，需采用机械化施工。制作组合梁时，应将2根工字钢叠放，并在工字钢之间按要求的间距垫上钢垫板，然后焊接在一起。应注意各组工字钢顶面线或底面必须在同一水平面上。组合梁架设好后，设置连接系，连接杆件用角钢制作，横向连接系由2根交叉的单角钢和上、下2根平行的单角钢组成，还要设置类似于装配式公路钢桥抗风拉杆的斜向连接杆件组成的下平联，但应安置在离支座3.5m～4.4m的范围内。

设计荷载履带式400kN、跨径20m的工字钢组合梁结构如图6-29所示；工字钢组合

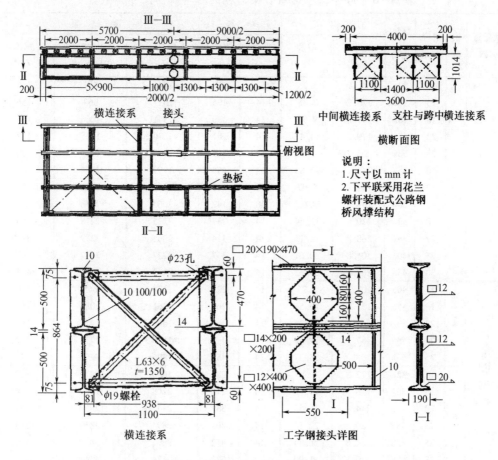

图 6 – 28　工字钢组合梁的构造

梁在不同载质量下的最大跨径如表 6 – 5 所列;工字钢组合梁耗用的材料断面尺寸和数量
如表 6 – 6 所列。

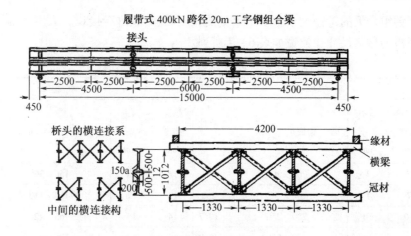

图 6 – 29　跨径 20m 工字钢组合梁

表 6-6　每跨工字钢组合梁消耗的材料断面尺寸和数量

载质量 /kN	桁数	跨径 /m	工字钢			垫板		联结系		
			型号	总长 /m	质量 /t	厚度 /mm	质量 /kg	角钢63×6 /kg	钢板 (10mm)/kg	螺栓 /只
LD-25	4	12	32a	99.2	5.23	14	155	1046	651	140
		15	36a	123.2	7.38	14	195	1317	963	156
		18	40a	147.2	9.95	14	239	1341	1066	156
		22	45a	179.2	14.41	14	301	1630	1425	172
		25	50a	203.2	19.02	14	368	1804	1710	180
		30	56a	243.2	25.83	14	458	1999	2054	188
	6	12	25a	148.8	5.67	10	113	1722	1569	322
		15	28a	184.8	8.02	10	142	2069	2078	356
		18	32a	220.8	11.64	14	233	2115	2218	356
		22	36a	268.8	16.11	14	314	2664	3277	392
		25	40a	304.8	20.61	14	337	2727	3637	392
		30	45a	364.8	29.33	14	428	3163	4592	416
LD-40	4	13	40a	107.2	7.25	14	225	1194	865	140
		16	45a	131.2	10.55	14	269	1361	1086	148
		20	50a	163.2	15.28	14	368	1684	1459	164
		23	56a	187.2	19.88	14	440	1876	1772	172
		25	56b	203.2	23.37	14	452	1876	1772	172
	6	14	32a	172.8	9.11	14	233	1986	1879	332
		16	36a	196.8	11.79	14	270	2208	2462	344
		20	40a	244.8	16.55	14	337	2447	2959	356
		23	45a	280.8	22.58	14	404	2893	3830	380
		25	45b	304.8	26.64	14	452	2893	3830	380
		28	50a	340.8	31.90	14	527	3174	4544	392

注：1. 桥面部分采用木质横桁和纵桥板；

2. 工字钢拼接板材料如表6-7所列；

3. 材料数量中未包括损耗数量

工字钢组合梁的跨径大于单根工字钢的长度时，必须进行接长。采用拼接板接长时，所需拼接板的材料尺寸和数量如表6-7所列。

表 6-7　拼接板的材料尺寸和数量

型号	垂直拼接板				水平拼接板			
	焊缝高度 /mm	钢板厚度 /mm	钢板尺寸/mm	质量 /kg	焊缝高度 /mm	钢板厚度 /mm	钢板尺寸/mm	质量 /kg
25a	7	7	200×200	8.8	12	12	150×360	10.2
28a	7	7	200×200	8.8	12	12	160×410	12.4
32a	10	10	250×250	19.7	14	14	165×420	15.2
36a	10	10	270×270	22.9	14	14	175×455	17.5
40a	10	10	300×300	28.3	16	16	180×460	19.2

型号	垂直拼接板					水平拼接板			
	焊缝高度/mm	钢板厚度/mm	钢板尺寸/mm		质量/kg	焊缝高度/mm	钢板厚度/mm	钢板尺寸/mm	质量/kg
45a	10	10	350×350		38.5	18	18	180×465	21.0
45b	12	12	350×350		46.5	18	18	185×465	23.0
50a	12	12	400×400		60.3	20	20	190×470	26.3
56a	12	12	420×420		66.5	20	20	200×510	30.0
56b	14	14	420×420		77.6	20	22	200×550	35.8

3）鱼腹式工字钢组合梁

为了降低支座处的梁高,可做成鱼腹式工字钢组合梁(图6-30)。鱼腹式是将工字钢组合梁靠近支座处的下层工字钢切去一段,使它成为两头高度小、中间高度大的鱼腹形。鱼腹式工字钢组合梁,通过600kN履带式荷载时,跨径可达21m。使用时用螺栓拼接。

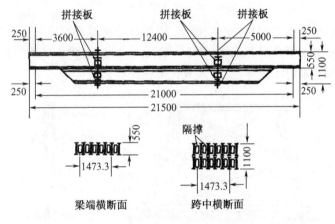

图6-30　鱼腹式工字钢组合梁

2. 木质结构

采用木质结构可用于架设低水桥或仅用于构筑桥脚(桥墩)。由于木质低水桥并不适合于较大桥跨破坏后的快速抢修,因此,本处仅介绍使用木材构筑桥脚(墩)。

为了达到快速设置的目的,木质桥脚通常采用最简单的列柱桥脚和架柱桥脚,特殊情况下也采用堡兰桥脚和木杆层桥脚。桥脚高度在6m以下时,通常采用1列桩柱或1个框架的单式桥脚,横向只设置较简单的系材或斜撑和辅助边桩,即可满足桥脚的稳定要求。当桥脚高度达6m~8m时,可采用两列桩柱或两个框架组成的复式桥脚。列柱桥脚桩柱入土深度一般要求为2.5m,最小不得小于2m。这是由于除了要达到设计的桩柱承载能力要求外,还要考虑桥脚在河中的稳定要求。对于在流速不大的江河上,架设使用期限短或载质量较小的桥梁时,可以考虑采用在桩柱上加础板的形式,从而使桩柱入土深度减至1m~1.5m。

1）架柱桥脚的组成与结构式样

架柱桥脚(图6-31)是用预先结合好的框架,设置在河底表面以支承上部结构,并将荷载传给河底土壤的桥脚类型,由冠材、础材、支柱、系材和枕材等组成。其特点是水上作业量少,但稳固性较差,平整河底较困难;适合在谷地、岸滩、河底土壤不受冲刷或受冲刷很小的江河上使用;当河底淤泥层较厚、承压力只有25kPa~30kPa时,可以采用加大枕材尺寸(密集铺设并增加长度)、减少土壤单位面积上的承压力的办法设置架柱桥脚。当水深超过3m或流速大于1.0m/s时,一般不宜采用。

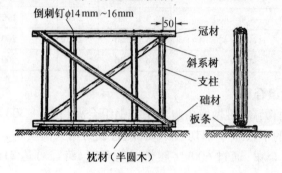

图6-31　单式架柱桥脚

（1）组成。架柱桥脚由冠材、支柱、础材、斜系材及枕材等组成(图6-31),高度大于4m的桥脚,还应安置水平系材和斜撑(图6-32)。也可以用两个单式框架按一定的间距用侧向水平系材和斜系材牢固连接,形成复式架柱桥脚。

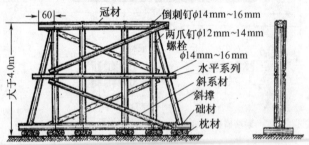

图6-32　高度大于4m的单式架柱桥脚

① 冠材与础材。冠材用削边大圆木或方木制作,用以承受桥桁传来的压力,并将其分布到支柱。冠材的断面尺寸由计算确定。为了保证冠材与支柱顶面的承压应力不超过冠材横纹承压容许应力,对圆木冠材上、下表面要进行锯削,锯削后形成的平面宽度一般应等于圆木直径的1/2,必要时还应加宽。础材的断面尺寸与加工方法同冠材。冠、础材用倒刺钉或长铁钉与支柱固定。倒刺钉直径16mm,长度等于冠材锯削后高度的2倍。为防止冠材和支柱劈裂,应在冠材上预先钻孔,并在支柱上也预钻深度为倒刺钉长度1/4的孔。

② 支柱。用大圆木或方木制作。为便于安装、固定横向斜系材,圆木支柱的小头应朝向冠材。

③ 系材、斜撑。系材、斜撑用半圆木或木板制作。横向系材与支柱相交处,用直径10mm~12mm、长度为系材厚度2.5倍的倒刺钉或用3根直径5mm~6mm、长度为系材厚

度 2.5 倍的铁钉固定。系材上、下两端还要与冠、础材固定,每端固定 2 根倒刺钉或 4 根铁钉。横向水平系材与每根支柱相交处用直径 14mm ~ 16mm 的螺栓贯穿固定。复式架柱桥脚的侧向水平系材,配置在靠近冠、础材处支柱外侧,并用 10mm ~ 12mm 倒刺钉固定。当框架带有斜撑时,侧向水平系材固定在支柱内侧。侧向斜系材按 30° ~ 45°斜角配置,当角度大于 60°时,应在中间增设一根侧向水平系材,使侧向系材成 2 层或 3 层配置。

(2)架柱桥脚的结构式样确定原则。

① 单式或复式桥脚的确定。桥脚高度小于 5m 时,采用单式桥脚;桥脚高度大于 5m 或桥桁需要在冠材上平接配置时,采用复式桥脚。复式桥脚由 2 个单式框架和纵向系材等构成,两单式框架中心间距为桥脚高度的 1/5,但不得小于 80cm。

架柱桥脚设置在河底土壤表面,稳定性较差。复式架柱桥脚虽比单式架柱桥脚稳定性要好一些,但作为加强桥梁纵向稳定性的坚固支点却嫌不够。同时由于复式桥脚枕材较长,对河底平整度要求高,使架柱桥脚设置作业量大幅增加,因此,通常不单独为加强桥梁纵向稳定性而采用复式架柱桥脚。

② 支柱数量和间距的确定。支柱数量主要根据车行道宽度确定。单行道桥梁架柱桥脚通常采用 4 根支柱,双行道桥梁一般采用 6 根支柱。两外侧边柱之间的距离等于车行道宽度,支柱之间的距离根据桥梁载质量确定,通常两侧支柱间距小,中间间距大。对单式架柱桥脚的具体规定如下:

载质量 150kN 两侧间距 0.9m、中间距 1.60m;
载质量 250kN 两侧间距 0.9m、中间距 1.80m;
载质量 400kN 两侧间距 1.1m、中间距 1.80m;
载质量 500kN 两侧间距 1.2m、中间距 1.80m。

③ 系材、斜撑的确定。系材、斜撑的设置根据桥脚高度和车行道宽度确定。对单行道桥梁,当桥脚高度小于 2m 时,每侧安置 2 根斜系材(图 6 - 33(a));当桥脚高度为 2m ~ 4m 时,每侧安置 1 根斜系材(图 6 - 33(b));当桥脚高度大于 4m 时,在桥脚高度的中央安置 1 对水平系材,水平系材的上、下侧各安置 1 对斜系材。还应在边柱外侧增设斜撑,斜撑的倾斜度为 4:1(图 6 - 33(c))。斜撑断面与支柱相同,其上、下端支撑处的结构如图 6 - 34 所示。

2)列柱桥脚的组成与结构式样

列柱桥脚(图 6 - 35)是由打入河底的成列桩柱并安置冠材、系材构成的桥脚类型。其特点是稳定性好,受河底土壤冲刷的影响较小,是载质量 400kN ~ 500kN 或较长期使用的桥梁的基本桥脚类型;当有植桩工具且河底土壤允许打桩时应优先选用。

(1)组成。列柱桥脚由冠材、桩柱和系材等组成(图 6 - 35)。这种桥脚可以构筑成 1 列桩柱的单式桥脚或 2 列桩柱并用纵向系材连接的复式桥脚(图 6 - 36)。当桥脚高度大于 5m 时,还应增设辅助边桩和斜撑,斜撑上端与冠材固定,另一端支撑在辅助边桩上,辅助边桩与桩柱用 1 对水平系材连接(图 6 - 37)。

(2)列柱桥脚的结构式样按如下原则确定。

① 单式或复式桥脚的确定。当桥脚高度小于 6m 时,通常采用单式列柱桥脚;桥脚高度大于 6m 或为了加强桥梁纵向稳定性,以及桥桁需要在冠材上平接配置时,应采用复式桥脚。有时桥脚高度小于 6m,但为了加强桥梁纵向稳定性及桥桁在冠材上不能采用交错

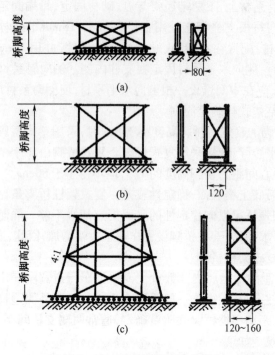

图 6-33　架柱桥脚结构式样

（a）桥脚高度小于 2.0m；（b）桥脚高度 2.0m～4.0m；（c）桥脚高度大于 4.0m。

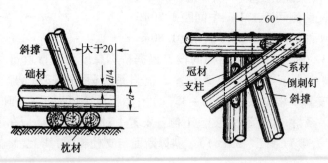

图 6-34　斜撑的固定

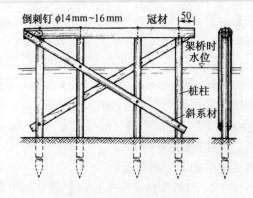

图 6-35　单式列柱桥脚

152

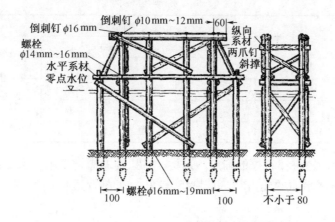

图 6 - 36　木质复式列柱桥脚

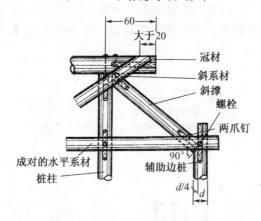

图 6 - 37　列柱桥脚斜撑的连接

配置或相邻桥跨选用不同类型的桥桁以及桥桁高度不同等情况下,都需采用复式列柱桥脚。复式桥脚两列桩柱之间的距离,通常为桥脚高度的 1/5,但不得小于 80cm。

② 桩柱数量和桩柱间距的确定。桩柱的数量,通常每列为 4 根。当土壤松软,试验桩入土深度超过 3m,落沉量仍未满足要求时,应在桩柱适当位置加爪木、枕材等,或将桩柱增至 6 根。桥脚两边桩轴线间的距离等于车行道宽度,各桩柱间的距离:4 根桩柱时,两侧比中间要小;6 根桩柱时,桩距均衡配置。不同载质量的桥梁,桥脚桩柱间的距离如图 6 - 38 所示和表 6 - 8 所列。

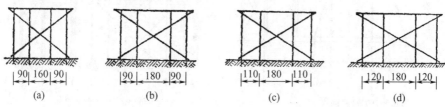

图 6 - 38　列柱桥的脚桩柱间距

(a) 荷载 150kN 桥梁; (b) 荷载 250kN 桥梁; (c) 荷载 400kN 桥梁; (d) 荷载 500kN 桥梁。

153

表6-8　桥脚桩柱间距

载质量/kN	柱间距离/m		
	a	b	c
150	0.9	1.6	0.9
250	0.9	1.8	0.9
400	1.1	1.8	1.1
500	1.2	1.8	1.2

③ 系材、辅助边桩和斜撑的确定。系材、斜撑、辅助边桩是用于承受横向水平力的结构措施。系材与水平面的角度以 30°～45°较好。在单行道桥梁中,系材的安置有如下规定:

桥脚高度小于 2m 时,不设系材(图6-39(a));

桥脚高度为 2.0m～5.0m 时,如果水深小于桥脚高度的 1/2,则在水面以上设 1 对水平系材和 1 对斜系材;当水深大于桥脚高度的 1/2 时,在桥脚全高内设置 1 对斜系材(图6-39(b));

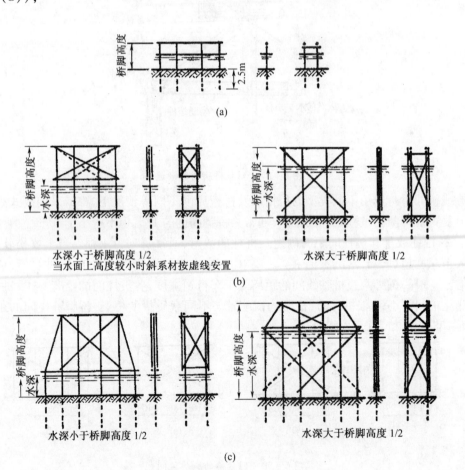

(a)

水深小于桥脚高度 1/2
当水面上高度较小时斜系材按虚线安置

水深大于桥脚高度 1/2

(b)

水深小于桥脚高度 1/2

水深大于桥脚高度 1/2

(c)

图6-39　列柱桥脚结构式样

(a) 桥脚高度小于2.0m; (b) 桥脚高度2.0m～5.0m; (c) 桥脚高度大于5.0m。

桥脚高度大于5.0m,两边桩外侧须增加辅助边桩和斜撑。水深小于桥脚高度的1/2时,在水面以上安置1对水平系材和斜系材;水深大于桥脚高度的1/2时,还要在水面以下安置1对斜系材;当桩柱有接长时,还需要按图中虚线增加1对斜系材(图6-39(c))。

6.3 桥梁结构破坏的主要形式

桥梁的破坏形式是指桥梁遭受自然灾害或战争损毁后的破坏形态,一般情况下有混凝土开裂、局部破损与凹坑、梁体与桥墩的贯穿成洞、梁体断裂坍塌、梁体移位、墩台倾斜及倒塌等(图6-40~图6-45)。

图6-40　混凝土振碎、开裂

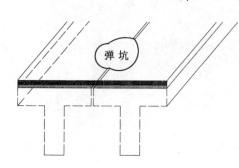

图6-41　局部破损及凹坑

图6-42　梁体贯穿成洞

图 6-43　梁体移位、断裂及坍塌

图 6-44　桥墩弹坑及倒塌

图 6-45　桥台破坏

6.3.1　梁式桥结构可能的破坏形式

　　梁式桥结构主要有预应力箱梁或普通钢筋混凝土箱梁、组合箱梁及空心板梁等形式，可能发生的破坏主要有桥面破坏、主梁破坏、桥墩与桥台破坏等形式。

　　（1）桥面破坏主要有桥面铺装局部破损、局部坑洞等。

　　（2）主梁破坏主要有灾害下梁体被震裂、移位，在弹药直接打击下发生局部凹坑等。战争中如果遭到导弹打击，发生贯穿的可能性比较大；当混凝土破损发生在预应力钢筋附近时，预应力筋可能发生断裂与移位、锚固板破损等；最为严重的破坏是部分梁体或全部梁体断裂，完全丧失承载能力，或箱梁整体断裂、多跨坍塌等。

　　（3）桥墩及桥台可能发生的破坏主要有冲击波作用下的混凝土裂缝、墩台倾斜，导弹直接作用下的局部破损、空洞、坍塌等。

（4）组合箱梁的横梁局部出现裂缝，上翼缘出现空洞；横梁断裂导致箱梁横向连接失效。

（5）钢筋混凝土梁因火灾破坏发生燃烧或车辆燃烧引起局部破坏（如表面混凝土开裂、钢筋软化等），或战争中遭敌燃烧弹打击，发生大面积燃烧，材料弹性模量迅速降低，导致钢筋混凝土梁承载力急剧下降直至彻底破坏。

6.3.2　拱桥结构可能的破坏形式

拱桥的破坏形式主要有桥面破坏、主梁破坏、拱腹和立柱的破坏、拱肋及拱圈的破坏以及拱脚破坏等形式。

（1）桥面破坏主要有桥面铺装局部破损、局部坑洞等。

（2）主梁破坏主要有梁体被震裂、移位，在弹药直接打击下发生局部凹坑等，或部分梁体或全部梁体断裂，完全丧失承载能力。

（3）腹拱、立柱破坏主要有复拱、立柱局部弹坑或断裂破坏，以及拱板被炸断等。

（4）拱肋及拱圈破坏可能有拱肋局部受损但未被炸断，拱肋无明显下垂，或拱圈发生坍塌、影响相邻跨稳定等。

（5）部分有桥墩的拱桥，其桥墩及桥台可能发生的破坏主要有冲击波作用下的混凝土裂缝、墩台倾斜，导弹直接作用下的局部破损、空洞、坍塌等。

6.3.3　斜拉桥或悬索桥可能的破坏形式

斜拉桥和悬索桥一般为大跨度桥梁，具有结构体系复杂、构件类型与建造材料多的特点，因而，可能发生的破坏形式相对较为复杂与难以预计。可能发生的破坏形式如下。

（1）主缆在主鞍座与散索鞍被导弹命中，可能出现主缆局部断丝、主鞍座破坏与移位。

（2）吊杆和斜拉索可能出现与主梁连接处发生松动和断裂现象，以及吊杆和斜拉索局部由于弹片导致的破损及断裂。

（3）钢箱梁可能发生的破坏主要有局部贯穿成洞，洞体周围钢板严重变形，贯穿成洞的位置可能有桥面部分、箱梁底板、箱梁腹板、纵向肋板与横向肋板。

（4）主塔可能发生的破坏形式主要有桥塔表面的局部破损与凹坑，塔柱与横梁局部贯穿成洞，主塔局部被炸毁并在重力与主缆或拉索的压力共同作用下坍塌等。

（5）锚碇体可能发生的破坏形式主要有锚碇体局部破损与凹坑，散索鞍下混凝土局部凹坑，散索鞍下混凝土局部破损后由于主缆压力导致混凝土局部压溃，主缆位置发生移动等。

（6）钢箱梁因敌特破坏发生燃烧或车辆燃烧引起局部破坏（如翘曲、软化等），或遭敌燃烧弹打击，钢箱梁大面积燃烧，逐步丧失承载力，甚至梁段坍塌。

6.3.4　桥梁破坏程度划分实例

1. 某大桥破坏程度划分实例

某大桥的主桥为大跨度简支钢箱梁悬索桥和三跨连续钢箱梁斜拉桥，主要由塔墩（基础和塔身）、锚碇（基础和锚体）、缆索（主缆、索夹、鞍座、吊索、斜拉索、锚固区）、主梁

（箱梁、支座、伸缩缝等）4 部分组成。根据上文破坏程度的划分标准以及关于各种桥型破坏形式的分析，可以拟定该大桥在遭受自然灾害或战争情况下的破坏程度划分如下。

1）轻度破坏

（1）桥面有弹坑，但弹坑对承载力影响不大。

（2）钢箱梁侧向局部构件被炮弹贯穿或震裂，但不影响箱梁的整体承载力。

（3）少部分吊杆或斜拉索遭到破坏（松动或断裂），但对承载力影响不大。

（4）桥梁索塔、横梁受弹片轻微擦伤、破损，对桥塔承载力影响不大。

（5）主缆局部破损或断丝，但对承载力影响不大。

（6）散索鞍发生局部坍塌，但坍塌导致的水平变位小于 50cm，竖向变位小于 100cm。

（7）桥面出现局部轻度燃烧，铺装层受损，但对钢箱梁本身的承载力影响不大。

此种破坏模式下，可以不抢修，但车辆需要谨慎（慢速、绕过弹坑等，下同）通行；或经过抢修后，可以正常通行。

2）中度破坏

（1）主桥钢箱梁顶板有较大弹坑与空洞，导致车辆无法通行，但是容易抢修。

（2）纵隔板和横隔板被贯穿与炸毁，主梁丧失部分承载能力。

（3）一定数量的吊杆或斜拉索遭到破坏，桥面横向出现轻微扭转。

（4）桥梁索塔、横梁受弹片局部较重擦伤、破损，丧失部分承载力，破坏部位处于容易抢修的部位。

（5）主缆发生较重断丝，丧失部分承载力。

（6）锚碇局部弹坑过大，导致散索按鞍水平变位大于 50cm、小于 100cm，竖向变位大于 100cm、小于 200cm。

（7）桥面出现较大面积燃烧，铺装层严重受损，钢箱梁丧失部分承载力。

此种破坏模式下，经过应急抢修及加强后，车辆可以通行，但需要有限制（降载、减少车行道数、拉大车距、降低通行速度、控制车流量等，下同）通行。

3）重度破坏

（1）主桥钢箱梁局部遭受严重破坏，丧失大部分承载力，而且出现严重变形，纵横向错位。

（2）大量吊杆或斜拉索遭到破坏，导致箱梁严重变形甚至处于悬挂状态，或桥面横向出现较大扭转。

（3）主塔塔身遭到严重破坏，截面削弱导致塔墩严重变形或坍塌。

（4）索塔的横梁断裂或坍塌，导致索塔产生严重变形。

（5）散索鞍下混凝土局部或整体坍塌，主缆严重移位。

（6）主缆断丝严重并产生变位，或主缆完全断开导致桥体崩溃。

（7）锚碇体大面积崩塌与严重倾斜（散索鞍水平变位超过 100cm 或沉降超过 200cm）。

（8）桥塔基础遭到严重破坏。

（9）钢箱梁发生大面积燃烧，主梁节段严重受损，丧失承载力或坍塌。

此种破坏模式下，应急状态下不予组织抢修，需采用替代方案（如轮渡、绕行等方法）通行。

158

2. 某连续箱梁桥破坏程度划分实例

某桥主要采用预应力连续箱梁或普通钢筋混凝土连续箱梁的结构形式。主线桥面横向一般由双幅组成,桥面全宽32.5m,桥墩墩身采用柱式墩、薄壁墩或实体墩,桥墩高度从几米到几十米不等(最高52m左右);桥台采用桩柱式或肋板式桥台;主要采用钻孔灌注桩基础。该类桥梁在遭受自然灾害或战争情况下的破坏程度划分如下。

1) 轻度破坏

(1) 桥面铺装与桥面板局部毁坏,但是没有伤及箱梁翼缘,而且不需要抢修或者简单覆盖车辆就能够通行。

(2) 梁体局部被震裂,但是预应力体系完好,且梁体无明显变形。

(3) 一幅箱梁丧失承载力,另一幅能够正常使用。

(4) 桥墩局部弹坑或贯穿,但是截面削弱没有导致桥墩明显倾斜与其他部位破损。

(5) 梁体局部出现贯穿现象,但没有明显下挠变形。

(6) 桥面出现局部轻度燃烧,铺装层受损,但对主梁的承载力影响不大。

此种破坏模式下,可以不抢修,但车辆需要谨慎通行;或经过抢修后,可以正常通行。

2) 中度破坏

(1) 桥面铺装与桥面板大面积毁坏,但是梁体没有明显下挠或翘起的变形。

(2) 梁体局部出现贯穿现象,预应力体系局部受损,或梁体有较明显下挠变形或断裂。

(3) 桥墩局部弹坑但没有坍塌,截面削弱导致桥墩有轻微倾斜。

(4) 桥墩出现较大倾斜,但是梁体没有发生严重破坏,且桥墩高度在52m以下。

(5) 单跨箱梁梁体发生严重断裂或坍塌,其他跨没有发生明显的下垂现象。

(6) 桥墩出现严重倾斜或坍塌,且桥墩高度在52m以下。

(7) 桥面出现较大面积燃烧,铺装层严重受损,主梁出现较大裂缝及较明显变形,丧失部分承载力甚至断裂、坍塌。

此种破坏模式下,经过应急抢修及加强后,车辆可以通行,但需要有限制通行。

3) 重度破坏

(1) 多跨坍塌,抢修器材不能够满足需求。

(2) 多跨坍塌,抢修时间不能满足战时通行要求。

此种破坏模式下,应急状态下不予组织抢修,需采用替代方案(如绕行等方法)通行。

3. 某简支T梁及空心板梁桥破坏程度划分实例

某桥引桥中,部分结构采用预应力砼简支T梁桥及空心板梁结构形式,主要孔径有13m、16m、20m、25m等几种,桥墩墩身采用柱式墩,高度一般在10m以下;桥台采用桩柱式桥台;基础采用钻孔灌注桩基础。该类桥梁在遭受自然灾害或战争情况下的破坏程度划分如下。

1) 轻度破坏

(1) 桥面铺装与桥面板局部毁坏,而且不需要抢修或者简单覆盖车辆就能够通行。

(2) 梁体局部被震裂,但是梁体无明显变形。

(3) 个别梁体丧失承载力,但是其他车道能够继续通行。

(4) 桥墩局部开裂、破损或贯穿,但是截面削弱没有导致桥墩倾斜。

(5) 桥面出现局部轻度燃烧,铺装层受损,但对主梁的承载力影响不大。

此种破坏模式下,可以不抢修,但车辆需要谨慎通行;或经过抢修后,可以正常通行。

2）中度破坏

（1）桥面铺装与桥面板大面积毁坏,需要进行抢修后车辆才可以通行。

（2）多个梁体振裂或出现贯穿现象,并出现明显下挠变形或断裂。

（3）桥墩局部弹坑,截面削弱导致桥墩有轻微倾斜。

（4）桥墩出现严重倾斜或坍塌。

（5）整个主梁断裂或坍塌。

（6）桥面出现较大面积燃烧,铺装层严重受损,主梁出现较大裂缝及较明显变形,丧失部分承载力甚至断裂、坍塌。

此种破坏模式下,经过应急抢修及加强后,车辆可以通行,但需要有限制通行。

3）重度破坏

（1）多跨坍塌,抢修器材不能够满足需求。

（2）多跨坍塌,抢修时间不能满足战时通行要求。

此种破坏模式下,应急状态下不予组织抢修,需采用替代方案（如绕行等方法）通行。

6.4 梁式桥上部结构破坏的应急抢修

6.4.1 桥面的应急抢修

（1）用木材覆盖孔洞。在横隔梁上设置纵桥板,如横隔梁间距过大时,可在2根主梁上铺设横桥板,在横桥板上铺设纵桥板,纵桥板的两端应构成斜坡（图6-46）。

图6-46 用横桥板覆盖孔洞

横隔梁被破坏,而孔洞较小时,可在两主梁间安置横桁,在横桁上铺设纵桥板。当孔洞较大时,则在孔洞上方安置一组金属桁,在金属桁组上设置两跨上部结构,其斜坡坡度不超过15%（图6-47）。

（2）用钢板覆盖孔洞。通常采用厚10mm以上,长度为孔洞直径3倍,宽为孔洞直径2倍的钢板,覆盖于孔洞及与孔洞相邻的横、纵梁上,为防止行车时冲掉钢板,应将钢板长边沿桥轴线铺设,有条件时,还应在钢板两端用埋设螺栓或道钉固定。

（3）混凝土修补弹孔。通常采用钢丝网与混凝土、钢丝网与膨胀混凝土、钢纤维混凝土等,修补加固弹孔。

桥面弹坑应急抢修示例如下。

1. 适用条件

某混凝土T梁或箱梁桥桥面上有较大孔洞（可能伤及箱梁顶、底板及其他构件）影响

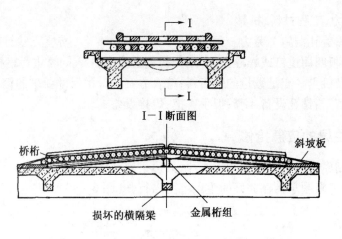

I-I断面图

桥桁

斜坡板

损坏的横隔梁

金属桁组

图6-47 横隔梁的应急抢修

车辆通行。

2. 应急抢修方案

（1）孔洞直径在100cm以上时,分为可填充材料情况(孔洞在T梁上,或孔洞没有洞穿箱梁顶板)和不可填充材料情况(孔洞洞穿箱梁顶板)。

对可填充材料情况则先填砂石料适当碾压再覆盖钢板(图6-48(a)),钢板四边尽量覆盖到与孔洞相邻的横、纵梁上,钢板尺寸为250cm×125cm×1.5cm。

对不可填充材料情况,首先用型钢或钢板将被洞穿的箱梁顶板进行焊接加固(如底板被洞穿,也需要用同样方法加固),然后用加厚的钢板覆盖在孔洞的上方,钢板尺寸为250cm×125cm×2.0cm。为防止行车时冲掉钢板,应将钢板长边沿桥轴线铺设,有条件时,还应在钢板两端用埋设螺栓或道钉固定(图6-48(b))。

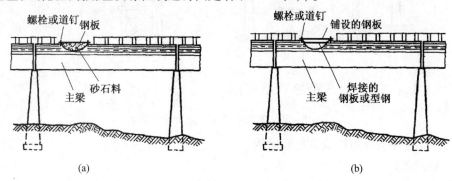

螺栓或道钉 钢板

主梁

砂石料

螺栓或道钉 铺设的钢板

主梁

焊接的钢板或型钢

(a)

(b)

图6-48 钢板覆盖弹坑抢修桥面示意图

(a) 可填充材料时；(b) 不可填充材料时。

（2）孔洞直径在50cm～100cm时,为加快抢修速度,可以直接在孔洞上覆盖钢板。钢板尺寸为250cm×125cm×2.0cm。为防止行车时冲掉钢板,应将钢板长边沿桥轴线铺设,有条件时,还应在钢板两端用埋设螺栓或道钉固定。

（3）对50cm以下的孔洞,采用200cm×100cm×1.5cm的钢板,直接覆盖于弹坑上。为防止行车时冲掉钢板,应将钢板长边沿桥轴线铺设,有条件时,还应在钢板两端用埋设螺栓或道钉固定。

3. 主要劳力、工程材料、机具

（1）钢板覆盖孔洞施工劳力。预计需要人力4名~8名（需填充砂石料时，先填充砂石料，然后打钢板四周道钉或螺栓孔，再用钢板覆盖孔洞，4人同时进行钢板固定作业）。

（2）材料及机具。充足数量的砂石料；符合方案设计中尺寸要求的钢板若干块；固定的道钉及螺栓若干；钻孔设备4套；扳手4把；焊接设备1套。

6.4.2 主梁的应急抢修

当桥跨横断面内的主梁数量多于4片，其边梁被破坏，而未被破坏的其他主梁仍能通过规定荷载时，可限制车辆在完好的主梁范围内行驶（图6-49）。

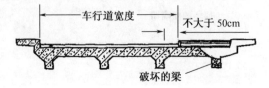

图6-49 限制车辆在桥面上的行驶范围

当被破坏的主梁位于桥面中央，但其下部钢筋未被破坏，梁无明显下垂时，可在下面设置辅助桥脚（木杆层或复式架柱桥脚）或浮游桥脚来支撑。设置辅助桥脚时，应注意打紧木楔（图6-50），同时在桥面上设置木质桁或金属桁跨过孔洞。

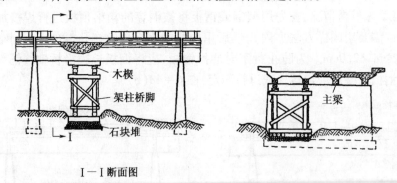

图6-50 用辅助桥脚应急抢修主梁

1. 主梁下增设浮墩的应急抢修示例

1）适用条件

适用于某桥主跨70m的主梁局部较重损伤，丧失部分承载力，可以抢修时。

2）应急抢修方案

在主梁破损位置的下方设置浮墩。浮体可以采用普通的钢质民船，在对船体进行了加强后，在其上设置装配式公路钢桥墩进行支护，其工作原理如图6-51、图6-52所示。

对主梁受损引起的桥面孔洞的抢修，可以参考桥面孔洞应急抢修方案示例的方法进行抢修。应急抢修后的桥梁需有限制通行。

3）器材供应

需要321装配式公路钢桥桁架片及配套器材若干。还需要其他器材如钢质民船、钢板、钢轨或工字钢、道钉及螺栓等配件和焊接设备等。

162

图 6-51 受损主梁下设置浮墩抢修原理图(木质墩)

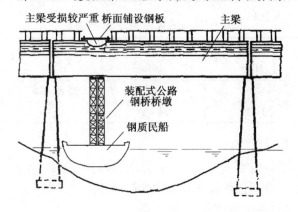

图 6-52 受损主梁下设置浮墩抢修原理图(钢桥墩)

2. 碳纤维增强复合材料局部加强抢修示例

1)适用条件

适用于主梁局部受损(如钢箱梁伤及纵、横隔板,预应力混凝土梁丧失部分预应力等),丧失部分承载力时。

2)应急抢修方案

采用粘贴碳纤维增强复合材料(CFRP)的方式进行抢修,可以根据损坏的程度和位置(如钢箱梁损坏的纵、横隔板截面处,混凝土箱梁的裂缝位置等)在箱梁的底板或腹板处粘贴碳纤维布加强。抢修后需有限制通行。

如图 6-53 所示,采用碳纤维增强复合材料进行局部加强时,可以采用先预张拉碳纤

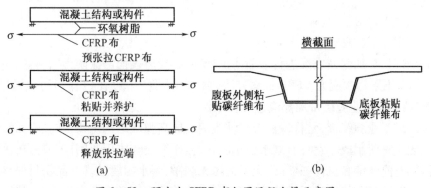

图 6-53 预应力 CFRP 布加固混凝土梁示意图

维布,然后采用粘贴的预应力加固法(图 6 - 53(a)),也可以直接粘贴进行加固(图 6 - 53(b))。

表 6 - 9 及表 6 - 10 所列为部分碳纤维布的型号及其主要力学性能以及相应的粘贴建筑胶。

表 6 - 9 碳纤维材料主要性能

性能\材料	抗拉强度/MPa	弹性模量/MPa	延伸率/%	密度/(g/cm³)	耐腐蚀性	侵透性	均匀度
CFRP - T700S	5000	2.35×10^5	2.1	1.8	优	良好	良好
L300 - C	3550	2.40×10^5	2	1.79	优	良好	良好

表 6 - 10 建筑结构胶基本性能

性能\材料	抗拉强度/MPa	抗剪强度/MPa	适用温度/℃	弹性模量/GPa
JGN - C	>30	>20	10 ~ 35	5 ~ 6
长江牌 YZJ	30 ~ 35	24 ~ 30	- 40 ~ + 70	5 ~ 6

3) 主要劳力、工程材料、机具

(1) 施工劳力。预计需要人力 5 名(按施工要求同时进行作业)。

(2) 材料及机具。合适抢修尺寸的碳纤维布;粘贴胶水若干;打磨、找平设备 2 套;涂刷胶水工具 2 把;张拉设备 1 套;顶压设备 2 套。

4) 施工基本步骤

(1) 将待加固梁粘贴面打磨至坚硬层,粘贴面找平处理并清除粘贴面上的油污、浮浆和粉尘。

(2) 在加固构件粘贴面上用涂胶辊均匀刷涂底胶,养护至规定时间至手指触摸不粘手。

(3) 安装张拉设备,可以采用植筋方法在被加固梁端的支墩或柱上固定张拉设备。

(4) 安装 CFRP 布,并张拉 CFRP 布达到预定的值。

(5) 用粘贴树脂均匀刷涂 CFRP 布。

(6) 抬升 CFRP 布与构件底面紧密结合,碾压排除气泡,使粘贴紧密,粘贴树脂养护达到强度。

(7) 释放张拉端。

(8) 采用多层粘贴时重复上述步骤。

(9) 全部粘贴加固完成后进行表面防护处理,必要时表面需涂防火涂料。

注:如果不采用预应力 CFRP 加固方法,则上述步骤中(3)、(4)、(7)可以跳过。

3. 玻璃纤维工业缠绕带局部应急修补示例

玻璃纤维工业缠绕带,是将特种玻璃纤维编织成高弹性结构织物,并在表面涂覆水固化高分子化合物而制成。它具有遇水快速固化、操作简便和应用范围广等特点,固化后形成的结构物弯曲强度和拉伸强度高、无毒无味无刺激、耐水耐腐蚀。产品密封保存在铝塑复合袋中,即开即用,使用时无需特殊设备,只要简单地将绷带浸入水中数秒,然后就可粘贴或缠绕,并在20min内完成固化承重,24h后就能达到应有的机械防护性能。

1)适用条件

混凝土桥梁局部受损(主要为裂缝)的修补。

2)应急抢修方案

采用玻璃纤维工业缠绕带的方式进行抢修,可以根据损坏的程度和位置(如混凝土箱梁的裂缝位置等)在箱梁的底板或腹板处粘贴或缠绕玻璃纤维工业缠绕带加强。抢修后需有限制通行。

如图6-54所示,采用玻璃纤维工业缠绕带进行局部修补加强的方法简单,可以直接粘贴几层(一般为4层~5层)进行修补加固。

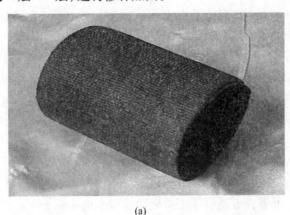

(a)

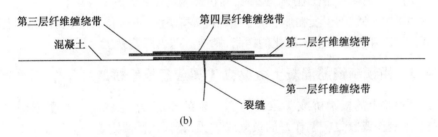

(b)

图6-54 工业装甲缠绕带修补混凝土裂缝示意图

(a)材料照片;(b)加固示步骤示意图。

玻璃纤维工业缠绕带主要性能指标参数如表6-11所列。

表6-11 玻璃纤维工业缠绕带主要性能指标参数

冲击韧性 /(kJ/m²)	纵向拉伸强度 /MPa	横向拉伸强度 /MPa	层间剥离强度 /(N/mm)	耐腐蚀性	耐温/℃	压缩强度/N
≥30	≥12	≥32	≥0.6	优	150	≥300

表6-11中指标为宽度100mm的缠绕带的测试结果。目前,生产厂家在不改变生产线的情况下可根据需要生产出更宽的缠绕带(700mm以内)。

3)主要劳力、工程材料、机具

(1)施工劳力。一条裂缝的施工预计需要人力3名(按实际桥跨可安排同时进行作业)。

（2）材料及机具。合适抢修尺寸的玻璃纤维工业缠绕带;盛水、打磨、吹干设备1套;清洗毛刷1把;滚压设备1套。

4）施工基本步骤

（1）将待修补混凝土粘贴面磨平处理,并用水清除粘贴面上的油污、浮浆和粉尘。

（2）用吹干设备将修补粘贴面及裂缝快速吹干。

（3）先用环氧树脂等高强黏结剂充填裂缝。

（4）戴上手套,撕开玻璃纤维工业缠绕带的包装袋,并把水倒入袋中,挤捏数秒钟后取出玻璃纤维工业缠绕带,挤掉多余的水分。

（5）将玻璃纤维工业缠绕带沿裂缝走向粘贴,并保持裂缝两侧基本等宽。一边粘,一边由一名作业手用滚压设备（如直径不小于5cm的实心铁棒等）在已贴在裂缝上的玻璃纤维工业缠绕带表面进行碾压。

（6）一条裂缝贴完后,用同样的方法,再用另一条玻璃纤维工业缠绕带与上一条玻璃纤维工业缠绕带重叠1/3向裂缝的两外侧继续进行粘贴,并且保证粘贴的玻璃纤维工业缠绕带在裂缝的两外侧宽度能各自达到1m以上。

（7）采用多层粘贴时重复上述步骤,一般在同一位置的玻璃纤维工业缠绕带有4层~5层即可。

（8）全部粘贴加固完成后,20min后就可承载。

注意:① 如环境温度低于0℃,则需将玻璃纤维工业缠绕带加热至2℃以上;

② 若在雨天使用,可省去玻璃纤维工业缠绕带浸水的步骤;

③ 使用多个玻璃纤维工业缠绕带时,其包装袋需逐个开封;

④ 使用时若接触到少量树脂,可用丙酮或酒精清洗,也可待其固化后去除;若眼睛接触到玻璃纤维工业缠绕带中未固化的树脂,则应立即去医院就医。

6.4.3 用预制钢筋混凝土板梁或 T 梁应急抢修桥跨

若原有道路上的板梁桥或 T 梁桥占有一定的比例,应急状态下可根据桥梁抢修计划,预先加工制作或收集已制作好的板梁或 T 梁,储备在桥位附近。

当桥跨部分板梁或 T 梁被震毁或炸塌时,在清除残渣后,填补相同跨径的新板梁或新 T 梁进行修复,对于有接缝的板梁或 T 梁,在板梁或 T 梁间的接缝处,用快干水泥砂浆或环氧树脂砂浆填实,桥面上用早强混凝土等构筑路面。

对于板梁桥,当桥跨结构全部塌落时,还可用大于原跨径1m~1.5m的预制板梁,构筑临时桥跨结构,桥跨的两端凿平后设置础材,用预埋螺栓或钢丝绳固定,新设板梁两端应填实并构筑斜坡（图6-55）。

6.4.4 用型钢梁应急抢修桥跨

（1）型钢、钢轨桁组梁。型钢桁组梁可抢修跨径11m以下的桥跨,钢轨桁组梁可抢修跨径7m以下的桥跨。

（2）工字钢组合梁。由高度300mm以上的2根工字钢焊接组合而成,修复桥梁的跨径可达12m~30m。

在利用组合梁抢修桥跨时,焊接部分尽可能预先加工,横向连接系采用螺栓连接,根

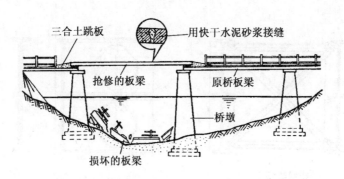

图 6-55 钢筋混凝土板梁桥的应急抢修

据不同的跨径及荷载,单片组合梁的吊装质量为 1t ~ 6t,需采用机械化施工。制作组合梁时,应将 2 根工字钢叠放,并在工字钢之间按要求的间距垫上钢垫板,然后焊接在一起。应注意各组工字钢顶面线或底面必须在同一水平面上。组合梁架设好后,设置连接系,连接杆件用角钢制作,横向连接系由 2 根交叉的单角钢和上、下两根平行的单角钢组成,还要设置类似于装配式公路钢桥抗风拉杆的斜向连接杆件组成的下平联,但应安置在离支座 3.5m ~ 4.4m 的范围内。

(3) 鱼腹式工字钢组合梁。为了降低支座处的梁高,可做成鱼腹式工字钢组合梁。鱼腹式是将工字钢组合梁靠近支座处的下层工字钢切去一段,使它成为两头高度小、中间高度大的鱼腹形。鱼腹式工字钢组合梁,通过 600kN 履带式荷载时,跨径可达 21m。使用时用螺栓拼接。

工字钢组合梁应急抢修中小桥跨示例如下。

1. 适用条件

某桥引桥跨度 25m 以下的简支 T 梁断裂或坍塌。

2. 应急抢修方案

用高度 560mm 的 2 根工字钢焊接组合而成。主桥 25m,两边引桥或进出口小于 3m,坡度小于 10%。车行道宽 4.2m。设计荷载:汽 -20,履带 -50t。

组合梁的结构形式简图如图 6-56 及图 6-57 所示。在利用组合梁应急抢修桥跨时,焊接部分应尽可能预先加工,主梁间的横向连接系采用螺栓连接(若时间紧迫,可直接采用焊接方式)。单片主梁重 6t 左右,需采用机械化施工。

制作组合梁时,应将 2 根工字钢叠放,并在工字钢之间按要求的间距垫上钢垫板,然后焊接在一起。注意:各组工字钢顶面线或底面线必须在同一水

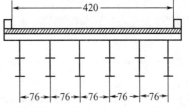

图 6-56 工字钢组合梁横断面示意图

平面上。组合梁架设好后,设置连接系,连接杆件用角钢制作,横向连接系由 2 根交叉的单角钢和上、下两根平行的角钢(角钢尺寸:63mm×40mm×6mm)组成,还要设置类似于装配式公路钢桥抗风拉杆的斜向连接杆件组成的下平联,但需安置在离支座 3.5m ~ 4.4m 的范围内。

由于工字钢的一般长度为 6m ~ 19m,而本处桥跨为 25m,因此需要接长。可以采用

167

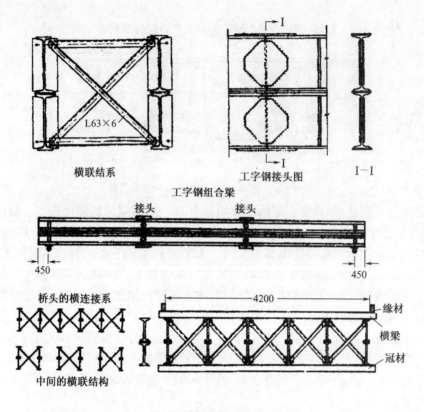

横联结系

工字钢接头图

I—I

工字钢组合梁

接头　　　　接头

450　　　　　　　　　　　　　　　　　　450

桥头的横连接系

4200

缘材

横梁

冠材

中间的横联结构

图 6－57　工字钢组合梁构造示意图

拼接板的方式进行接长处理,在接头处采用焊接方式处理。

　　跨度 25m 的工字钢组合梁断面尺寸及数量如表 6－12 所列,每跨工字钢组合梁消耗的材料断面尺寸和数量如表 6－13 所列,工字钢梁接长部分所需的拼接板材料尺寸和数量如表 6－14 所列。

表 6－12　工字钢组合梁断面尺寸及数量(单行道桥)

荷载等级	组合梁配置简图	主梁		每根梁的垫板			每两根梁间的横向连接系		单片主梁吊装质量/kN
		跨径/m	规格	尺寸/mm	间距/m	每根件数	间距/mm	每根件数	
汽－20 履带－50	420 ←76→←76→←76→←76→←76→	25	56a	14×200×200	1.3	19	2272	12	56.2

注:1. 横向连接系杆件由 2 根交叉的角钢 63×40×6 组成;

　　2. 组合梁配置简图中,尺寸单位为 cm

168

表 6 – 13　每跨工字钢组合梁消耗的材料断面尺寸和数量(单行道桥)

| 荷载等级 | 桁数 | 跨径/m | 工字钢 | | | 垫板 | | 连接系 | | |
			型号	总长/m	质量/t	厚度/mm	质量/kg	角钢 63×40×6/kg	钢板 (10mm)/kg	螺栓/只
汽 – 20 履带 – 50	6	25	56a	304.8	32.4	14	452	2893	3830	380

注:1. 桥面部分采用木质横桁和纵桥板;
　　2. 表中材料数量不包括损耗数量

表 6 – 14　拼接板的材料尺寸和数量(单行道桥)

| 型号 | 垂直拼接板 | | | | 水平拼接板 | | | |
	焊缝高度	钢板厚度	钢板尺寸	质量/kg	焊缝高度	钢板厚度	钢板尺寸	质量/kg
56a	12	12	420×420	66.5	20	20	200×510	30.0

3. 主要材料

参见表 6 – 12 ~ 表 6 – 14。

6.4.5　用型钢桁架应急抢修桥跨

型钢桁架可在工厂拼制或利用制式桁架,如装配式公路钢桥桁架、重型桁架桥桁架等(图 6 – 58)。

图 6 – 58　装配式公路钢桥桥跨和桥墩应急抢修

1. 321 装配式公路钢桥单跨桥应急抢修示例

1) 适用条件

某桥引桥中原桥跨 25m 主梁断裂或坍塌。

2) 应急抢修方案

采用架设 2 座(双车道)单跨的单层双排加强型装配式公路钢桥进行应急抢修(图 6 – 59)。主桥 27m,两边引桥各 11.4m,引桥坡度为 6% ~ 8%。车行道宽 3.7m。设计荷载:汽 – 20,挂 – 80,履带 – 50t。装配式公路钢桥为标准设计桥,跨径为 27m 的单层双

169

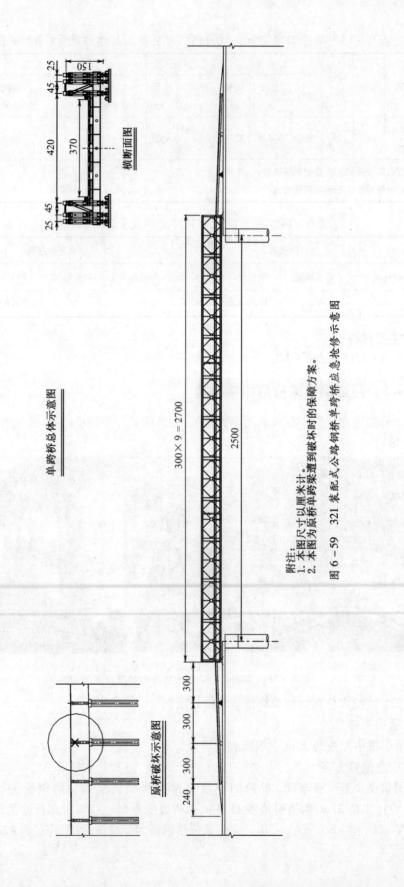

横断面图

单跨桥总体示意图

原桥破坏示意图

附注:
1. 本图尺寸以厘米计。
2. 本图为原桥单跨梁遭到破坏时的保障方案。

图6-59 321装配式公路钢桥单跨桥应急抢修示意图

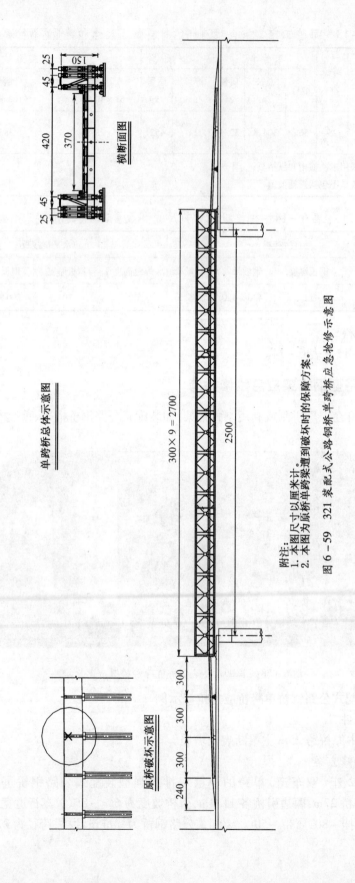

排加强型装配式公路钢桥能够满足上述通载要求。

3）器材供应

需要 321 装配式公路钢桥 100 片及其配套器材。其他器材或设备可在应急状态下从社会机构筹集或征用。

4）施工作业

施工中，一端拼装，整体推、拉桥跨，导梁为单排 7 节 21m 桁架，导梁和桥跨由人工拼装。需卷扬机提供动力牵引桥跨。

架设准备工作流程和桥梁架设工作流程如图 6 - 60 所示。

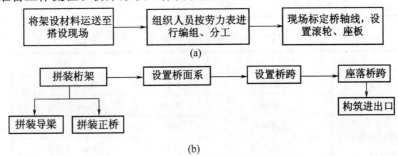

(a)

(b)

图 6 - 60　桥梁架设准备和架设工作流程

(a) 架设准备工作流程；(b) 桥梁架设工作流程。

5）单跨桥方案主要劳力、工程材料、机具表

参见表 6 - 15 ～ 表 6 - 18。

表 6 - 15　架设一座 27m 长单层双排加强型装配式公路钢桥劳力表

分工	组数	人数	任 务
队长		1	负责指挥
桁架组	2	16	负责搬运、拼装桁架，安装桁架销
加强弦杆组	1	8	负责搬运、安装加强弦杆，可与桁架班协作进行
横梁组	1	8	负责搬运、安装横梁
连接组	1	8	负责安装横梁夹具、斜撑、支撑架、抗风拉杆、联板等
桥面组	1	8	负责搬运、安装纵梁、桥板、缘材
进出口和牵引组	1	8	负责进出口拼装、桥跨牵引到位
合计		57	

注：1. 桥跨牵引、座落阶段的编组与分工：桥跨牵引、桥跨座落、桥面构筑和进出口构筑的分工，可根据作业进度、作业量，重新分配各作业班任务，即 1 次编组、数次分工；

2. 若要架设 2 座桥成双行道，则需将人员数乘以 2 或时间乘以 2

表 6-16　一座长 27m 单跨桥全桥主要工程数量表(双车道)

材料名称	项目	单位	主桥	引桥	导梁
装配式公路钢桥	单层单排	纵长米			2×21
	单层双排加强型	纵长米	2×27		
	进出口	纵长米		2×2×9	
其他	2.4m 长跳板	块		2×4	

表 6-17　一座长 27m 单跨桥主要机具表

名　称		数量	名　称	数量
装配式公路钢桥架设工具和机具	摇滚	8 个	20t 千斤顶	4 个
	平滚	28 个	32mm 呆扳手	8 把
	摇滚样盘	4 个	46mm 呆扳手	4 把
	平滚样盘	14 个	55mm 呆扳手	4 把
	阳头斜面弦杆	6 根	撬杠	8 根
	阴头斜面弦杆	6 根	大木锤	8 把
	下弦接头	2 个	4lb 铁锤	8 把
其他机具	风镐或凿岩机	2 台	8t 吊车	1 台
	发电机	1 台	冲击钻	1 台
	5 吨卷扬机	1 台		

注：1. 这是 1 座桥的架设机具，若要 2 座桥同时进行架设，则需将上表的架设机具数乘以 2；
　　2. 1lb = 0.454kg

表 6-18　一座 27m 长单跨桥全桥主要材料表(双车道)

部件名称	单位	主跨部分	进山口部分	导梁部分	合计
桁架	节	72		28	100
加强弦杆	根	112			112
销子	个	272		52	324
保险销	个	272		52	324
横梁	根	46		14	60
横梁夹具	个	144		28	172
有扣纵梁	个	36			36
无扣纵梁	个	36			36
阳头端柱	根	8			8
阴头端柱	根	8			8
斜撑	根	40		28	68

项目 部件名称	单位	主跨部分	进出口部分	导梁部分	合计
支撑架	个	36			36
抗风拉杆	根	36		28	64
下弦接头	个			4	4
桥面板	块	270	180		450
缘材	根	44	24		68
桥座	个		16		16
座板	块		8		8
搭板支座	个		32		32
有扣搭板	个		24		24
无扣搭板	个		24		24
弦杆螺栓	个	224			224
斜撑螺栓	个	80		56	136
撑架螺栓	个	144	96		240
缘材螺栓	个	176	96		272
25cm×25cm×500cm 础材(方木)	根		4		4
跳板	块		8		8

注：进出口搭板支座上所用横梁可从导梁拆卸下的器材中选用

2. 321装配式公路钢桥双跨桥应急抢修示例

1）适用条件

某桥引桥中相邻两跨25m梁断裂或坍塌，或桥墩倒塌导致相邻两跨25m梁坍塌。

2）应急抢修方案

采用架设2座（双车道）双跨的单层双排加强型装配式公路钢桥进行抢修（图6-61及图6-62）。主桥2m×27m，两边引桥各11.4m，引桥坡度为6%～8%。车行道宽3.7m。在原桥桥墩位置处用装配式公路钢桥器材做桥墩（以墩高9m为例）。设计荷载：汽-20，挂-80，履带-50t。装配式公路钢桥为标准设计桥，跨径为27m的两跨单层双排加强型装配式公路钢桥能够满足上述通载要求。

3）器材供应

需要321装配式公路钢桥184片及其配套器材。其他器材或设备应急状态下可从社会机构筹集或征用。

4）施工作业

施工中，一端拼装，整体推、拉连续的54m桁架，只需一节导梁和下弦接头，用于桁架能顺利通过中间桥墩和对岸的摇滚。在中间桥墩处放置4个摇滚，桁架推送到位后，中间和两端一样用千斤顶顶起桁架，拆除摇滚，使桁架坐落在桥脚支座上。需卷扬机提供动力牵引桥跨。桥跨由人工拼装，桥墩由吊车或塔吊拼装（采用人工借助简易葫芦逐层向上

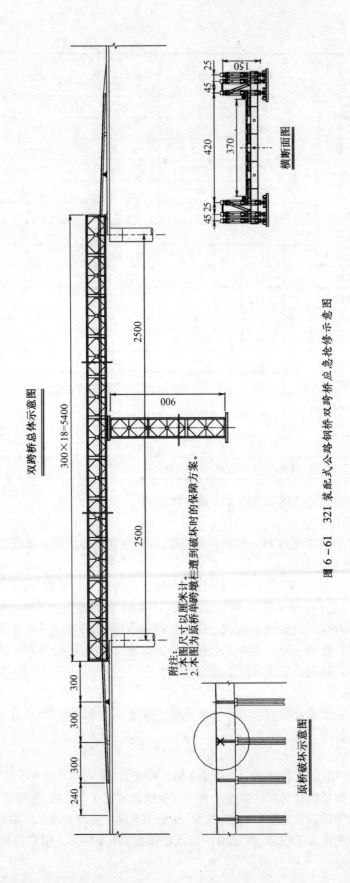

双跨桥总体示意图

$300 \times 18 = 5400$

2500

006

2500

横断面图

150

45 25

420

370

45 25

原桥破坏示意图

附注：
1.本图尺寸以厘米计。
2.本图为原桥单跨墩主遭到破坏时的保障方案。

300

300

300

240

图 6 - 61 321 装配式公路钢桥双跨桥应急抢修示意图

174

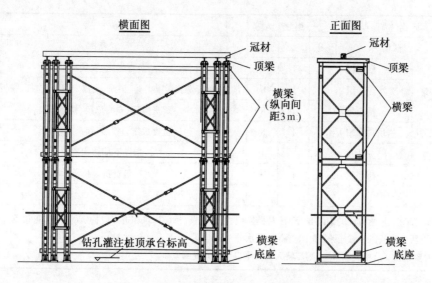

图 6-62　321 装配式公路钢桥双跨桥桥墩示意图

拼装)。在原桥墩承台处构筑混凝土基座,桥墩底座与其相连。桥墩基座标高根据被炸桥墩承台标高确定。用 4 根控制钢索保证装配式钢桥桥墩侧向稳定(将桥墩顶端 4 角用钢丝绳连接在地面的 4 个锚桩上)。

架设准备工作流程和桥梁架设工作流程如图 6-63 所示。

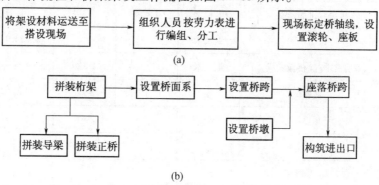

图 6-63　双跨桥桥梁架设准备和架设工作流程

(a)架设准备工作流程;(b)桥梁架设工作流程。

5)双跨桥方案主要劳力、工程材料、机具表

参见表 6-19~表 6-22。

表 6-19　架设一座 54m 长双跨单层双排加强型装配式公路钢桥劳力表

分　工		组数	人数	任　务
队长			1	总指挥
上部结构分队	分队长		1	指挥上部结构架设
	桁架组	2	16	负责搬运、拼装桁架,安装桁架销
	加强弦杆组	1	8	负责搬运、安装加强弦杆,可与桁架班协作进行

分　工		组数	人数	任　务
队长			1	总指挥
上部结构分队	横梁组	1	8	负责搬运、安装横梁
	连接组	1	8	负责安装横梁夹具、斜撑、支撑架、抗风拉杆、联板等
	桥面组	1	8	负责搬运、安装纵梁、桥板、缘材
	进出口和牵引组	1	8	负责进出口拼装、桥跨牵引到位
下部结构分队	分队长		1	指挥下部结构架设
	桥墩组	1	16	负责拼装桥墩
合计			75	

注：1. 桥跨牵引、座落阶段的编组与分工：桥跨牵引、桥跨座落、桥面构筑和进出口构筑的分工，可根据作业进度、作业量，重新分配各作业班任务，即1次编组、数次分工；

2. 若要架设2座桥成双行道，则需将人员数乘以2或时间乘以2

表 6-20　一座 54m 长双跨桥全桥主要工程数量表（双行道）

材料名称 ＼ 项目		单位	主桥		引桥	导梁
			上部结构	桥墩		
装配式公路钢桥	单层单排	纵长米				2×3
	单层双排加强型	纵长米	2×54			
	进出口	纵长米			2×2×9	
	单层三排(除桥板纵梁)	纵长米		2×9		
其他	底座	根		2×6		
	顶梁	根		2×6		
	冠材	根		2×1		
	2.4m 长跳板	块			2×4	

表 6-21　一座 54m 长双跨桥主要机具表

名　称		数量	名　称	数量
装配式公路钢桥架设工具和机具	摇滚	12 个	20t 千斤顶	6 个
	平滚	40 个	32mm 呆扳手	8 把
	摇滚样盘	6 个	46mm 呆扳手	4 把
	平滚样盘	20 个	55mm 呆扳手	4 把
	阳头斜面弦杆	6 根	撬杠	8 根
	阴头斜面弦杆	6 根	大木锤	8 把
	下弦接头	2 个	4lb 铁锤	8 把

名　　称		数量	名　　称	数量
其他机具	风镐或凿岩机	2 台	8t 吊车	1 台
	发电机	1 台	冲击钻	1 台
	水准仪	1 台	电焊机	1 台
	10 吨卷扬机	1 台		

注：这是 1 座桥的架设机具,若要 2 座桥同时进行架设,则需将上表的架设机具数乘以 2

表 6 – 22　一座 54m 长双跨桥全桥主要材料表(双行道)

项目 部件名称	单位	主跨部分	桥脚部分	进出口部分	导梁部分	合计
桁架	节	144	36		4	184
加强弦杆	根	224				224
销子	个	544	84			628
保险销	个	544	84			628
横梁	根	92	8		2	102
横梁夹具	个	288	42		4	324
有扣纵梁	个	72				72
无扣纵梁	个	72				72
阳头端柱	根	16				16
阴头端柱	根	16				16
斜撑	根	80	14		4	98
支撑架	个	72	12			84
联板	块		14			14
抗风拉杆	根	72	12		4	88
下弦接头	个				4	4
桥面板	块	540		180		720
缘材	根	88		24		112
桥座	个			16		16
座板	块			8		8
搭板支座	个			32		32
有扣搭板	个			24		24
无扣搭板	个			24		24
弦杆螺栓	个	448				448
斜撑螺栓	个	160	24		8	192
撑架螺栓	个	288	76	192		559
缘材螺栓	个	352		96		448
25cm×25cm×500cm 础材	根					4

部件名称 项目	单位	主跨部分	桥脚部分	进出口部分	导梁部分	合计
跳板	块			8		8
顶梁	根		12			12
底座	根		12			12
钢丝绳	m		120			120

注：1. 进出口搭板支座上所用横梁可从导梁拆卸下的器材中选用；
　　2. 表中顶梁、底座需要根据桥墩截面情况定制

3. ZB200 型装配式公路钢桥单跨桥应急抢修示例

1）适用条件

某大桥主桥原桥跨 45m 主梁断裂或坍塌。

2）应急抢修方案

采用架设 2 座（双车道）单跨的单层三排加强型 ZB-200 型装配式公路钢桥进行抢修（图 6-64）。主桥 48m，两边引桥各 11.4m，引桥坡度为 6%～8%。车行道宽 4.2m。设计荷载：汽-20，挂-80，履带-50t。ZB-200 型装配式公路钢桥为标准设计桥，跨径为 48m 的单层三排加强型 ZB-200 型装配式公路钢桥能够满足上述通载要求。

3）器材供应

需要 ZB-200 装配式公路钢桥 228 片及其配套器材。其他器材或设备应急状态下可从社会机构筹集或征用。

4）施工作业

施工中，一端拼装，整体推、拉桥跨，导梁为单排 9 节 27m 桁架，导梁和桥跨由人工拼装。需卷扬机提供动力牵引桥跨。

架设准备工作流程和桥梁架设工作流程如图 6-65 所示。

5）单跨桥方案主要劳力、工程材料、机具表

参见表 6-23～表 6-26。

表 6-23　架设一座 48m 长单层三排加强型 ZB-200 型装配式公路钢桥劳力表

分工	组数	人数	任务
队长		1	负责指挥
桁架组	4	32	负责搬运、拼装桁架，安装桁架销
加强弦杆组	2	8	负责搬运、安装加强弦杆，可与桁架班协作进行
横梁组	1	10	负责搬运、安装横梁
连接组	1	8	负责安装横梁夹具、斜撑、支撑架、抗风拉杆、联板等
桥面组	1	10	负责搬运、安装纵梁、桥板、缘材
进出口和牵引组	1	8	负责进出口拼装、桥跨牵引到位
合计		77	

注：1. 桥跨牵引、座落阶段的编组与分工：桥跨牵引、桥跨座落、桥面构筑和进出口构筑的分工，可根据作业进程、
　　　作业量，重新分配各作业班任务，即 1 次编组，数次分工；
　　2. 若要架设 2 座桥成双行道，则需将人员数乘以 2 或时间乘以 2

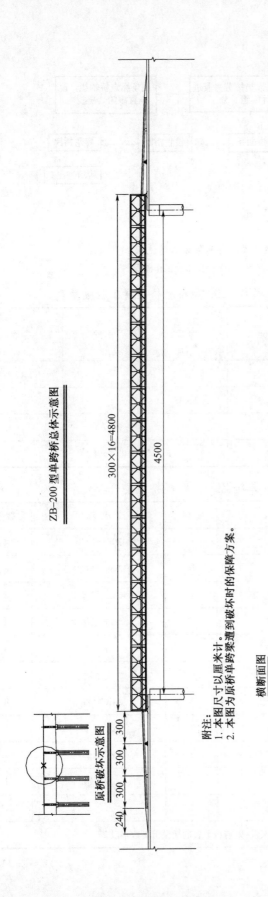

ZB-200 型单跨桥总体示意图

$300 \times 16 = 4800$

4500

原桥破坏示意图

300 300 300 300 240

附注：
1. 本图尺寸以厘米计。
2. 本图为原桥单跨梁遭到破坏时的保障方案。

横断面图

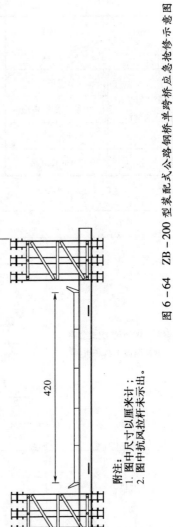

570

420

附注：
1. 图中尺寸以厘米计；
2. 图中抗风拉杆未示出。

图 6-64 ZB-200 型装配式公路钢桥单跨桥应急抢修示意图

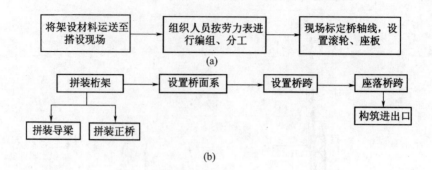

(a)

(b)

图 6-65　桥梁架设准备和架设工作流程

（a）架设准备工作流程；（b）桥梁架设工作流程。

表 6-24　一座长 48m 单跨 ZB-200 型桥全桥主要工程数量表

材料名称 \ 项目		单位	主桥	引桥	导梁
ZB-200 型装配式公路钢桥	单层单排	纵长米			2×27
	单层三排加强型	纵长米	2×48		
	进出口	纵长米		2×2×9	
其他	2.4m 长跳板	块		2×4	

表 6-25　一座长 48m 单跨 ZB-200 型桥主要机具表

名　称		数量	名　称	数量
ZB-200 型装配式公路钢桥架设工具和机具	摇滚	8	30t 千斤顶	4
	平滚	44	32mm 呆扳手	8
	摇滚样盘	4	46mm 呆扳手	4
	平滚样盘	22	55mm 呆扳手	4
	阳头斜面弦杆	6	撬杠	8
	阴头斜面弦杆	6	大木锤	8
	千斤顶支架	4	4lb 铁锤	8
	架设连杆	2		
其他机具	风镐或凿岩机	2	8t 吊车	1
	发电机	1	冲击钻	1
	5t 卷扬机	1		

注：这是 1 座桥的架设机具，若要 2 座桥同时进行架设，则需将上表的架设机具数乘以 2

表 6-26　一座长 48m 单跨 ZB-200 型桥全桥主要材料表

项目 部件名称	单位	主跨部分	进出口部分	导梁部分	合计
桁架	节	192		36	228
加强弦杆	根	288			288
销子	个	720		70	790
保险销	个	720		70	790
横梁	根	66		18	84
阳头端柱	根	12			12
阴头端柱	根	12			12
水平撑架	个	64			64
竖向撑架	个	68			68
抗风拉杆	根	64		36	100
下弦接头	个			4	4
桥板	块	160			160
缘材	根	64	24		88
下桥座	个	16			16
座板	块	8			16
搭板支座	根		8		8
搭板	块		60		60
弦杆螺栓	个	432			432
水平撑架螺栓	个	384			384
竖向撑架螺栓	个	408			408
抗风拉杆螺栓	个	128		72	200
横梁螺栓	个	132		36	168
桥板螺栓	个	640			640
搭板螺栓	个		60		60
缘材螺栓	个	128	48		176
$25cm \times 25cm \times 500cm$ 础材(方木)	根		4		4
跳板	块		8		8

6.4.6 用架设吊桥或斜拉桥的方法应急抢修桥跨

当受损桥梁跨径较大或河谷较深,用其他方法抢修有困难时,可采用架设吊桥或斜拉桥的方案抢修。这种方法可用来抢修跨径达 100m 左右的桥梁。在抢修多跨桥梁时,也可在原桥墩上设置塔架,但主索或斜拉索要锚固到岸边(图6-66、图6-67)。

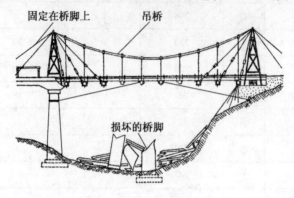

图6-66 利用原桥墩架设吊桥

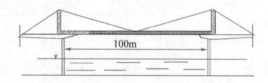

图6-67 利用原桥墩架设斜拉桥

6.5 拱桥上部结构破坏的应急抢修

6.5.1 拱桥局部破坏的应急抢修

当拱桥填料遭到破坏,而拱圈基本完好时,则需重新用与原填料相同或密度相差不大的材料分层填平夯实。

6.5.2 双曲拱桥局部破坏的应急抢修

1. 腹拱、立柱的抢修

当腹拱、立柱遭到局部破坏,拱板被炸断时,可用木质或金属框架支撑(图6-68),再用木板或钢板覆盖桥面孔洞。覆盖方法同梁式桥桥面的抢修。

2. 拱肋的抢修

当双曲拱桥每跨的拱肋多于4片,边缘拱肋被破坏,而其余拱肋仍能通过荷载时,可限制车辆在完好的拱肋范围内行驶。允许通过的荷载应比原桥设计荷载降低一级,并先作试验通行。

若被破坏的拱肋未被炸断,拱肋无明显下垂时,可立模板,扩大拱肋断面,用快干膨胀水泥或环氧树脂混凝土修复拱肋。

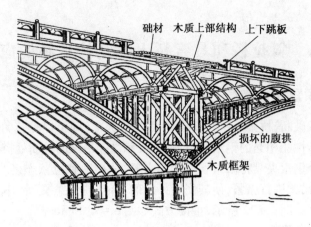

图 6 – 68　腹拱、立柱的抢修

6.5.3　拱桥拱圈严重破坏的应急抢修

拱圈对桥墩(台)有水平推力,一跨坍塌影响相邻跨稳定,抢修时可在坍塌的桥跨内,设置木质桥跨结构,并在下面结构人字斜撑进行抢修(图 6 – 69),同时还必须设置水平支撑,以帮助桥墩抵抗拱的单向水平推力。也可在破坏桥跨的邻跨内设置钢拉条,平衡水平推力(图 6 – 70)。

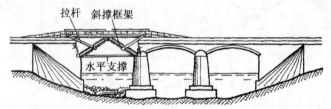

图 6 – 69　用人字斜撑抢修拱桥

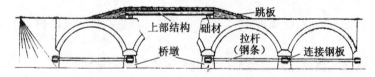

图 6 – 70　设置钢拉条抢修拱桥示意图

对于桥墩上带悬臂的双曲拱桥,一跨倒塌时,不会引起邻跨倒塌,当一跨损坏后,可用装配式公路钢桥抢修(图 6 – 71)。

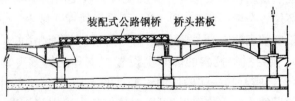

图 6 – 71　带悬臂的双曲拱桥的抢修

183

6.6 斜拉桥和悬索桥上部结构破坏的应急抢修

6.6.1 吊索重接抢修

当悬索桥吊索破断,桥梁处于轻度或中度破坏状态(即可以抢修)时,首先制作一定长度的和原有吊索性能相当的钢索段,将钢索段和受损吊索的破断处搭接一定长度,在搭接的部分采用多个钢索夹具将吊索和钢索段夹紧,从而达到应急连接的目的。应急连接后,可以对接好的吊索进行张紧,使其恢复一定的功能,待应急交通保障任务完成后重新换吊索修复。夹具如图6-72所示,重接方式如图6-73所示。

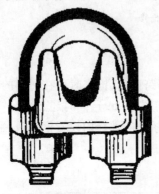

图6-72 连接钢索用的夹具

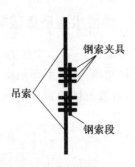

图6-73 吊索连接示意图

注:上面的钢索夹具需要参照相应国标的要求,并结合吊索的直径制作一批特制的夹具以备应急状态下抢修使用。

6.6.2 斜拉索重接抢修

当斜拉桥斜拉索破断,桥梁处于轻度或中度破坏状态(即可以抢修)时,可以分两种情况进行抢修。

(1)斜拉索破坏位置在离桥面5m以下时,可采用原索重接。

首先制作一定长度的和原有斜拉索性能相当的钢索段,将钢索段和受损斜拉索的破断处搭接一定长度,在搭接的部分采用多个钢索夹具将斜拉索和钢索段夹紧,从而达到应急连接的目的。应急连接后,可以对接好的斜拉索进行张拉,使其恢复一定的功能,待应急交通保障任务完成后重新换钢索修复。夹具及拉索重接如图6-72和图6-74所示。

(2)斜拉索破坏位置在离桥面5m以上时,可采用邻索连接。

首先制作一定长度的和原有斜拉索性能相当的索链螺旋扣(两端为连接钩,中间为可调整间距的螺杆),在受损斜拉索的邻索上设置带支耳的钢索夹具(夹具设在离桥面5m以下位置处),将索链螺旋扣一端钩住钢索夹具的支耳,另一端钩住钢箱梁的锚固端,从而达到应急连接的目的。应急连接后,可以对接好的索链螺旋扣进行调整,使其恢复一定的功能,待应急交通保障任务完成后重新换钢索修复。夹具及应急连接如图6-75所示。

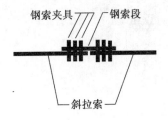

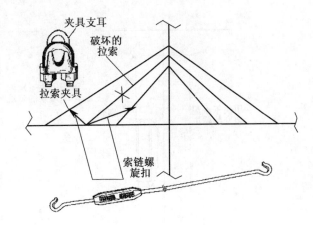

图 6-74　斜拉索原索连接示意图　　　　图 6-75　斜拉索邻索连接示意图

6.6.3　钢箱梁遭受打击发生燃烧时的抢修

主桥钢箱梁遭受火灾或战火打击发生燃烧时,箱梁局部烧坏,丧失部分承载力。
抢修可以分两步进行。

(1)用泡沫消防车、车载泡沫炮、水带和泡沫管枪或移动泡沫炮等泡沫灭火设备灭
火,或用黄沙覆盖燃烧部位灭火。

首先采用喷洒灭火剂并配合黄沙进行灭火。由自卸车等车辆运送大量黄沙,对被燃
烧弹击中部位进行覆盖处理,并辅以各种泡沫灭火设备,以扑灭钢箱梁受损部位处的火
焰,防止大火继续燃烧进一步损坏钢箱梁。同时,根据现场燃烧情况(如普通燃烧、油类
燃烧等),采用相关手段对高温的钢箱梁段进行降温冷却处理。

(2)用型钢加固箱梁,并用钢板覆盖受损部位。

其次,在钢箱梁受损处采用型钢焊接并覆盖钢板加强。具体处理方案和桥面覆盖钢
板抢修弹坑方法类似,可以参考前文的相关内容。

6.7　桥梁下部结构破坏的应急抢修

桥梁应急抢修中的关键是抢修桥墩,原桥的混凝土墩、台被破坏后,若经过应急修补、
加强能维持通车的,一般应尽量利用,加强和修补的方法如下。

6.7.1　填补孔洞或缺口

当墩身出现孔洞或缺口破坏时,通常可用木材、钢轨、工字钢等进行支撑(图 6-76),
也可用快干膨胀混凝土填补孔洞(图 6-77),使墩身上部压力通过支撑传给下部,缺口处
松动的混凝土应在支撑前除掉,并将接触面凿平,支撑要切实顶紧。

对塔墩破损位置较高的情况,可以在破损处的下边缘凿开塔墩表层混凝土,焊接水平
钢筋架做临时施工作业平台。

6.7.2　用铁笼或钢筋混凝土箍应急补强

当墩身炸裂、倾斜、错位时,应分析其损坏的程度,若尚能利用,而时间又允许时,可用

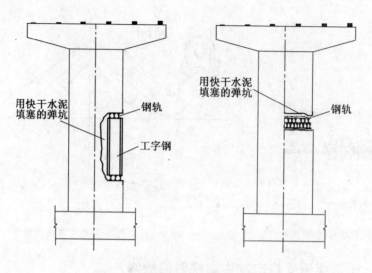

图 6-76 桥墩局部损伤应急补强

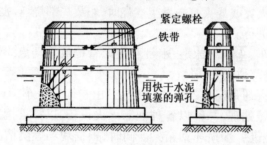

图 6-77 桥墩孔洞的填塞和箍铁带应急抢修

加钢筋混凝土箍的方法进行补强(图 6-78),也可用套笼的方法加强(图 6-79)。

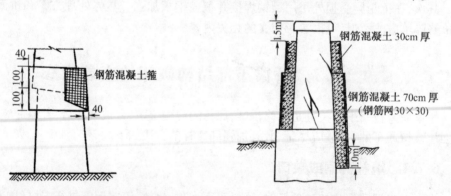

图 6-78 用钢筋混凝土箍对桥墩补强　　　图 6-79 用套笼对桥墩加强

6.7.3　接高原桥墩

当墩身炸掉一截,但下部尚可利用时,可在残存墩身上将原桥墩接高。接高原桥墩可以采用设置木杆层、复式架柱或埋桩式桥脚(图 6-80)。接高时,下部墩身顶部应凿平,为了减少作业量,顶面也可凿成台阶式或凿洞将支柱埋入墩内,用混凝土或环氧树脂水泥沙浆封固。

186

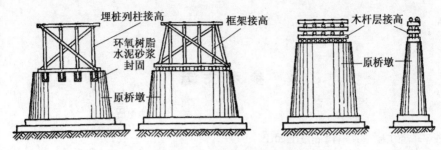

图 6-80　将残存的桥墩接高

6.7.4　桥墩处或主梁下增设支(护)墩应急抢修

当桥墩、主梁局部损伤较重,丧失部分承载力时,可以分两种情况处理。

1. 桥墩局部损伤较重时的应急抢修

在破损桥墩两侧设置支护墩(装配式公路钢桥墩)对原桥墩进行保护,如图 6-81 所示。利用装配式公路钢桥设置桥墩方法可以参考装配式公路钢桥双跨桥抢修的部分内容。抢修后的桥梁需有限制通行。

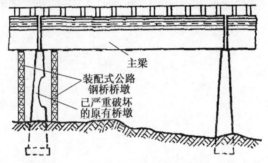

图 6-81　受损桥墩处设置支护墩抢修示意图

2. 主梁局部损伤较重时的抢修

主梁局部损伤较重时,可以在主梁破损位置的下方设置支墩(装配式公路钢桥墩)进行保护,如图 6-82 所示。利用装配式公路钢桥设置桥墩方法可以参考装配式公路钢桥双跨桥抢修的部分内容。

对主梁受损引起的桥面孔洞的抢修,可参考相应方法进行孔洞抢修。抢修后的桥梁需有限制通行。

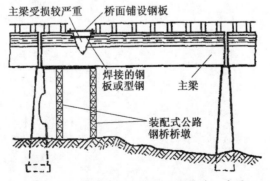

图 6-82　受损主梁下设置支墩抢修示意图

参 考 文 献

[1] 刘夏平.桥梁工程.北京：科学出版社,2011.

[2] 张劲泉,等.公路旧桥承载力评定方法及工程实例.北京：人民交通出版社,2007.

[3] 张劲泉,等.混凝土旧桥材质状况与耐久性检测评定指南及工程实例.北京：人民交通出版社,2007.

[4] 刘建永,赵启林,等.汶川大地震中的工程抢险.南京：江苏人民出版社,2010.

[5] 王国鼎,袁海庆,陈开利,等.桥梁检测与加固.北京：人民交通出版社,2003.

[6] 胡业平,等.军用桥梁(架设分册).北京：解放军出版社,2008.

[7] 胡业平,等.中国人民解放军工程兵专业技术教材,(桥梁分队).北京：解放军出版社,2008.

[8] 李有丰,林安彦.桥梁检测评估与补强.北京：机械工业出版社,2003.

[9] 中华人民共和国交通运输部.公路养护技术规范.北京：人民交通出版社,2005.

[10] 帅长斌.公路旧桥加固技术与实例.北京：人民交通出版社,2006.

[11] 中华人民共和国交通运输部.公路桥梁加固设计规范.北京：人民交通出版社,2008.